STUNT MAN!

Hal Needham

搏命特技人

[美] 哈尔·尼达姆 著 | 陈晓云 翻译策划 | 陈望扬 译

北京联合出版公司
Beijing United Publishing Co., Ltd.

谨以此书献给我的母亲，伊迪斯·尼达姆

推荐语

你可能认不出他的样子,但你肯定看过哈尔·尼达姆的飞车戏。在他的回忆录中,尼达姆描绘出自己奇妙的人生旅程:从一个阿肯色州贫穷佃农的孩子,成长到教导约翰·韦恩怎么在酒吧打斗戏中如何漂亮地出拳,以及执导自己朋友伯特·雷诺兹主演的《警察与卡车强盗》及《炮弹飞车》的导演。

——《娱乐周刊》

尼达姆擅长刺激观众肾上腺素分泌的动作表演。他能从18米高的平台上跳下来、翻车,或是毫不忌讳地花天酒地,但他总能全身而退。

——美国退休者协会

不管是特技演员、导演还是任何相关职业,哈尔·尼达姆总能做到最好。

——克林特·伊斯特伍德,演员、导演、制片人

我是特技演员们的头号粉丝。我从不羡慕约翰·韦恩,我只想成为哈尔·尼达姆。

——伯特·雷诺兹,演员、导演

不管是什么情况，只要有哈尔·尼达姆在，所有的事情都有条不紊。我实在想不出来有哪个导演能把我在《卖命生涯》中亮相的那场戏拍得更好。现在他终于把自己传奇的一生付诸笔端了，我很期待全书的出版。

——特里·布拉德肖，演员

20世纪出了两位伟人：爱因斯坦和哈尔·尼达姆。他们二人都是天才。但其中一位是最出色、有天赋、独特且无畏的导演。他用自己的智慧、友善和笑声感染了我们每一个人。

——艾伯特·S·拉迪，制片人，奥斯卡金像奖获得者

成为一名特技演员，是我的人生目标之一。哈尔·尼达姆帮我实现了这个目标的一小部分，我和他在很多部影片中合作过，他是个很棒的人。

——柯克·道格拉斯，演员、导演、制片人

好莱坞特技表演的伟大创新者之一。

——IMDb（互联网电影资料库）

作者生平

哈尔·尼达姆，特技演员中的金字招牌，好莱坞片酬最高的特技演员，艾美奖、世界特技金牛奖、奥斯卡终身成就奖获得者。他一生中参演了4500集电视剧以及310部电影，并执导了10部电影，包括经典影片《警察与卡车强盗》《卖命生涯》以及《炮弹飞车》等。56次骨折，无数次撞车、跳飞机、高台坠落，他的好莱坞生涯比好莱坞动作大片还惊险。他神勇、睿智，懂得团队协作，深具片场生存智慧之道，并终生为提高特技演员的职业地位而奋斗。转行做导演后，首部电影便大卖，票房仅次于当年的《星球大战》，且希区柯克也对之赞赏有加。

他的一生充满了革新精神，在各个方面开创先河：他是首位在影片结束时播放幕后花絮的导演；他发明的全能摄影车，至今应用在外景拍摄中；他是参加安全气囊测试的第一人；在纳斯卡比赛中，他的车队是首支使用遥感勘测技术的队伍；他创造了吉尼斯世界纪录，是首辆实现超音速行驶汽车的投资人和拥有者。无论于好莱坞内外，皆堪称传奇。

致 谢

非常感谢小布朗出版社以及本书的团队：出版人迈克尔·皮茨奇及总编辑杰夫·山德勒，感谢你们的支持。感谢我的编辑约翰·帕斯利，一位信守承诺的人。感谢希瑟·里佐、希瑟·费恩、卡洛琳·奥基弗、劳拉·基夫、阿曼达·托比尔、瓦莱丽·拉索、雷斯雅·威廉姆斯以及布列塔尼·博特充满热情的销售推广工作。感谢书籍封面设计师艾莉森·华纳，感谢文字编辑本·艾伦，感谢萨拉·墨菲对约翰·帕斯利工作的配合。

感谢提升集团公司的市场公关部总监佩妮·科潘·芬德。

感谢我的经纪人霍华德·尹促成了这本书的写就。感谢罗斯-尹版权代理公司的盖尔·罗斯。

我勤劳的母亲伊迪斯和我的继父科比特给我留下了一生的影响。他们教会了我要有良好的工作习惯、诚实的品质以及承认错误的勇气。

感谢我亲爱的妻子艾琳，作为一名贤内助，她让我有机会成就现有的一切。

目　录

推荐语　1
作者生平　3
致　谢　4
精彩提要　7

01　佃农的儿子　001
02　成为一名特技演员　015
03　口说无凭　033
04　把握机会大显身手　047
05　导演说到，你就做到　067
06　"尼达姆，搞定它。"　089
07　战争片与真实战争　103
08　一匹叫派的马，以及那些我见过的和我养过的马　125
09　你想效果，我出方案　141
10　忙得焦头烂额　157
11　优秀的从业者们　177
12　来自《盗毒》的一炮　193
13　车船特技　205

14　从简陋小屋到豪华大宅　223

15　《警察与卡车强盗》的诞生　237

16　《卖命生涯》中无人能敌的飞车特技　253

17　超音速行驶：时速1190.38公里！　265

18　真实的炮弹飞车　275

19　纳斯卡大赛及开创潮流　299

要做就做好　321

出版后记　326

精彩提要

从 10 米高的空中头朝下往地面坠落

我感觉那次爆炸的威力恐怕仅次于原子弹爆炸吧。固定在车架上的加农炮装填进四枚黑火药炸弹,爆炸引起的冲击力将一辆四门雪佛兰汽车轰到 10 米的空中。当汽车落地时,撞击将它的车身高度压为原来的一半。我在下落过程中睁开双眼,发现自己正头朝下往地面坠落。这可不像原计划的那样啊,我心知这次肯定会把车摔得很惨。轿车车顶着地,车顶陷入车中,把四个车门都堵住了。但更严重的问题是我无法呼吸了。

我发现后挡风玻璃已因撞击而破裂了,于是赶紧往后座爬去。我一边努力吸气,一边从被撞成馅饼状的车里向外爬,从后备厢处逃出生天。那几个和我一起工作的年轻特技演员迅速朝这边跑来,在车跟前滑了一小段距离才收住脚步。当他们看到我时,有人说了一句:"天呐,他还活着。"

医院诊断我脊椎骨裂,六根肋骨骨折并且有气胸。我数了数掉了几颗牙:一、二、三、三颗。看来约翰·韦恩(John Wayne)这次要找别人合作了……

谋杀还是自杀？凶手是伯特·雷诺兹吗？

在医院休养了11天后，我回到了和伯特·雷诺兹（Burt Reynolds）同住的家中。由于我肋骨的断裂处还没愈合，所以只能驼着背走路。伯特偏偏在这个时候和我开玩笑，说不管我想做成什么事情，首先脊背要挺直。尽管深知稍微一动肋骨处就会疼得不得了，我还是忍不住笑出声来。我朝他竖了竖中指，以表达谢意，转身上楼去了。

伯特从来不放过任何逗我发笑的机会。但他越是这样做，后来就越发感激我帮他在《猫舞》（The Man Who Loved Cat Dancing，1973）拍摄期间洗脱谋杀嫌疑。我在那部影片中担任特技统筹，同时兼任伯特的替身。与他搭戏的女演员是萨拉·迈尔斯（Sarah Miles）。她当时已经和《日月精忠》（A Man for All Seasons，1966）一片的编剧罗伯特·博尔特（Robert Bolt）成婚。在拍摄大概完成了一半时，萨拉的经纪人戴维·怀庭（David Whiting）来到位于亚利桑那州希拉本德镇的拍摄现场探望她。伯特的生日快要到了，我决定租赁一个礼堂举行烧烤餐会，在现场放点音乐，提供酒水，邀请大家来给他庆祝生日。周日早晨我正在布置生日会现场时，一位工作人员告诉我，头天晚上，戴维的尸体面朝下躺在血泊中，是在萨拉·迈尔斯的房间里发现的。

当伯特来到礼堂时，我向他转述了早晨听到的消息。伯特问我生日会还办不办。我想了想，回答说："那死了的人肯定就不在邀请名单上了。"不管应不应该，我还是照计划举行了派对。但不出所料，派对效果并不理想。大家都三五成群站着，边喝酒边议论戴维的死究竟是自杀还是谋杀。

第二天早晨，片场疑云密布。我难得放假一天，坐在泳池边休息，结果听到了伯特由于涉嫌谋杀将被逮捕的传言，动机据说是三角恋情纠葛。我赶紧跑了出去，找到伯特和导演理查德·萨拉菲安（Richard

Sarafian），把听到的消息告诉了他们。当时他们正在伯特的野营车上。伯特听说自己有可能被全面通缉时震惊了，萨拉菲安不知自己的主演会出什么问题，手足无措。我建议伯特先到剧组的下一个外景地犹他州去，以免被关进监狱，并在亚利桑那州尝试将他引渡时争取时间寻求法律援助。伯特赞同了我的计划。那他该怎么去犹他州呢？我让他安心躺在野营车上，我来开车载他去犹他州。

真相大白后，我们才知道这次紧急逃亡毫无必要，因为伯特从来未被起诉……

在 32 个小时里完成跨州炮弹飞车比赛

我们还有另外一次跨州躲避警察追捕的经历。那次我开的是一辆拆除了原本的内饰，伪装成救护车的道奇厢式货车。车顶上安装了一盏红色紧急指示灯，车身两侧都印上"跨州医疗运输车"的字样。我在引擎盖下安装了一个 440 楔形引擎，再额外安装了两个容量为 340 升的油箱。三个油箱上都装了加注口滤网，以提高加油速度。我们车队——由我、著名汽车记者布罗克·耶茨（Brock Yates）、他美丽的浅黑肤色妻子帕姆以及我在日落大道酒吧里认识的莱尔·罗耶医生四人组成，再加上完美的参赛车辆，一切就绪。

这项比赛已经举行过多届了。司机们会给自己以及座驾加上各种伪装，以免引人怀疑，并尽量将这段海岸到海岸的路途平均时速保持在 160 公里以上。以最短时间完成比赛全程的队伍将获得冠军，奖品是一个纪念杯，以及持续到下次比赛之前的耀武扬威的机会。整个比赛唯一的规则就是没有规则。这场横跨全国的比赛起点设在康涅狄格州的达连湾。头车在晚上 9 点出发，随后每 15 分钟出发一辆。我们在深夜 1 点 45 分离开康涅狄格州，由布罗克驾驶参赛车奔往西部。出城时交通非常拥挤。我对布罗克说按这样的情况，我们绝对赢不了。说完我就打着了红色紧急指示灯并鸣笛示意。当时我一下就体会到了耶稣（还是摩西来着）分开红海时的感觉了。堵在前面的车听到救护车的声响后纷纷向路侧移去，我们就这样驶出了纽约市。

到4点左右时，我们正快速驶过新泽西州，以创纪录的速度前进。我看了一眼后视镜，发现远远的后方传来车头灯的亮光。布罗克让我将速度降到130公里每小时，看它能不能跟上来。很快，那辆车开着红灯追了上来，我们只好靠边停下。

身着橙白两色救护车司机制服的我和布罗克下车朝警察走去。其中一名警官问道："你们这是要去哪里？这里离医院可远着呢。"

布罗克漫不经心地回答说："加利福尼亚州。"

"为什么？"警官追问道。

"病人得去那儿。"我回答说。

警官听后显得很不解，问："为什么非要去加利福尼亚州呢？"

"你们去问随车医生好了，我俩只负责开车。"布罗克回答。

我和布罗克把警察领到车后，打开车门。帕姆当时被固定在担架上，戴着氧气面罩，手臂上还插着静脉注射针管。穿着白大褂的医生将一个夹着加州大学洛杉矶医学中心诊断书的文件夹板交给了警官，警官看了好一会儿。诊断书上面的医学术语让他更困惑了，医生适时地解释："她得了肺病。"

警官听后怀疑地问道："那你们怎么不用飞机运送病人？"

"病人无法承受低气压，"医生不耐烦地回答，"这也是我们不能走北边道路的原因。那边海拔太高了，只能走南边。"

警察们对这两难的情况仔细考量：要是他们延误了我们将病人送医院，万一病人有什么三长两短他们就得负责了——这也是我和布罗克期盼达到的效果。过了好一会儿，其中一名警察说："好吧，你们走吧。但记得把速度慢下来，不管情况有多紧急，你们都开得太快了，你们的行为威胁到半个州人民的人身安全了。"

他们一离开我们就赶紧回到车上。布罗克转身对莱尔说："干得好，医生。"我踩下油门，全速前进。

一部电影的点子就这样诞生了：我们车队的司机将由伯特·雷诺兹和多姆·德路易斯（Dom DeLuise）饰演。杰克·伊拉姆（Jack Elam）将饰演医生，法拉·福塞特（Farrah Fawcett）饰演病人。他们就是在电影银幕上，随着炮弹飞车穿越全国的竞赛队员们。特里·布拉德肖（Terry Bradshaw）和梅尔·蒂利斯（Mel Tillis）饰演车队司机；罗杰·穆尔（Roger Moore）饰演詹姆斯·邦德，驾驶阿斯顿·马丁；迪安·马丁（Dean Martin）和小萨米·戴维斯（Sammy Davis, Jr.）将身着天主教神父服装，驾驶我的法拉利跑车；成龙（Jackie Chan）将驾驶一辆火箭动力斯巴鲁；一些漂亮女演员负责驾驶兰博基尼；还有另外一些勇于挑战法律的车队等……

库尔斯啤酒走私：从得克萨斯到亚特兰大

"飞速"是电影《警察与卡车强盗》（*Smokey and the Bandit*，1977）的组成元素，对杰基·格黎森（Jackie Gleason）的生命来说（饰演片中布服德·正义警长）也是如此，他可能直到去世时都没能记住我的名字。当一切顺利时，他会叫我"亲爱的"；当他心情不好时，就叫我"导演先生"。当我正在做第二天电影首场戏的拍摄准备时，杰基打电话来说自己有一些关于这部片子的问题想不明白，问我能不能去他住的酒店讨论讨论。挂了电话一个小时后，我按响了他房间的门铃，想着该怎么应对才好。过了一会儿，与我素未谋面的杰基·格黎森过来开了门。当时他穿着宽松长裤和运动外套，并在翻领上别了一朵红色康乃馨。我一边向他伸出了右手，一边作自我介绍。

他请我进去，我坐下后与他寒暄了一会儿。然后我告诉他自己已经工作一整天了，提议一起喝一杯。他为自己欠缺考虑而道歉，然后和我一起往吧台走去。他调好酒后，我们碰杯畅饮。我向他表达了自己对《蜜月期》(The Honeymooners，1955) 一片里他的表演的喜爱。他听后对每一个情节都讲解一番，每讲一个我们就碰一杯，那部片子里经典情节可不少。由于第二天还得开机，我要早起，所以过了一阵子我不得不告辞了。当我往门口走过去时，他在我身后对我说："你可别迟到啊。"我承诺一定不会迟到，向他道了晚安。在我走回自己住的酒店的路上，我开始思考他到底想和我讨论什么问题，因为我们刚才说的话里没一个字是关于《警察与卡车强盗》的。

第二天早晨我到达片场时，杰基已经跷着腿坐在自己的椅子上了。他还是穿着昨天晚上的那套衣服，可能并没有脱下来过，但鞋子应该是脱过的，因为现在它们左右穿反了。当我走上前去，他举起咖啡杯向我致意："亲爱的，早上好。"说完就将咖啡往后倒掉了，然后笑着站起来，说自己该去化妆换衣服了。后来和他熟悉了之后，我才知道他所谓的问问题只是找人陪他喝酒的借口……

纳斯卡大赛上的"干杯－强盗"号及巫毒诅咒

当我刚创立自己的纳斯卡车队时，我找上伯特·雷诺兹作为我的合伙人。借着《警察与卡车强盗》大卖的势头，我将车队命名为"干杯－强盗"队。在我们之前还没有赛车获得过冠名，后来，其他车队纷纷效仿。到1984年时，"干杯－强盗"队已经成为赫赫有名的车队。车队司机哈里一路过关斩将，在多个积分榜上都排到了前10名。当时他将在冠军杯赛中与他的两位头号竞争对手——戴尔·恩哈德（Dale

Earnhardt）和特里·拉邦特（Terry Labonte）争夺第一名，我由此策划了一个提高车队曝光度的宣传方案。

我在赛场帐篷里召开了一次记者招待会，并在桌上放上了两辆外形分别像戴尔和特里赛车的模型。桌子底下焚着香，烟雾袅袅上升，营造出特殊的气氛。我走上台，将大头针扎到汽车模型上。第二天所有的赛车杂志和报纸都报道了这件事情，因为在记者招待会结束后的那场比赛中，恩哈德的引擎半路上爆炸了。就我个人而言，我不相信自己的巫毒诅咒行为和引擎爆炸有任何关系。在那个周末，我们车队的卡车就停在恩哈德车队的旁边。恩哈德看到我后让我稍等一会儿，然后迅速跑回车里拿了两个避震器回来。他把避震器放在胸前摆成十字架，对我说："尼达姆，你被制服了！"说完哈哈大笑起来。

上次的宣传效果非常理想，于是我又想出了一个新的巫毒诅咒计划。我从亚特兰大请来一位演员，让他坐飞机赶到夏洛特市，并让他换上大礼帽和燕尾服。他不是一个普通的演员，而是一个黑人莎士比亚剧演员。我让他跟着我走过停车场，保持在我身后两米处。当我停到戴尔的赛车前面时，他就上前盯着那辆车，等到我们走到特里的车前时重复同样的动作。他按我的吩咐一一照做了。当我们走到理查德·佩蒂的车前时，他们车队的队长戴尔·英曼正准备滑进车底进行维修，就在这时他瞥到了我的"巫毒医师"，英曼赶紧站起来盯着他。我们刚走到停车场的另一头，广播里就传来了一阵巨响："哈尔·尼达姆，立即到赛场拖车处报到！"

拖车里的纳斯卡大赛官方工作人员仿佛看疯子一般看着我。过了一会儿，其中一个工作人员指着"巫毒医师"对我说："如果你不把这个人请走，估计等下现场要发生暴动了。"于是我向这位演员致谢，迅速用豪华轿车把他送到机场，让他搭乘下一航班赶回亚特兰大。尽管我的人身安全差点受到了威胁，但这次事件的宣传效果却前所未有地好……

超音速驾驶：时速1190.38公里

一家玩具公司的负责人联系了我，说他们计划推出一款哈尔·尼达姆特技人玩偶，他们希望我能策划一次宣传来为玩偶的上市造势。我想当得克萨斯群山间那些和我一同长大的乡亲们看到这款玩偶时，想到我只是个上了短短8年学的佃农的儿子，肯定会很震惊的。玩具公司刚结束了和艾维尔·克尼维尔（Evel Knievel）的合作，希望我能做一次公开的惊险特技表演，让我的名字更为小男孩们所知。他们的想法正中我的下怀。男子气概和速度，这两个正是让小男孩们兴奋不已的元素。帮我设计过用于通用汽车公司飞车过河广告（我首次摔裂脊椎）的火箭动力皮卡的比尔·弗雷德里克，正在制造一辆有望能实现陆地超音速行驶的汽车。当时他的资金有点短缺，我和他商量后，他提出如果马文·格拉斯联合玩具公司能资助他完成汽车的制造及负责其他运营成本的话，他将同意由我来驾驶那辆车。同时，我也与哥伦比亚广播公司达成协议，他们将在《运动奇观》(Sports Spectacular)这档节目中对我进行报道。如果能成功突破音速，我的知名度将大大提高。最后，我将整个计划告知玩具公司，他们的资金很快就到位了。

挑战音速——超过每小时1100公里——地点选在内华达州托诺帕市一个泥塘上。我们先慢速驾驶了几圈，检查汽车的性能。毫无疑问，这项工作由我负责。停在出发线后，我听着倒数，等数到0时，我一脚踩下油门。哇！在5毫秒内，过氧化氢火箭带来的动力已经让我感到明显的推背感。引擎只发挥了20%的效力，但速度已经超过了每小时400公里，我有点紧张了。

到了上午10点，车子补充好燃料，回到出发线后。下面将进行第二次试验，加大油门，让更多的燃料与催化剂反应，让引擎提供更大的动力。这次我对出发后的快速提速有了心理准备，脚踩油门，身边景象一闪而过。结束后他们告诉我，这回最高速度记录为每小时575公里。

我自认为离时速1100公里的目标已经越来越近了。但哥伦比亚广播公司的工作人员表示，他们已经开始担心来不及了。如果再看不到实质的进展，他们将撤掉摄影机打道回府。玩具公司的人肯定不会满意这种情况，没有电视节目播报意味着宣传效果不佳。我们必须拿出点真本事了，我过去和比尔商量了一下，他闻言后让我大胆地踩油门就行，给他们点实在的看看……

在《卖命生涯》里炸掉半个亚拉巴马州

我希望人们在观看我执导的电影时能肾上腺素猛增，如果观众没有这样的反应，那我就失败了。《卖命生涯》（*Hooper*，1978）是一部关于特技演员的电影，所以我将所有自己梦寐以求的特技表演——摩托车滑过行驶中的半挂车车底、飞车、打斗、爆炸以及高台坠落等都安排进影片里。在片子的最后一场戏中，城市发生了地震，伯特·雷诺兹和冉-迈克尔·文森特（Jan-Michael Vincent）将驾着特兰斯艾姆汽车穿过街头恐慌的人群，利用火箭推进器完成跳桥动作，这个镜头将是经典中的经典。13台摄影机围绕着这个街区架设，每一个机位前都安排了一场重场特技。在这些特技表演完成的同时，背景处代表半个亚拉巴马州的大楼依次被炸毁。而我则将坐在直升机上，用第14台摄影机俯拍全景，因为天空是唯一一处能将所有特技尽收眼底的位置……

01

佃农的儿子

作为一个佃农的儿子，在经济大萧条时期成长在阿肯色州的群山之间，跟在骡子的身后上山下坡，在棉花田里劳作，我从来没想过自己会将一生写下来与大家分享。但很多人让我将这一生的多种成就付诸笔端，所以这本书就诞生了。

人们总说无知是福，这点我很赞同。如果你一直活在贫困当中，你又如何知道自己真实的生活境地？如果你的邻居和你有着相同的生活方式，你就会认为那就是生活的常态了。我们的家是有着七口人的佃农家庭的寻常样子：一间两房的小木屋，靠烧火炉取暖，唯一一个柴火炉又要煮食又要加热洗澡水。在成长的过程中，我从来没有听说过自来水。我们用的每一滴水都必须从近500米远的山下的泉眼那儿提来。在我6岁时，提着两个分别装着近4升水的木桶上山，那段路程就变得如同1500米那么远。离家15米左右有一个小窝棚，在里面的地上挖两个洞，就成了我们的厕所。到了晚上，唯一的光源来自两盏昏暗的煤油灯。光线的不足意味着没有人能为我们读喜爱的床头故事，但这也无妨，因为我们根本买不起书。煤油并不便宜，而我们又很拮据，我们家庭的平均年收入是400美元。

我们出行的交通方式是乘坐由骡子拉的四轮马车，或者步行，我们出门的唯一目的地是镇上。镇上只有两栋房屋：一间兼综合杂货店、邮局和加油站的小门店以及旁边的轧棉作坊。邻里间串门是不可能的，白天的劳作使人疲惫不堪，太阳落山后大家只盼望吃完饭赶紧上床休息，况且，离我们最近的邻居住在七八公里以外。

一户住在离我们15公里以外的邻居明显很富有。我的继父科比特曾经去过他们家，回来向我们描述他们的财富。他说那户富有的家庭有一间五居室的房屋，养了很多肉猪和奶牛。他们的棉花田面积巨大，以至于在收获季节时他们需要雇人来完成采摘。他们还拥有一辆汽车，而这一点引起了我的好奇心。除了图片，我从来没有在生活中见到过汽车。可惜我从来没有时间或原因去那户有钱人家看一看，所以只好让自己的好奇心暂时放一放。

每天早晨母亲做早饭时，继父科比特、姐姐埃德温娜、哥哥阿明和我就去采摘野生浆果和水果，我们总会在花园里种满大量的植物。当番茄、甜玉米、马铃薯、秋葵和四季豆成熟时，母亲会将它们做成罐头，供我们冬天时食用。由于没有电也没有冰箱，我们还需要将每年秋天宰杀的两头肉猪做成罐头储存。开始下雪时，母亲已经将大概3000多升的食物做成了罐头，这一切都是在那个小小的柴火炉上完成的。

兔子和松鼠也是我们桌上食物的一部分。我哥和我有十几个捕兔陷阱。晚上时我们在陷阱上放好玉米诱饵，将它们架设在合适的位置。第二天清晨，太阳还没上山之前，我们会"运行"这些陷阱，试试运气。如果我们逮到了兔子，那早餐可以吃上兔肉、饼干、糖浆和肉汁。如果我们没逮到兔子，早餐就只能用饼干、糖浆和肉汁对付了。

每到下午，我哥和我会拿一支5.56毫米口径来复枪去捕松鼠。弹无虚发是最好的，我的继父不希望听到我们射偏了的消息。因为这不仅意味着我们晚饭没有松鼠吃，而且还意味着他又损失了买一颗子弹的半美分。松鼠总是鬼鬼祟祟的，它们藏在树梢里，踪迹难寻。当我们靠近时，它们就急忙躲到树的另一面去了。所以我哥和我就把一根细绳绑到灌木一侧的树枝上，然后走到树的另一侧，静悄悄地待上几秒钟后，我们奋力拉动绳子摇晃灌木，紧盯着树冠。果不其然，松鼠跑到树的另一侧，撞上我们的枪口，松鼠肉晚餐到手！我哥和我总希望每次可以捉到两三只松鼠，毕竟一只松鼠难以填饱七个人的肚子。

另一个食物的来源是鱼。我们的住处距离红河10米，有时候母亲会让我去捉鲈鱼来做晚餐。我用一根连着软木塞的甘蔗来做钓竿，在绳子上拴着虫子做诱饵。要想吃得饱，每人大约需要4条手掌大小的鲈鱼，7个人就是28条鲈鱼了，这需要花上两到三个小时去捉。我们也会用曳钓绳来钓鱼，曳钓绳是一根绑在树上的很沉的绳子，绳子两端分别绑在河两岸的两棵树上。绳上每隔1米绑上一个吊钩，由于不知道鱼的口味，所以我们让它们自由选择。我们在四个吊钩上分别绑上了虫子、肥胖的毛毛虫、蚱蜢和树蛙。钓鱼的时候，每个晚上，间隔三四个小时我们就把曳钓绳拉起来，看哪种诱饵被吃掉了，这样我们就可以知道哪种诱饵更对鱼的胃口，然后再将它们喜欢吃的诱饵绑到吊钩上去。

蓝色沟鲶最好吃，每条大概重0.7到1.8千克。运气好的话，我们可以捉到足够对付三到四天晚餐的量，但我总是很厌烦科比特在半夜对我们吆喝"快起床去看钓线"。

辛苦的一周总是很难熬，尽管星期天我们也要劳作，但我们会提早几个小时收工——不是因为上帝在第七天的时候休息了，而是因为我们累到骨子里头了。有一个星期天，科比特说自己很想读报纸，看看世界都发生了什么事情。我发现这是个做好事的机会，于是主动请缨步行到镇上去买报纸。因为我打算抄近道，穿过树林，而不沿着大路走，所以只需要走6.4公里路就可以。而只要我不在商店周围浪费时间并且赶在天黑之前回家，我也被允许自由安排路程。在我们那儿，报纸不是每天或每周出版的，而是每月出版一次，买上个月的报纸还能半价。科比特说上个月的新闻也凑合，这意味着我们可以节省下5

美分。他交给我一枚1角硬币，如果上个月的报纸卖完了，我就得买一份当月的。

我攥着1角硬币，穿过树林向镇子前进。地上无路可寻，但我之前跟着科比特走过几次，所以有足够的信心能根据各种各样的树木、小溪和山丘认出路来。走在路上，我的思绪一会儿徜徉在梦境中，过会儿我又迅速地将它扳回到现实中，寻找指路的地标。当我到达镇子买到一份上个月的报纸后，我就开始和店主们聊天。他们的两个儿子与我是同龄人，我和他们一起在商店外面玩弹珠游戏，沉浸在欢声笑语的狂欢中。几盘游戏过后，他们的父亲从商店出来，建议我该回家了。

这时我才意识到自己玩了很长时间。夜幕即将降临，我抓起报纸拼命向回家的路跑去。来到进入捷径的岔道时，我犹豫了。大路比较好走，但我知道这意味着我要多走3公里路，想了想我还是决定走穿过树林的捷径。开始时还比较顺利，但天渐渐黑下来时，地标变得越来越不容易辨认了。我的心扑通乱跳，似乎每个阴影里和树后都藏着妖怪。这些念头和眼睛在捉弄我，但我深知不能慌张，我必须找到指引回家之路的地标。

正当我确信自己已经迷路的时候，我听见了一声鸽子的叫声。这是拿出男子气概的时候了，不管怎么样也没什么值得害怕了。我一听这声音就知道我的兄弟姐妹们正在寻找我，当我们呼唤对方时，会将手拢在嘴上，透过缝隙吹气，发出像鸽子叫声的声音。

我一边回应他们的呼声，一边向声音传来的方向走去。当我们碰面时，我问他们这会儿在外面做什么，我的声音毫不颤抖。他们回答说母亲和科比特担心我可能迷路了，让他们出来找找看。到家后，我鼓着勇气走到母亲和科比特跟前，告诉他们我晚回了只是因为我走得太悠闲了。也不知道他们是否相信了我。

冬天的时候，救世军会送一大卡车的食品杂货和旧衣服到镇上。

母亲和我则会排队领取几千克豆子、一些猪油和一麻袋面粉。最让我高兴的是，他们会给每个小孩发一块硬糖。据经验，如果用咬的话，硬糖很快就吃完了。所以我会含着它，让它慢慢地在口腔里溶化。

母亲用救世军给我们的面粉、猪油和我们自家养的奶牛产的奶制作饼干和肉汁。如果奶牛不产奶，母亲就用水来调肉汁。虽然不太可口，但能填饱肚子。我们家从来没有吃剩的饭菜，每次做出来的面粉糊只够给每人烤两个饼干。午饭和晚饭我们吃豆子和玉米面包，如果没有可以和豆子一起煮的肉来增加点味道的话，她会用一大块猪油、一些盐和胡椒粉来替代。我们自己种植玉米，所以冬天的时候有足够的玉米面吃。当豆子吃完的时候，我们午饭和晚饭都吃玉米面包配脱脂牛奶。我们把玉米面包掰进碗里，倒进脱脂牛奶，再加点盐和胡椒粉。这就是一顿饭了。当时我还太小，还不能体会靠捐赠得来的面粉、豆子和猪油对我们而言有多么重要。

我无法想象如果没有救世军的帮助，我们该怎么活下来。他们不仅给我们带来食物，偶尔还给我们带来一些旧衣服。衣服的尺寸并不要紧，因为家里总有人能穿着合身。实在不行，母亲也会将它们改到几乎合身。记得有一次和母亲一起排了一个多小时的队，严寒刺骨，我冻得不断发抖。在柜台后面的那位救世军女士给我们发完食物，我们转身准备离开时，她叫住了我们："请稍等片刻。"然后她转身进门，回来时她拿了件大衣递给了我，说："穿上吧。"衣服有点大，但很保暖。而且在那件大衣穿坏之前，我也长大到衣服合穿的体形了。我永远不会忘记当时母亲说感谢的声调。

维持生计和三餐吃饱是我们生活的首要任务，教育就处于次要地位了。如果要去上学的话，我们得每天步行6公里多。我们从11月到第二年的2月上学，有时候一直上到3月份，这取决于天气情况。当春天到来时，我们要开始犁地，种植农作物，一直耕作到7月中旬。当农作物到成熟期时，我们可以回校上几周的课，到收获季节时我们又暂时退学。整个9月和10月都是在采摘棉花、采集浆果、制作食物罐头和准备过冬用的柴火中度过。转眼间11月来临，我们又该回校上学了。

学校雇了我哥阿明和我当看门人。我们的工作是提前一小时到校，打扫卫生，将柴火搬进教室，生好球型炉中的火。薪水不错，每个月有2.5美元。但问题是很多时候到农场上干活都比上学紧要，即使要干农活，我们仍然要来回步行13公里回学校干完这些活，这种不便让我们产生了辞掉看门人这份工作的想法。我们希望能找到顶替的人，但校方告诉我们没有人愿意接手这份工作，所以我们还得继续。后来我们想出了一个主意。某天早晨，我们生好了炉子里的火，把几颗5.56毫米口径来复枪的子弹深深地埋在炉灰底下。班上的同学说当第一颗子弹爆炸时，球型炉的炉门被冲开了，烟灰四窜。他们着实被吓了一跳。但两三次爆炸之后，他们就知道怎么回事了，甚至觉得很有意思。因为这次捣乱，阿明和我被学校解雇了。

也许听起来很奇怪，但我哥和我总盼着能回到学校去。因为和在家干活相比，上学要轻松很多。学校有这样一位老师，她要么就是非常喜欢我，要么就是因为我们家的赤贫而可怜我。午饭的时候她经常将自己的一部分食物给我吃，而且总是解释说自己吃不下了。现在回头想想，我猜她是特意多带食物的，而且也笃定我不会拒绝她的好意。好多年后我才知道她原打算收养我，不管家里境况如何，母亲从没同意过。事后我时常会想，如果母亲当年答应了她，我的人生会有怎样的不同。

2004年时，母亲已经97岁高龄了。在去世的前几个月，她告诉我，当她怀着我的时候，自己的第一段婚姻即将走到尽头。多养活一个人只会平添更多麻烦，也许流产是那种情况下最好的解决办法了。当时她住在田纳西州的孟菲斯市，住在她楼下的邻居劝她留下这个孩子，"伊迪斯，你想想，也许这是一个不管发生什么事情都能守护着你的孩子呢。"那位邻居姓布雷特，所以我母亲将我取名为哈罗德·布雷特·尼达姆。有能力照顾母亲直到她去世，我感到很欣慰。

也许你会觉得我的特技演员职业生涯开始得很早。在我8岁时的某一天，我哥和我被派去镇子上将一些化肥运回家。离我们家8公里远的一个邻居让我们顺便帮他载回他们家的化肥，还说如果我们同意那将是帮了他大忙了，于是我们答应并出发了。

我驾着我们家的四轮马车，我哥哥驾着邻居家的。等化肥都装好后，我们就出发往回走了。这时我有了个想法，要不进行一个小比赛，看看我们两辆车哪个跑得更快。拉车的骡子不是良种的，但它们倒是跑得挺快的。唯一的问题是前面路上有一个急转弯，谁会先减速通过急转弯呢？答案是我们都不减速。我当时处于弯道的外侧，就在我刚赶超我哥的马车时，车轮陷到了一个凹槽里，马车瞬间向侧面倒去，翻倒在地。我被从车里甩了出去，狠狠地摔在地面上，但所幸没有骨折。我躺在地面上，无能为力地看着我的"队友"骡子们拽着支离破碎的马车拼尽全力往家的方向跑去。

我哥停了下来等我，我跳上了他的马车，去追赶我的"队友"。不久后我们就找到那些骡子们了。它们正若无其事地吃着草。我将它们从失事的马车上卸下来，骑上了其中一头，领着其余几头回家。

我知道回家后肯定要被母亲处罚了，也许她会用鞭子抽我，但继父从来没有打过我们。编造谎言于事无补，因为眼前铁证如山，一切不言自明。所以我毫无选择，一五一十地向母亲承认了错误，并且接受了惩罚。母亲打完我后难过地哭了，既是因为心疼我，也是因为她痛惜修理马车和另购一批化肥的钱。看到母亲流泪，我比挨打更加难过万分。

我的继父是一个窃贼、骗子和坏蛋。但在大萧条时期，作为一名要养活七口人的佃农，他不得不做一个坏人。没有比佃农更卑微的职业了，佃农境况主要是这样的：首先某个农夫拥有额外一间房屋——如果能算得上房屋的话。这种房屋通常是一间原木堆成的两室简陋小屋，木头墙缝隙间需要塞上泥巴才能保暖。屋顶通常是漏的，下雨的时候满屋子都要放上瓶瓶罐罐来接漏进屋的雨水。连同小屋一起的还有二三十亩的薄田，佃农会搬进小木屋居住并且在农田上耕种。收成时可以保留花园里的所有农作物，但农田上收获到的棉花卖的钱要和农夫六四分账——佃农拿六成。

我的继父想出了一个独吞所有钱的主意。在庄稼收获之前，他会跑到县的另一头和另一个农夫谈好来年收益分成的协议。到了他从轧棉机作坊那里收到钱的那天，他会回家将我们为数不多的几件家具装上马车，再将犁地机和奶牛绑在马车的后头，让我们几个小孩坐在上面。等到夜幕降临的时候，我们已经将上一个农夫抛在身后，带着卖棉花的全款，奔赴下一个佃农小屋。

直到1941年，我们都是那样过活的。第二次世界大战爆发的时候我才10岁。继父当时到密苏里州圣路易斯市的一家国防工厂工作了，顺便在那边碰碰运气。他答应我们，等找到一家人能住下的房子和攒到足够的钱时，他就找人去接我们过去。在我们收到的第一封信中，继父随信附了两张到圣路易斯的火车票，是给阿明和埃德温娜的。继父说能帮他俩找到工作，等他们三人赚到足够的钱后再将母亲、我、我的妹妹格温和尚在襁褓中的弟弟吉姆也接过去。仅仅两个月后，我们就坐上了开往圣路易斯市的火车。车上挤满了军人，根本没有座位。母亲抱着吉姆站在过道里，一位年轻的军人看到后将自己的座位让给了她。我则抓着母亲座位的椅背站着，火车轰隆轰隆开向未知的世界。

几个小时过后，我决定坐到地上了。一会儿工夫，瞌睡虫就爬到了我身上，我昏昏沉沉地睡着了。突然有人把我摇醒了，我抬起头来，发现是一名年轻的士兵。他说自己坐太久了，想起来伸伸腿，让我帮他占着座位。我实在是求之不得，赶快坐在他的座位上，过了一会儿又睡着了。当我们到达圣路易斯市的时候已经是早晨了，母亲叫醒了我。我们扛着纸皮箱和麻布袋下了火车，引起了火车站内很多人的注意。眼前看到的一切都让我的大脑转不过弯来：成千上万的灯、到处都是的火车，还有多得数不清的人。

我不知道科比特是怎么做到的，但他找到了我们，穿过了人群走了过来。在他的带领下，我们坐上一辆有轨电车，向新家前进。我找到了一个靠窗的空位，坐在那看着窗外向后飞快闪过的灯光、房屋、汽车和人群模糊的影子。20分钟后，我们在大橄榄树站下车。我发现那里有更多的电灯，数不过来的百货商店，甚至还有电影院。哇，这里的生活实在太好了！原来我们还要换乘一次，再坐20分钟的车才能到家。我问，"这城市得有多大啊？"科比特和母亲听我问完后都笑了。

到站后再走过两栋房子就到我们的家——一栋两层高的砖房了。我们住在二层。房子唯一的缺点是洗手间在一层——但这已经比在阿肯色州时在地上挖两个洞充当厕所要好太多了。而且马桶可以冲水，所以我们上厕所时不用屏住呼吸了。屋里总共有四间：一个厨房、一个饭厅再加两个睡房。我提议把其中一个房间出租，但大家马上投票否决了。一层除了厕所和淋浴间外，还有一个火炉。每天都会有一辆卡车来到家门口，按蒲式耳①来卖煤炭——再也不用砍柴了。噢对了，我们的厨房通了自来水，而且有一个有四个炉头的燃气灶，我实在想不出比这更美好的生活了。

在新家度过的第一个晚上，我躺在床上畅想着未来。

第二天早餐过后，科比特交给我5分钱，让我去街另一头的商店里买一块爱斯基摩派。我问他那是什么东西，他没回答，告诉我尽管

---

① 一种定量容器，在美国，一蒲式耳约等于35升。（若非特别说明，本书脚注皆为译注。）

去就是了。我出门后往左走，30米后到达第一条街道后右转，再过一个十字路口，就到达那家商店了。

我进商店买了爱斯基摩派，出来时手拿着一块被称为爱斯基摩派的雪糕。哎哟，我想我迷路了——完全转向了。于是我坐在路边，吃着那块比以前我们自制的雪糕要好吃得多的爱斯基摩派，期盼着好事的到来。几分钟后，母亲从窗户探出头来，呼喊着我的名字。噢，我马上就到！那就是我住的地方。

上学是一个真正的难题，因为学校离家有五个街区的距离，但好处是站在前门就能看见教学楼。头天上学是姐姐带我去的，我第一次在学校见到这么多小孩。在阿肯色州的时候，学校的一个教室就能容纳八个年级，总共不到20名学生。大多数时间里，其中的三到四个年级完全招不到学生。在圣路易斯市，我的班级里就有30多个学生。

在阿肯色州时我就学会了怎么劳动，所以很快我就在邻近的杂货店里找到了一份兼职。我的任务包括整理仓库，陈列货架，打扫地板，从下午3点到商店6点关门之前送货，工钱是一天5角钱。另一份工作是在保龄球道的末端放保龄球瓶。当保龄球和保龄球瓶都掉进球道末端的坑里后，球童就跳进坑里，将保龄球放在回送坡道那里，由回送坡道将保龄球送回给打球的人。然后球童再将保龄球瓶捡起，放置在支架上，准备迎来下一个打球的人。一局下来我们可以拿到1角钱。如果手脚麻利而且不介意辛苦一点的话，每个球童每次可以整理好两条球道。球场生意好时，我一晚可以有5块钱进账。

但这项工作有一个略微危险的因素。按照惯例，打球的人必须等到球童从坑里跳出来，坐回到坑上沿的墙上并把腿抬起来后，他才可以扔出下一个球。但有时我还在坑里的时候，一抬头就看见保龄球和保龄球瓶朝我身上飞来。为了让打球的人清楚意识到这是不对的，我会向放在回送坡道里的保龄球指洞那里吐口水提示一下，他们总能准确无误地接收到这个信息。

我在保龄球馆工作非常刻苦,但当我一个伙伴告诉我运动员公园,也就是圣路易斯市红衣主教队和布朗队主场所在的露天体育场正在招工时,我立马去应聘了。他们雇我去卖汽水,每卖出一打汽水我可以赚到两角钱,一般一天可以赚五到六块钱。汽水从比赛前一个小时开始售卖,我可不愿意比赛进入延时赛阶段,因为我需要提着两桶汽水不断地上下楼梯。一天下来筋疲力尽,一回家我倒头便能睡着。好处是我可以留着自己赚的钱,母亲和科比特在国防工厂工作,所以不需要我缴钱养家。

那是我人生中第一次有余钱可用于投资。我只有13岁,但那无疑是我人生中重要的时刻。母亲建议我购买国家发行的用于资助军队的战争债券,购买17.5块的债券,到期的时候能收回25块。尽管数学学得不太好,但我也知道这是个不错的交易。

某年夏天的时候,母亲让我好好整理一下着装,我要去见某个人。我问那是谁,母亲回答:"你的生父想见一下你。"我暗想,为什么呢?我从来不知道自己的生父是谁,他也从来没有养育过我们。这次重逢有什么必要呢?

我在姑姑的家里见到了亲爱的老父亲。他身高一米八五,是一个长着卷发,带着迷人笑容的英俊的人。我们没有拥抱,也没有哭泣——天呐,我根本不认识这个人。话题很贫乏,他问我多大了。真是个愚蠢的问题,他本应当知道答案的。他还问了我学校的情况,尽管我过得不太好,但还是告诉他挺不错的。我们一起吃了午饭,然后我就回家了,那真是漫长的四个小时。

父亲再婚了,在自己家附近开了一家酒吧。在我们仅有的一起度过的几个周末中,他的妻子梅对我真的很好。父亲认为带着我挨个酒吧喝酒,将我介绍给他的酒友们是一件很重要的事情。轮番介绍之后,时间也到了晚上。他开始照料自己的酒吧，而我则待在他家做自己想做的事情。到 10 点左右，梅会过来叫我上床睡觉。父亲周日时睡到日上三竿，起床后就开车送我回家了。这算什么事情，怎么就不能一起打打球之类的呢？

他知道我在棒球场卖汽水。而我总是在背球队里每个球员的击球率，熟知每个球员最近的击球率起伏数据——显而易见，我是个球迷。我曾经设想，如果他能买上两张票，让我坐在他旁边真真正正地看一场比赛该有多好，但他却选择把钱花在给朋友们买酒上。

当他向他的朋友介绍我，得到"我还不知道你有个儿子呢"的回应时，我总觉很有意思。他总是反击说，"我有两个儿子和一个女儿"。而接下来他的朋友们会问："那他们之前都到哪儿去了，怎么从来没有听你提起过？"我总是很期待听到这些问题的答案。

圣路易斯市的学校课程对我来说很困难。我在阿肯色读完了五年级，但在大城市里，我完全弄不明白五年级讲的是什么内容。我能做的就是每天出勤，坐在座位上。几年后我很勉强地从八年级毕业。在拿到初中毕业证书那年的秋天，我开始上高中。九年级开始的一个月后，我的英语老师奥布莱恩女士将我拉到一旁，说："哈尔，你在学校根本一点东西都学不到，要不你就别来上学了。"我认同她的观点，并且接受了她的建议。

那就是我接受正规教育的最后一天。

但不管怎么说，母亲对我辍学的决定感到非常生气。她哭着告诉我，如果不上学，我未来将一事无成。母亲的眼泪总是让我难过万分，于是我向她保证，我会好好找一份工作，努力拼搏，爬上成功的阶梯。我接受了八年的教育，我所听到的都是"你太小了，你太笨了，你做不到"。但你知道吗，我一向把这些话当耳边风。

02
成为一名特技演员

辍学之后，我陷入了迷茫之中，不知道自己该做什么。我将招聘广告从头到尾读了一遍，最后锁定了一个在园艺公司爬树修剪树枝的职位，当时我完全没有想过这个工作后来会成为我特技演员职业生涯的奠基石。这是一项全职工作，时薪是一块零五分。我每周工作54个小时，所以税后周薪大概是45块。我不畏高，爬树像松鼠一样灵活。事实上，大家给我的昵称就是"松鼠"。

看起来这个"通向成功的阶梯"非常漫长，但我仍向母亲坚守承诺，努力工作。我修剪了三年的树枝，被擢升为工头，时薪也涨到了1.5块。但问题来了，成为工头后我就再也没有上升空间了。在这项职业当中，下一个更高收入的职位就是园艺公司的老板，想明白后我决定辞职了。

有一天我看到一张海报，上面画着用手指着读者的山姆大叔①。海报上书："我需要你"，海报背景上画着飘在空中的伞兵，当时朝鲜战争正进行得如火如荼。伞兵不就是为我量身定做的工作嘛，凭我个人的力量，好好教训朝鲜一番。第二天一大清早，我就来到了征兵站应募。三天后，我就在去往堪萨斯州莱利堡参加基础训练的路上了。那时我很年轻也很无畏，热爱训练中的各种挑战。16周之后，我被派往佐治亚州的本宁堡去参加伞兵学校的训练。我跃跃欲试，高度对我而

---

① 一般指高个子、白头发、下巴上有一小撮白胡子、身着深蓝色外套、头戴一顶高帽、帽子上有星星点缀的男性形象，被用来指代"美国"或"美国政府"。

言不是问题，而他们也保证降落伞能正常打开，那我还要怕什么呢？

伞兵学校训练结束时，领导说我是他见过的最勇敢的伞兵，勇气超乎常人。胸前佩戴着伞兵勋章，内心无所畏惧，我雄赳赳气昂昂跨过州界来到亚拉巴马州的凤凰城。在那里的一家小酒吧里，一个将近一米八高的卡车司机教训了我一顿。当我的伙伴把我从酒吧里拉出来时，我告诉他们自己被那个混蛋打惨了。这是真事，我不会隐瞒。

之后军方将我派到北卡罗来纳州的布拉格堡，让我加入了被誉为美国荣誉卫队的第82空降师。这个安排很不错，但什么时候能去朝鲜呢？我在纽约州的德拉姆堡接受了训练，在得克萨斯接受了沙漠作战的训练，还在北卡罗来纳州参加了多得数不清的军事演习。我是一名认真努力的士兵，后来被提拔为副排长。

之后我又问了，什么时候去朝鲜？我们连队的指挥官告诉我，对付朝鲜只需一个团级的伞兵作战队。和其他驻守在布拉格堡的第82空降师，以及驻守在肯塔基州布雷肯里奇的第101空降师各16 000名候补成员一样，现在在当地的队员们都是伞兵学校的毕业生。作战队在朝鲜战场上只进行过一次跳伞，几乎没有伤亡，因此对替补的需求非常小。听完后我明白自己去朝鲜为国效力的机会变得微乎其微了。

我开始思考，如果我不用去参加战斗，为什么还那么认真地对待训练呢？于是我决定找点别的有意思的事情做。我向每一所符合申请资格的军事学校投递了志愿者申请。这些学校包括军事领导学校、士官学校、防化部队、轻型和重型武器战队以及突击战训练学校。其中最吸引我的是一次申请当士官学校的志愿者，当时是和另外50名左右的志愿者们一起测试一种新的降落伞。用没测试过的降落伞跳伞似乎有点危险，但如果那个降落伞不能顺利展开，我们还有一个已经投入使用多年的备用降落伞可以用，因此出问题的概率就小于50%了，这对我来说已经足够有安全保障了。

通常，空降部队的演习都是由模拟跳伞开始的。在一次演习当中，当我们刚登上 C-119 飞行车厢运输机时，我很惊奇地发现总指挥官也登机了。作为跳伞指挥官，我深谙此时一定要十分注意自己的言行举止。就在这时，我留意到其中一个刚从伞兵学校毕业的新兵全身抖得像筛糠一样，似乎冷得不行了。我问他怎么了，他回答自己实在太害怕了，我安慰他说另外的 43 人和他有着同样的心情。他告诉我说，自己并不是害怕跳伞，而是害怕跳伞时他还要带着 60 毫米口径的迫击炮。

既然这只是一场演习，我认为就没有必要给伞兵们造成任何困扰。于是我让他把迫击炮解下来交给空中工作人员，等他们降落去接下一批伞兵时再将迫击炮转交给地面工作人员。上校询问发生什么事情了，我就一五一十地告诉了他。

然而，上校听后指示："中士，你的连队着陆后将需要这门迫击炮。"

我心想，你在开玩笑吧。这只是模拟战争，又不是真的在战场上。接着上校建议我和那名害怕的伞兵互换一下，他拿我的步枪跳伞，而我则负责携带迫击炮，等着陆后我们再换回来。我同意了。

当我把迫击炮钩到身上的搭扣，再将它绑在我的腿上时，我发现它对我来说太长了（那名害怕的伞兵比我高 15 厘米）。我要是站起来的话，它就得拖在地上。绑上迫击炮之后，我根本无法走路，更不用说按在伞兵学校学的方式跳伞了。我必须先站在机舱门边，探出头，再向外翻出去——这绝对是最危险的离开飞机的方式了。但指示跳伞的绿灯一亮，我还是毫不犹豫地翻了出去。

等恢复意识时，我发现自己全身被吊伞索缠着，在空中翻滚着往下跌。降落伞根本打不开，尽管很害怕，我还是用仅存的冷静找到了救命的方法——赶紧拉开了备用降落伞的开伞索。备用降落伞一下就被拉出来，我奋力将备用降落伞抛离自己的身体，期望它能顺利展开，但结果它还是和吊伞索缠在了一起。后面发生了什么事情我就不清楚了。

当我醒过来时，我发现自己躺在地面上，周围冒着浓烟。我恍惚着，难道自己躺在烤架上了吗？按照规定，发现伤员后要在他附近放上烟幕弹，以帮助医务人员快速找到伤员进行救治。我数了数，周围放了10个烟幕弹。他们肯定认为我极其需要帮助。

被降落伞盖着躺了几分钟后，我坐了起来，将降落伞从头上拽下来，正在这时医务人员到了。

"快躺下，要不是命大，你早就死了，"其中一个医务人员说，"我们要立刻送你去医院。"

"但我感觉挺好的。"

医生检查完之后发现我是对的，我身上除了乌青之外再找不到其他伤痕了。但他还是将我送回了兵营，不许我继续参加演习。等到演习结束，大伙回来后，关于我被备用降落伞缠住在空中翻滚下坠的故事已经有了各种版本，广为流传了。我从他们那儿听到的最重要的消息是：我的备用降落伞在离地面30多米的时候成功展开了一部分。大伙都认为我身上绑着的迫击炮在空中时翻到了我的上方，然后把我砸晕了。

部队里每月1号发薪水，等到月中的时候大多数人都把钱挥霍光了。剩下的半个月里，我们都只能待在兵营里擦制服上的铜扣或靴子来消磨时间。在有些周末，为了赚钱，我会顶替那些手上有余钱，但又不想去厨房值班的人去食堂那里刷锅洗碗，换回来10块钱的报酬。同样，顶替站岗值班也能赚到钱。

另外一个赚钱的途径是做针线活。军队发放的制服总是不合身。因此，所有士兵都有修改制服大小的需求，一般他们会将制服送到兵营里的干洗店去修改。一天晚上，我和朋友里德在战斗酒吧喝酒，半打啤酒下肚后，我们决定投身裁缝业。尽管我们两个从没学过缝纫，但都很有信心可以将成本压得比干洗店的低，生意必定很好。我们认识附近的一对平民夫妇，丈夫是一家大公司的董事长，妻子恰好是一名手艺很好的裁缝。这位女士答应教我和里德如何裁剪制服，并且答应让我们在她家做裁缝活。而她的丈夫，那名董事长，觉得这个想法太有意思了，于是借钱给我们买了一台缝纫机。周一到周五的时间，我和里德会用大头针在制服上做好修改的记号。等到周末时，我们就在这位女士的悉心指导下裁剪缝纫。我们的收费比兵营上那家干洗店便宜一半。所以尽管我们没能大赚一笔，但手上的余钱还是比大部分士兵要多。

而最有利可图的外快兼职是需要一大笔启动资金的。情况是这样的：假设有一名士兵有三天假期可以好好玩乐一番，或只是想到镇上去休闲一下，但偏偏身上没钱了。这个时候他可以向有余钱的人先借着，承诺还钱的时候多付五成利息。而债权人则在发薪日那天在领薪室（上尉的办公室）门口候着，等借款人领到工资后就将欠款连本带息地收回来。发薪时，门口总有八九个债权人站着，等着各自的借款人领完工资后还钱。

某个周末的时候，我和里德向那对平民夫妇提起这个赚钱的好路子。丈夫提出自己可以提供资金，由我和里德则负责放款和收账，收到的利息我们五五分账。这笔交易很不错，回到布拉格堡后，我和里德放出消息说我们可以提供贷款，生意马上就火起来了，第一个月我的利息分成甚至超过了我的工资。我和里德能提供大额贷款的消息很快就流传开去。过了不久我们放款的金额已经达到每月两三千块了。

但后来上尉结束了这一切。每个月在发工资前，上尉都会发表一次发薪日演讲，告诫我们不要招惹麻烦，不要无故离岗，不要无事生非等等。而且这次他特别强调，他再也不容忍每次发薪日时，在自己办公室门口排队等着收钱的高利贷行为，说完后他就从办公室前门出去了。我从后门出去,快步赶上了他,我解释道,我和里德上个月放了3000块的款,如果今天不在他办公室门口收钱,我们就血本无归了。我答应他,收完这次款我们就再也不放贷了。上尉听完后答应了我,但警告这将是最后一次。跟他道谢后,我赶紧到他办公室门口站好,最后一次收高利贷。当天晚上和那对民间投资人分成的时候,我告诉了他这个消息,并向他道谢。看来以后又得靠顶替别人刷锅洗碗、站岗值班还有做针线活来赚钱了。

几个月后的一个晚上,我正待在营房,突然听见有人喊"立正",这说明有军官来了。我站了起来,心里嘀咕,谁来了,来干吗呢。上尉走进营房,说了声"稍息",然后直接朝我走来。他说想私下和我聊两句,于是其他人退了出去。他直截了当地问:"中士,你有钱吗?"我说我有不到50块。他问能不能在夜晚前凑到500块。我告诉他,不消一个小时就能办妥。他让我办成后直接去他办公室找他,说完就离开了营房。

我和里德赶紧开车到我们的民间投资人那儿,告诉他我们的生意又能开张了,但我们都认为不收上尉利息为上策。回去之后,我直接去了上尉的办公室,将装着现金的信封交给他,敬礼,然后转身出门。同时,我还额外带了1000块回来,马上又在兵营里放贷了。到了下个发薪日的时候,上尉数好了我的工资,又再数了500块放在我的工资上,我们都心照不宣。从那天起,上尉会定期找我借钱,而我则得到默许,又在他办公室门口等着刚领完薪水的士兵还钱了。

作为一名士兵,我曾经设想自己是要上战场保家卫国的,但结果却并非如此,我开始思考当兵也许并不是一份理想的职业。在军队待了三年后,我感觉也差不多是时候离开部队,回圣路易斯市了。离我退伍还有一个月的时候,上尉把我叫进他的办公室,给我看了一份所有士官都会从自己连队的司令员那里看到的再入伍动员演讲稿。他承诺说马上就要给我升军衔了，而且还大谈当兵能享受的各种福利：医疗保障、退休保险以及免费吃住等。

"上尉，我有一点很不满意。"我回答说，"我们野外训练时发的罐头实在太难吃了。有一次我拿罐头去喂狗，结果那只狗吃了之后整整一周都在舔自己的屁股，想把残留在嘴巴里的罐头味除去。"

上尉不再挽留，祝我好运。30 天后，我就退伍回家了。

1954 年 6 月，我回到了圣路易斯市。以我的简历——接受了八年的正式教育，从事砍树工三年，在军队学习了多种技能训练，我知道自己是当不成脑外科医生了，但我认为自己能从事危险的职业来赚钱。我曾经考虑过要当一名跳伞消防员，但我发现这个职业能提供的薪资和所要承受的风险不成正比时，我觉得还是重操旧业，继续去修剪树枝更划算。如我所料，我的老东家非常欢迎我，"松鼠"就该去爬树。开始的时候一切都好，但慢慢地我的工作就越排越满了。

在一个潮湿炎热的下午，我好不容易修剪完一棵巨大的榆树的树枝，累得一头栽倒在地。我身上的衣服都被汗水浸透了。于是我坐到游泳池旁，点起一根烟，准备放松一下。大宅的女主人气冲冲地出来了，不由分说地指责道："年轻人，不是我说你，如果你非要到我的泳池里泡着凉爽一下，你起码得把那双脏兮兮的靴子脱了吧。"尽管我还没进游泳池，也不打算跳进去，但我还是向她道了歉："下次我会注意的，会先把靴子脱掉的。"

当她愤怒地走开后，我想起了我伞兵队的战友鲍勃·布罗克斯。他去过两次加利福尼亚州，回来后总跟我说那是一个能吹着凉爽的海风，欣赏比基尼女郎的美好地方。他总邀我和他一起去那儿一展身手，当下似乎就是答应他的好时机了。而且，当我还在服兵役的时候，母亲就搬到加利福尼亚州的圣安娜和我的姐姐、姐夫一起住了，我的姐夫是一名驻守在圣安娜附近长滩的海军。决定之后，刚好烟也抽完了，我向同事们走去，问谁想买我的爬树装备。其中一个同事说道："虽然大家都叫你松鼠，但你还是离不开爬树装备的。除非你打算干点别的。"我告诉他们自己的确想改行了，要去加利福尼亚州了。把装备卖给他们之后，我打电话给布罗克斯，告诉他我想好了。打包好三条牛仔裤、六件 T 恤、一把剃须刀和一把牙刷后，第二天一早我就和布罗克斯一起开车上路了。

然而旅途并不顺利。开始时我们还盘算着路费应该算比较充裕的，但补了两次车胎，修了一次汽油泵后，我们开始担心钱不够了，于是我们晚上只在车上过夜。但屋漏偏逢连夜雨，得克萨斯高速公路交通队开的超速罚单又消耗了我们剩下的钱的一半，之后我们三餐就只能吃热狗和汉堡凑合了。

我们到达圣安娜时已经晚上 10 点，一顿好找之后，我终于来到母亲家。母亲见到我时很吃惊，但也很高兴，至少我是这样认为的。我们坐着闲聊了好几个小时，然后我和布罗克斯算了一下一路的账，我剩下 10 块，他只剩下 40。显而易见，我们的头等大事就是找工作。

第二天早晨，我到外面转了一圈，在离我母亲家一个街区的一条私家车道上看到了一辆卡车，车门上印着的"林木专家"四个字让我瞬间哭了出来。尽管那天是星期天，我还是敲了敲私家车道所在的那户人家的房门。来开门的是一个长得挺高大的男人，名叫厄尔·埃德尼。他问我怎么了，我指着卡车告诉他："如果那是你的车，我想你可以雇我试试看。"我跟他讲了自己超强的爬树能力，还提到自己的昵称是松鼠，末了还加了一句，我已经身无分文了。他让我第二天一早六点半到他家门口等着。

在厄尔的公司工作了几天后，我就发现他的其他员工根本不懂怎么修剪树枝。厄尔负责招揽生意，而其他员工则负责具体工作。员工们缺乏组织，手艺又不好，一个小项目通常也要花上几天时间。几个星期后，厄尔意识到如果能找到一个手艺好的领班作为合伙人，收入应该可以大大提高。于是我们合伙了：买了几辆二手卡车和一批新的器材，又新雇了四个伙计。

虽然我已经23岁了，但我对城里的文化习俗几乎一无所知。我曾经以为咖啡厅是人们在外就餐的唯一选择，除了汉堡、三明治和汤以外就别无他选。直到有一天，我留意到一家酒吧挂着"现有午餐供应"的招牌，在好奇心的驱使下，我走进那家酒吧一探究竟。我站在收银台前，酒吧服务员递给我一份菜单。我点了肉卷、土豆泥和肉汁。她问我选择哪种面包，我点了唯一知道的一种——白面包。然后她又问我想要哪种沙拉酱，我根本不知道"沙拉酱"是什么。于是我就回答"随便"。过了一会儿，服务员端着一盘沙拉过来，把它放在我的面前。我从来没有吃过沙拉，根本不知道如何是好。我该把它吃了呢，还是把它扔在地上，抑或是呆呆看着它？当服务员端着肉卷过来时，她问我是否需要把沙拉收走。我想这也好，我就不用再烦恼该拿它怎么办了。过了几天之后，我终于弄清楚沙拉是在正餐之前上的开胃菜。

作为林木专家公司的两位老板之一，我自认为找到了自己的终生职业。直到有一天，我在一个汽水摊上遇到了另一个伞兵战友克里夫·罗斯（Cliff Rose）。他正在当特技演员，准备向好莱坞进军。克里夫当时签了一个经纪人，而且已经参演了几集《你说我演》(*You Asked for It*) [1]，干得很不错。于是电视台交给他一集节目，让他和另外一名特技演员一起参演，他问我有没有兴趣试试看。自己能上电视的这个想法实在让我无法拒绝，这可是名利双收的好机会。没多考虑我就答

---

[1] 一档美国电视节目，开播于1950年12月29日，结束于1959年9月27日。

应了，定了定神才问道："对了，我们都要做些什么？"

克里夫解释了一下特技场景。首先，他会骑在一匹奔跑时速大概是 50 公里的马上。他的同事顿·里肯斯将开着一架塞斯纳 150 飞机，保持 93 公里的时速。我则需要牢牢抓着飞机的轮子，挂在飞机外面，当飞机赶上克里夫时，我就松手瞄准克里夫跳下，用自己的身体将他从马上撞下来。

"你开玩笑的吧？"我惊得叫出声来，在时速 93 公里的时候从离地面 3 米多高的地方往下跳简直是个疯狂的想法。但一想到"名利双收"这个回报，我又转念觉得这实在是一个好主意。

但克里夫没有告诉我其实这个主意完全是他自己想出来的。《你说我演》是一档由观众提出要求，告诉电视台自己想看什么内容的节目。观众们通过写信给电视台，罗列自己一些天马行空的想法，从而让电视台制作。克里夫做过几期《你说我演》的特技表演，表演内容都来自观众来信，慢慢地他就萌生演出一个自己设计的特技表演，为自己争取一次工作机会的想法。

在正式拍摄的前一周，我和克里夫精心挑选了一匹夸特马[①]，因为它能提供快速的冲刺速度。但至于飞机飞行高度下降到离它两三米时，它是否会受惊、跳到一旁或把人摔下马背就不得而知了，唯一能确认的方法就是实际验证一下。

里肯斯借来一架飞机，把它开到我们的集合地点。他从我们头顶飞过，将一边的机翼降下来，示意他准备好了。我们之前商量好了，头一次时，他将飞到距离克里夫头顶大概 30 米的高度，第二次时则将距离缩减至 15 米，之后按每次 3 米的量持续缩减，直到飞机和克里夫头顶的垂直距离为 3 米为止。如果一切顺利的话，这个特技镜头就能

---

① 美国夸特马，以擅长短距离冲刺而著称。

开拍了。有意思的是，我们挑的这匹夸特马不仅完全不害怕，而且在几次试验之后，它就将飞机当成了自己的假想敌，开始和飞机赛跑开了。当飞机即将从后面追上来时，马儿就有所预感似地甩头、扭动身体并且猛跳，而克里夫则会松开缰绳，用行动告诉马儿比赛开始了。

正式拍摄的日子终于到了。母亲也来到了现场，想亲眼看到这个特技场景的拍摄，而我也希望她能看到我的表演。显然，母亲并没有像我那样么紧张，因为她对高度、速度、飞机或马匹等这些都有可能造成危险的因素一无所知。反复将这些因素推敲之后，我越发感觉自己命悬一线了。

不久，对讲机传来声音，说现场各部门已准备就绪，于是我爬进了飞机。起飞后，里肯斯飞过电视制作大楼，楼顶有人挥舞着绿旗子。我看看远处，发现克里夫坐在马背上向我们这个方向招手，示意他也准备好了。里肯斯向前再飞了几百米，然后掉头朝克里夫飞去。飞机飞得很低，速度也很慢，以至于失速警告开始哔哔作响，警示飞机随时有可能会坠落。我早已做好打算，如果飞机坠落的话，里肯斯就自己看着办吧，反正我是会跳伞逃生的。这时飞机的飞行海拔高度主要靠油门来控制，用力踩下油门，抬起飞机前端，飞机就能接近垂直地立起来，这种飞行方式叫螺旋桨悬挂式飞行。由于飞机前端太高，挡住了里肯斯的视线，所以他完全看不到克里夫或是他骑着的那匹夸特马，而他们恰恰是我要从空中往下跳的目标。

我蹲在飞机轮子上，用一只手做手势，指示里肯斯左转或右转，上升或下降。里肯斯一直保持着飞机悬挂式飞行的状态，飞得不错，但我还是紧张不已，他像个傻子那样依赖着我，而我则像个呆子似的待着飞机轮子上。信不信由你，我万分不愿意做这种特技表演。从看到目标到决定往下跳，我只有不到一秒钟的思考时间。当我们飞得离克里夫越来越近时，我也快速思考着。因为我必须一举成功。看着克里夫马上的身影，我暗暗夸赞他真是矫健潇洒。就是现在！我松手往下跳，先是撞到克里夫身上，然后滚到地上。

我站起来，看了看克里夫的情况，他也没有受伤。然后我转头朝导演那边看去，我本来以为他会夸奖我们干得很好，但他做手势示意我们再来一次。他向我们解释说，在刚才的那次拍摄当中，我们着陆的地点超过之前标记的着陆点足足有30多米远，这就导致人物在银幕上看起来很小，而且我们很有可能在焦距以外，看起来就更模糊了。母亲是个直肠子，她很直接地谴责了导演，认为再来一次无异于让我去送死。我在心里默默地认同了母亲的观点，但同时也很明白，我必须再赌一把运气。

如果说第一次拍摄时我的心情可以用紧张来形容的话，那第二次拍摄时我的心情就差得无法形容了。有了第一次的经验，我深知这次的特技有多困难，万一我稍有闪失，我的下场只能是粉身碎骨。我甚至都能想象到家人在我的葬礼上低声哼着哀乐，肩扛棺材，一步一步将我的棺材抬到墓园的场景。幸好运气再次降临，我又成功了。第二次拍摄一切都很到位，导演很高兴，而母亲也欣喜不已。至于我，我只庆幸这一切终于结束了。

事后我的身上疼痛了好几天，甚至连走路都异常困难。白天回去爬树剪枝几乎成了不可能的任务，但我还是拼尽全力去上班了。没几天，我身上的酸痛慢慢消退了，这时克里夫又来约我参加另一项特技表演，这次的项目是电影拍摄。

华纳兄弟正在投拍一部由查尔斯·林德伯格生平改编的，名为《林白征空记》（*The Spirit of St. Louis*，1957）的电影。影片由詹姆斯·斯图尔特（James Stewart）主演，比利·怀尔德（Billy Wilder）执导。制作团队需要拍摄一系列的特技飞行镜头。他们会用到两架老式的双翼飞机，同时也需要两名特技演员。特技演员的任务是在飞机盘桓和旋转的过程中，稳当地站在双翼飞机上层机翼上；当飞机下降高度飞过观众和摄影机之间时，则倒挂在机腹的梯子处。当一架飞机刚好飞到另一架飞机上方时，演员要抓紧机会，通过攀着另一架飞机下层机翼那里的扶手，从自己那架飞机的上层机翼处爬到另一架飞机那儿去。这还不止，完成了这些任务之后，两名各自带着五个降落伞的特技演员要从同一架飞机上跳伞降落。具体操作是这样的：先打开第一个降落伞，等伞身彻底展开后解开降落伞系带，然后打开第二个降落伞。五个降落伞按同样的流程一一解开，直到演员降落到地面上。飞机的飞行高度为 750 米，任何有经验的伞兵都知道，这样的海拔根本不足以打开五个降落伞然后安全降落。

听完克里夫描述的这个"不可能的任务"后，我毅然加入了。

我永远不会忘记头一天去到片场时的情景。制作方已经搭好了场景，正面看台、售票亭以及所有能让那一大片空地看起来像一个 20 世纪 20 年代露天赛场的置景一应俱全。我估算了一下，现场至少有 2000 名临时演员和 150 名工作人员。我从来不知道原来需要这么多人的合作才能拍成一部电影。当我还在好奇地看着这一切的时候，斯图尔特走进了片场。天啊，这是我头一次离一位大明星这么近。我这样一位从农村来的毛头小子，此时此刻离世界巨星只有 3 米远的距离。光想想我就已经震惊不已。

对讲机突然传来声音，询问特技演员双翼飞机停放的位置，这时我才猛地回过神来。在我们正式开演之前，制片人问我们特技表演的要价。我们不知道该报多少才合适，于是就尽量往高报。我们说每次特技表演收 2000 块。比利·怀尔德正好站在我们旁边，听到我们要价后，他大声喊道："2000 块一次的话我也能干！"

我和克里夫相视一下，彼此都认为比利·怀尔德在开玩笑。不用想也知道，像他那样才华横溢又功成名就的人，还拍过《战地军魂》（*Stalag 17*，1953）、《双重赔偿》（*Double Indemnity*，1944）以及《七年之痒》（*The Seven Year Itch*，1955）等大片，不至于为了帮剧组省个几千块而冒自己的生命危险吧。但万一他会呢？

怀尔德走到一架飞机跟前，爬上上层机翼，再用绳子把自己固定在安全扶手那儿。由于飞机的起飞降落都在田野而不是标准跑道上完成，万一飞机轮子撞到地面的坑洞的话，飞机很可能会翻倒。而这时站在飞机顶部的人——也就是怀尔德先生就非常危险了。我和克里夫计划在飞机起飞和降落时先坐在驾驶员座舱里，飞行过程中再爬到飞机的上层机翼上，但这整个过程中我们都没有穿降落伞。我们提议怀尔德先生这样做试试看，但他没理我们，镇定地站在机翼上方，示意飞行员起飞。

飞机在田野间的跑道上颠簸着前行，起飞，上升到一定高度后就在我们头顶盘旋几圈后再降落。怀尔德从飞机上爬下来，冲我们眨了下眼睛。我们心知每次2000块的酬劳是拿不上了。怀尔德问我们："说吧，演一次多少钱？"我和克里夫达成共识，每次只收1000块。虽然在这场戏上，比利·怀尔德削减了我们一半的酬劳，但我们还有很多场特技戏要演，而且我们坚信他不会每场戏都先亲身试一次。毕竟在其他的几场特技戏中，他就没办法把自己绑在安全扶手上确保自身安全了，也就是说任何一个小失误都有可能要了他的命。

这场戏我们前后总共演了六次，怀尔德才把所有需要的镜头拍完。我从来没想过单单一天就能赚到这么多钱，直到那天晚上我还以为这一切都只是一场梦。我和克里夫计算了一下后面几场特技表演的总场数，然后再估算了下我们大概能赚到多少钱。在金钱的诱惑和难以抑制的兴奋的驱使下，我恨不得马上能回到片场继续拍摄。

第二天一大清早，我和克里夫到达片场后就拿到了新的通告内容。

当天要完成的特技表演内容是克里夫站在飞机的上层机翼上,而我则用脚踝勾着机腹那里绳梯下端的绳子,头朝下倒吊着。倒挂在绳子上并不难,但真正危险的是爬到绳梯下端,将身体倒过来。

那种老式的单引擎双翼飞机有两个飞行员舱位,飞行员将坐在后排的舱位处控制飞机,而我和克里夫则一起挤着坐在前排的舱位里。当飞机升空后,克里夫将爬出机舱,慢慢爬到上层机翼。而我爬出机舱后将一直往下,爬到拴着绳梯的轮轴处,再爬上绳梯。在绳梯最下方的横档上拴着两个被称为马戏团绳结的环形绳结,接下来我要做的是把自己的左右脚分别套进两个绳结里,然后身子向后仰,将自己倒挂在绳子上。

如果你曾经去过片场,你肯定能知道拍摄经常会延后。但当时我是头一次参加电影拍摄,对这个"规律"毫不知情。飞机绕着片场飞行了大约10多分钟,我则一直处于倒挂在机腹下方的状态。我实在拿不准主意,是该爬回飞行员舱位那里先休息一会儿,还是保持现状继续按颠倒的视角"欣赏"这个世界。后来我还是忍不住侧身向上探,想看看飞行员的指示。他指了指自己的手表,竖起了两个手指,示意我再坚持一下。

大概过了5分钟左右,飞机下降高度,从观众和摄影机之间穿过。飞行员倾斜了几次机身,我觉察到他在叫我后就侧身向上探。他做手势让我坐回飞行员座舱,于是我向上翻身,坐回绳梯最下方的横档上,打算将脚踝上的绳套解开。我决定先坐一会儿等着长时间倒吊造成的晕眩消退,过了好一会儿眼睛终于不花了,我才沿着绳梯往上爬到轮轴那里,再将绳梯从轮轴上解下来,抱着绳梯爬回座舱里面。

飞机降落后,飞行员找到我,跟我说刚才我在绳梯上坐的时间太长了,以至于他一度以为我被吓得一动不敢动了。他还在思考,如果我继续挂绳梯末端的横档上,那我将处于机腹下方5米处,要如何安全降落又不会将我撞死在地面上呢？

　　我和克里夫在《林白征空记》剧组工作了六周，完成了所有特技表演，大多数场景我们最多只需要重来三到四次就通过了。我们对这样的结果很满意，因为我们是按特技表演的次数收取酬劳的，最后我工资单上的数目比我前几年修剪树枝的工资合计还要多。之前我还在思考应该选择什么职业，现在答案已经显而易见了。我当即下了决定，回去后就将我那部分林木专家公司的股份卖给我的合伙人。好莱坞，等着瞧吧，我来啦！这也是我生平第一次有了目标：我要成为一名好莱坞特技演员。

03

口说无凭

那时，我还不知道好莱坞的特技表演行业几乎是由 10 到 12 个特技统筹或有名的特技演员所垄断的。如果他们对你一无所知，那你就接不到活儿，《林白征空记》是少有的一次例外。由于这些掌控工作机会的人都不知道有我这个新人，所以我连续 9 个月一份工作都没有接到。

于是我又想了想自己手头的选择。要么回去干老本行继续修树去，要么申请加入临时演员工会。当时，临时演员工会的会员日薪是十五块零五分，所以"十五块零五"也成了临时演员的代号。我们要做的事情再简单不过了：保持呼吸，正常走路，就连我这个毫无演技也没受过任何专业表演训练的人也能胜任。当临时演员能让我理所应当地来到电影拍摄现场，好好地观察电影的制作流程。而且在现场，我还能见到其他特技演员，作为一个大胆自信的人，我必定不会放过任何毛遂自荐的机会。

借着在片场当临时演员的机会，我终于接触到第一位特技演员——查克·罗伯逊（Chuck Roberson）。他是约翰·韦恩的固定替身演员，同时也是好莱坞顶尖的十位特技演员之一，跟他处好关系对我的职业生涯发展自然是大有裨益的。我向他介绍了自己，说明了自己的来意和志向。让我感到意外的是，他说曾经好几次听到过我的名字，也了解我在《林白征空记》的工作情况，并且向我保证，如果他下回接到需要在飞机机翼上走动的动作戏，一定会转介给我。

大家都说查克是一位乐于提携新人的前辈。那天傍晚时分，他邀请我到他家做客，还承诺一定会竭尽所能帮助我。仅仅两天后，我就又来到他家，这次我是来接替他其中一份工作的。说来也巧，第二天他同时接到了两份通告，而前两天我刚好拜托过他介绍工作。于是他将电影《廷巴克图》（*Timbuktu*，1958）的通告让给了我。不用说，当天晚上我又开心得睡不着了。

当我到达片场时，另外八名特技演员已经开始演练在堡垒里里外外的打斗戏了，他们互相安排各自的任务，完全把我晾在一边。过了一会儿，特技统筹走了过来，明知道查克让我来接替他的工作，但他还是喊了我一声"查克"，接着他又说："哦对，你不是查克。你谁啊？"

我特意一字一句慢慢地回答，好让大家都记得清清楚楚，"我叫哈尔·尼达姆。"

他用嘲笑的口吻问道："哈尔，你能做什么特技表演？"

"只要你想得出来，没有我做不到的。"我坚定地回答他。

他指着城堡上一座12米高的塔楼，问我能不能从上面往下坠。

我自信地回答："没什么不可以。"所有人都用"信你才怪"的眼神盯着我看，特技统筹让我去找服装师，给我拿从高塔上坠下的卫兵的戏服。

我当了那么多年兵，今天只是重新穿上了再熟悉不过的军装而已，他们竟然对我能否饰演好一名士兵存疑。在我换装的间隙里，我给我的特技演员同事们大致描述了我当伞兵的那些经历，告诉他们我高超的爬树技能以及身体的灵活性等等。我刚说完，其中一名同事就直视着我，说道："尼达姆，口说无凭啊！"说完，那帮特技演员都笑了。

我打定主意，等正式拍摄时，一定要让他们目不转睛地看着我，而且我还特意为他们准备了一份惊喜。在当时，气垫发明投入使用之前，为了瞄准着陆垫的位置，演高台坠落的演员都会脸朝下往下跳。

着陆垫都是先拿纸皮箱堆到两三米高，再在上方盖上褥子而做成的。高台坠落的极限高度是18米，超过这个高度的话，第二天你就无法去片场上班了。我计划来点新意，不用那种看起来像在阿卡普尔科玩悬崖跳水的方式完成高台坠落，我已经练习这个新动作好几个月，该是露一手的时候了。等会儿我会先假装被子弹击中，然后转身，背朝下坠下高塔。

导演喊道："开拍！"我转身、向后仰，背朝下从12米的高处往下坠，所有动作一气呵成。当我平安着陆时，现场的所有演员和工作人员都鼓起掌来。我的特技演员同事们纷纷围上来，夸奖我这次让人惊叹的高台坠落表演。

后来，我和查克·罗伯逊成了朋友。当他搬到文图拉市一所海边的房子时，我租下了他之前住的房子。每到周末，我家都会临时变成特技演员的训练基地。我们一起训练特技马匹，在后院的树上练习高台坠落，还会练习摩托车特技和打斗戏的动作套路。查克有时会来探访我，顺便看看大家的练习情况，从我向他寻求帮助的那天起，他就一直不遗余力地践行着自己的承诺。有一天下午，他跟一些资深的特技演员提到哈尔·尼达姆和一群想成为特技演员的年轻人每周末都会在他家训练，问他们是否有兴趣去他家参观一下。更棒的是，他还提议大家和那些年轻人一起练习，说不定自己也能有所收获。查克的提议说动了当中的几个，也间接帮我促成了几个去小规模剧组工作的机会。

在没有特技表演工作的时候，我继续当我的临时演员。就在一个我当临时演员的剧组里，我有幸认识了著名的约翰·福特①（John Ford）导演。他所在的片场有这么几条规矩：第一，现场严禁吹口哨；

---

① 被誉为美国最伟大的电影导演之一，其创作最能体现勇敢开拓的美国精神，是有史以来奥斯卡最佳导演奖得奖次数最多的导演。

第二，当手风琴演奏的《丹尼男孩》(*Danny Boy*)①响起时，所有人都要打起精神，因为这预示着福特先生到场了。说实话，我第一次在现场听到这首歌时，完全不知道到底怎么回事。但约翰·福特一出现，现场的所有人，包括我在内，都被他震慑到了。

拍摄是在派拉蒙公司的摄影棚里进行的，场景是一块牛仔营地。在这个场景当中，有十名临时演员饰演牛仔。开拍之前，福特先生给我们讲戏，告诉我们演出牛仔们在营地时的日常生活情景就好了。我和另外一名临时演员杰里·加特林（Jerry Gatlin）打算扮演正在收集柴火的牛仔，我们在一块石头后面找到了一根巨大的原木，那块木头实在太重了，我们根本没办法抬起它来，只能非常吃力地把它往前拖动。当执行导演喊"背景人物行动"时，我和加特林合力将大木头从石头后面拖到营地上。我偷偷瞥了一眼福特，我敢打赌自己看到他掀起眼罩，确认了一下我和加特林在做的动作，他没说什么，然而看起来很满意。这个场景福特用不同的角度拍摄了好几次，我和加特林在每次拍摄中都要用力拖着那块沉重的原木。也不知道我有没有看错，但似乎每当我们重来一次时，福特都会流露出赞许的微笑。

有一天，我接到一个电话通知，让我第二天早上坐飞机去大熊湖，去给《携枪走天涯》(*Have Gun-Will Travel*)剧组当临时演员。《携枪走天涯》是一部西部题材电视连续剧，由理查德·布恩（Richard Boone）饰演片中很有绅士风度的枪手帕拉丁。当天晚上，我和我的一个好朋友连尼·基尔出去喝了点酒，导致第二天宿醉未醒的我们，都感觉搭着小飞机进入山区的过程非常难熬。

我们参演的这一集叫《闹鬼的树》(*Haunted Trees*)，主要讲述的是关于爬树工人和锯木厂的故事（我早就认定，之前几年的爬树经历

---

① 一首爱尔兰民谣。

肯定会为我特技表演生涯的发展带来突破口）。我和连尼坐在地上，等着宿醉和飞机颠簸带来的身体不适感逐渐消退，同时看着另外两个特技演员试着爬上一棵高大的松树，其中一个是布恩的替身，很显然他们不知如何是好。

我继续坐在原地，指手画脚地跟连尼说那两个人根本不会爬树，声音不觉中变得有点大。这时候从我背后传来一个声音，"那我想你肯定很在行。"我回头大声答道："当然！拿你的房子抵押，我们赌一把如何。"说完才发现原来和我说话的人是制片人。

制片人让我跟他走。于是我站起来，跟着他一起来到拍摄现场。他让道具师帮我穿戴上爬树装备，我套上鞋钉，扣好安全绳，问道："然后呢？"

制片人说："让我们开开眼界吧。"

我将安全绳握在手里，而不是系在腰上，加速朝那棵松树跑去，凌空跃到1米高左右，顺势将鞋钉用力蹬进树干里。在起跳的同时，我将手里的安全绳一甩，盘过树干，另一只手快速接住安全绳的另一端，双手各抓着安全绳的两头。我很快就爬到约12米高的位置上，停留几秒钟后，我又用同样的方法倒退脚步，快速回到地面上，那两个刚才在练习爬树的替身演员看到后，惭愧得只想躲起来。这时候，理查德·布恩和导演安德鲁·麦克拉格伦（Andrew V. McLaglen）走了过来。

布恩问我："你是怎么学会爬树的？"

我告诉他，在我入行当演员之前，有好几年时间都是靠修剪树枝过活的。听到这里，导演转身吩咐服装师："给他穿好服装。"（他指的是替身的那套衣服）。

我马上就要在全美国评分最高的电视节目之一里当理查德·布恩的替身了。但有一个问题：布恩和我身材差得较多，他身高一米八八，

95 千克，而我只有一米八高。服装师们只好拿别针把衣服修改到我合身，布恩看到后不觉失笑。

导演一喊"开始"我就迅速爬到树上去，结果导演马上喊停了。于是我又爬下来，我刚落地，导演就走过来，交代我将爬树的速度减为刚才的一半。毕竟帕拉丁是一名枪手，而不是一名伐木工人。然后我们重新拍了一次，这次大家都很满意，我就更不用说了。

当天收工之后，我们一行人一起步行 100 米左右，搭车回下榻的汽车旅馆。我走在安迪·麦克拉格伦①和理查德·布恩的身后，无意间隐约听到安迪跟布恩说他想将"那个小伙子"留到拍摄结束，布恩赞同了他的想法。我赶紧大声告诉他们，如果我能留下来继续参与拍摄那实在是太好了，"我不叫小伙子，我叫哈尔·尼达姆。"布恩笑道："现在我们知道他的两个特点了。第一，擅长爬树；第二，一点也不腼腆。"

但是第二天去到现场，我没有接到任何拍摄任务。没办法，拍电影就是这样的。在回程的飞机上，布恩来到后排找我，问我能不能演打斗戏。我告诉他可以，而且很在行。他听完又乐了，转身告诉执行导演把我也加到周一要拍摄的酒吧打斗戏的演员名单上。事情似乎在往好的方向发展，我从临时演员升级为特技演员了，按特技演员的标准收薪水，而且做像爬树这样的有一定危险性的动作时还能有加薪。等到星期一拍完打斗戏，我就能收到第二张特技演员工资支票了。

好不容易熬完漫长的周末，我星期一一大早就来到拍摄现场。等啊等，等到过了中午，打斗戏还没开拍，但我却无意中在现场听到布恩和他的替身争执时的只言片语。就在打斗戏开拍之前，布恩开除了自己的替身，两人闹得不欢而散。现在布恩和安迪开始为设计打斗动

---

① 安德鲁·麦克拉格伦的昵称。

作套路发愁,但我却完全不担心,不管怎么说他们还有我呢。我走过去跟导演说我能设计好这个打斗场面,安迪让我等一下,他先去和布恩商量商量。几分钟后,布恩过来问我是否有十足的把握能设计好整个打斗场面。我自信满满地回答道:"没问题,这就跟爬树一样简单。"布恩又忍不住笑了,好像在说"对啊,这个问题真没必要问"。

开拍之前我就全都想好了。我详细地翻阅了剧本,想出了一些比编剧更好的动作套路。按我设计的动作来拍的话,布恩将看起来更有英雄气概,而且不需要替身,他自己就能演完。我跟布恩讲完新的套路后,他赞许不已,说:"就这么做吧。"

正式拍摄非常顺利。布恩也非常高兴,拍完后朝我微笑着眨眼。我专心地留意着布恩和安迪的对话,当我听到他们讨论第二天的拍摄找谁来当布恩的替身时,我走上前去,提议让我试试。"如果你们有足够的别针来把衣服改成我的尺寸的话,不妨给我一个向你们展示才能的机会,"我迫不及待地说,"如果你们觉得这次我做得好,那希望这是我们以后合作的开端。如果你们觉得我演得不好,就不必付我工资了。"

布恩注视着我,我开始感到心虚,暗忖自己是不是太激进了。过了一阵他终于开口说:"你的个子比我小太多了,但戏服都是黑色的,应该看不太出来。"他吩咐服装师将他其中一件帕拉丁的戏服改成我的尺码。结果话说到一半,他迟疑了一下,说:"不,不对。"我的心猛地沉了下来。"保险起见,拿两件衣服去改吧。"

听到布恩这么一说,我就像漫步在云端般,噢不对,应该说像漂浮在云端般那么高兴。

第二天早晨我的工作就开始了。我需要站在一块离地面10米、离摄影棚棚顶5米的石头上。当一辆四轮马车从下方驶过时,我要抓紧时间跳到马车顶棚上。从我站着的地方往下看,长两米宽一米的马车顶棚看起来就像一张小小的邮票。安迪问我准备好了没有，我只能故作镇定地回答："不用再等了，随时可以开始。"

车夫把马车赶回起点，一切准备就绪，摄影机也开机了。随着安迪"开拍"一声令下，我的心跳不断加速，在那个瞬间，我甚至无法区分自己的心跳声和由远及近的马蹄声。看准时机，我腾空一跃，正好砸进马车顶棚的中间——我齐腰陷进顶棚，落在乘客隔间那里。

为了尽量减少拍摄次数，安迪决定下一个镜头直接拍布恩饰演的帕拉丁着陆到顶棚上的特写。停到顶棚上后，布恩将立马把枪拔出来，勒令车夫停车。这样的安排对我来说再好不过了，尽管这个镜头多拍一次我就能赚到更多钱，但我更希望能好好活着，迎接明天或当天后续的挑战。

下一个镜头的内容是当马车从镜头前经过时，我从马车里跳出来。安迪喊"开拍"后，马车慢悠悠地走着，于是我没有从里面往外跳。安迪赶紧喊"停"，马车只好载着我折回原点。他问我为什么我没有往外跳，我解释道因为我觉得马车速度太慢了，与情节不太相符。布恩问我觉得马车速度该多快才合适，我回答说松开缰绳让马放开了跑，布恩又爆发出他那极有感染力的笑声。事后我才知道他大笑的原因，两周前，另一个特技演员演同一场戏时，头一次也没从马车里往外跳，原因是他觉得马车速度太快了。好吧，"无畏的哈尔"又多了一个实例。

第二次拍摄时，马车飞驰了起来。我从马车里往外跳，落点刚好控制在摄影机的前面。当我站起来时，一抬头就看到了安迪和布恩赞许的笑容。

当天最后一项特技表演的内容是帕拉丁跳进干草仓里，钻过干草堆后，一把揪出底下巡逻值班队伍中的两个坏人。不知为何，编剧设计的情节是帕拉丁从仓里跳出来时，两手都要抓着干草。似乎合乎逻辑，但他为什么要这样做呢？我告诉和我搭戏的演守卫的那名特技演员，等下开拍时我会先头朝下跳进干草堆里，然后转过身，用脚将他踢倒。这样的话，我就能控制好躯干下滑的速度，不至于脸先着地。他听完后表示没有异议，于是我们就按这样的套路开演了。这样一来，从干草堆里穿过时，草屑既不会遮挡住我的视线，也不会弄得我满脸都是，而且拍摄效果还非常好，幸亏没按剧本写的演。

这一集《携枪走天涯》的拍摄接近尾声，我的戏份也全部拍完了。那天，大家还在平房里拍戏，没我施展的地方，我就在走廊上闲坐。突然，布恩走了过来，他告诉我说计划以后和我长期合作，而且已经让服装师将帕拉丁其他的一些戏服改成我的尺码了。他已经告诉制片部门以后我将继续跟这个组，所以他们会给我发下周要拍摄的戏份的剧本，好让我提前做好特技表演的动作分解。最后，布恩还补充了一句，"我知道不用我说你也会做到，但我还是想告诉你，要是有什么能让动作戏更有意思的好点子，请随时大胆地告诉我。"说完，他向我伸出手来，说："欢迎加入。"

后来，我不仅成了理查德·布恩的替身演员，而且还担任了《携枪走天涯》剧组的特技统筹。我负责遴选特技演员，安排他们的表演内容。最开始时，制片方为了节约资金，和我签的是临时演员合同。等到了现场，我要给布恩当替身或者演其他特技戏时，他们才给我升级为特技演员合同。对他们来说，这是个省钱的好办法，但对我来说，这种做法却让我感到不被正视。

有一天，当我们准备出发去下一周的外景拍摄地时，制片人又和我说："哈尔，我们还是按老规矩来吧。先和你签一份临时演员合同，等到你要演特技戏时，我们再将合同改为特技演员的。"

"等会儿，"我回答说，"我在这个组里给布恩当了八个月的替身了。在现场的时候，我几乎天天都要演特技戏。请你稍微尊重我一下，和我签一份特技演员的合同。"

结果他回答道："不可能，还是签临时演员合同。"

我把自己的临时演员工会证从钱包里掏出来，举到制片人面前，一下一下把它撕碎。"看，我退会了。"制片人摇了摇头，撂下狠话："那我们只好找人顶替你了。"说完转身就走了。

我默默叹息，尼达姆啊尼达姆，你怎么就这样做了呢，一份好工作也许就这样告吹了。但万一真的如此，我也绝不会回头去求制片人。在这之后我碰到了布恩，他告诉我这次跟组肯定很有趣，因为外景拍摄中有很多特技表演等着我，我一定能赚到很多钱。我遗憾地告诉他我去不了了，因为制片人要找人把我替换掉。我把和制片人就合同形式上的分歧引起的争执一五一十告诉了他，布恩表示对制片人的这个决定感到难以置信。

工作人员过来叫布恩准备下一场戏的拍摄，但没想到布恩竟然当着全部工作人员的面放话，让他们另请高明，因为他和哈尔下周都不会去外景地了，说完后他又好像没事人一样拍完了那场戏。过了一会儿，制片人招手让我过去，布恩密切注视着我们。我走上前去，制片人再次威胁道："你会为自己做过的事情感到后悔的。"

我也毫不让步，回答说："也许吧。但起码现在我们对谁是布恩的替身，谁是特技统筹都心知肚明，对吧？"

制片人气冲冲地走开了。布恩走过来，问我谈判结果如何。我告诉他："除非他们请另外一个明星来出演，否则我们该收拾行李准备出外景了。但如果他们真的请了别人来演，那我也辞职了。"布恩感谢我如此看重我们之间的情谊，回去收拾行李了。从那天开始，我再也没有当过临时演员。

理查德·布恩是我职业生涯中最重要的贵人。连续六年,我每年都参与39集《携枪走天涯》的拍摄。借着这个难得的机会,我可以聘请还不认识的、在其他剧组当特技统筹的特技演员来我们组里工作。同时,在布恩的大力支持下,我也好好地向同行展示了我的才能和创意,一年39集的量足以让大家记住哈尔·尼达姆这个名字。在组里,这些特技演员是我的员工,而在其余时间里,他们则能为我提供更多的工作机会。

《携枪走天涯》是一部非常火爆的电视剧,而作为一名备受观众喜爱的演员,布恩也参演了很多其他节目。有一天,他问我是否有兴趣和他一起去纽约,为《埃德·沙利文剧场》(The Ed Sullivan Show)①录一场打斗戏。我从来没去过纽约,在这档综艺节目里演出听起来还挺带劲的,于是我决定参与了。布恩让我再找一个特技演员同行,这样他就可以设计与两名坏人斗争的剧情,于是我选了勇敢无畏的查克·库奇(Chuck Couch)同行。

从那时起,我才开始体验到有钱人的生活。去纽约的航班上,我头一次坐上了头等舱,而头等舱无限量供应餐食和饮料的待遇让我几乎招架不住。下机后,一辆豪华轿车把我们接到广场酒店②。那真是我见过的最富丽堂皇的酒店,我的房间大到容纳一家人都绰绰有余。

布恩邀请我和查克去他的房间共进晚餐。过去之后,我才发现那是一个巨大的套房。他先亲自给我们调了鸡尾酒,然后让我们自己随意点餐。我看着菜单,上面几乎一半的菜我都不知道是什么。布恩见我很犹豫,提出由他帮我推荐点菜。他问我是否喜欢开壳生蚝,然而我从来没有吃过生蚝,无从判断。等晚餐端上来时,布恩向我演示怎

---

① 一档内容丰富、形式多样的美国娱乐节目。从1949年至1971年,每周日晚8点到9点在哥伦比亚广播电视台播出。
② 位于纽约曼哈顿的豪华酒店。

么吃生蚝。尝过生蚝的味道之后,他如果再重复一遍刚才的问题,我肯定会回答非常喜欢。

第二天,我们赶在现场直播前去演播厅彩排。我们策划了一场剧烈的打斗戏,我饰演的坏人逃跑时,被布恩一枪打中,我中枪后将从高处的阳台摔到底下的牌桌上。沙利文和观众们都很喜欢我们的编排,录影结束后,布恩又领着我们搭乘豪华轿车去一家高级餐厅。我们先坐下小酌一番,布恩留意到邻桌的女士戴了一顶时髦的帽子,于是他用眼神向那位女士示意,然后举起酒杯,另一只手指了指自己的头部,向她致敬。看到此情此景,我突然有一种以后都要跟着布恩出门见世面的想法,至少和他在一起,我能学会怎么表现得更有绅士风度。

几杯酒之后,服务员给我们送来菜单,并给我们推荐了当天的特色菜。和往常一样,我对他描述的食物毫无头绪。我扫视了一遍菜单,上面只有两个菜是我知道的。当轮到我点单时,我告诉服务员我要点一打开壳小牡蛎、一份五成熟的丁字牛排以及一份配蓝芝士的沙拉。

布恩听完乐了:"你小子学得还挺快。"

04

把握机会大显身手

《阿拉莫》（*The Alamo*，1960）是约翰·韦恩参演的一部大制作影片，但我没有机会参与。制片方当时需要招募 28 名特技演员，拍摄周期大概是 4 个月。由于这部片子是由"公爵"约翰·韦恩自导自演，所以，特技演员的招募工作就理所当然地交给了与他长期合作的特技统筹克里夫·里昂斯（Cliff Lyons）。尽管当时我已经在圈内小有名气，但我还从没有和里昂斯合作过。

我决定向里昂斯毛遂自荐，结果却在他的办公室外干等了半个小时。这时，我心里已经隐约有了不祥的预感。见到里昂斯后，我立刻向他表达了自己想要参演的强烈意愿，并且告诉他我是个多面手，剧本里设计的骑马特技、高台坠落和打斗我都能一一做到，绝对是现场的好帮手。里昂斯是一个有话直说的人，他表示自己以前没有和我合作过，对我所说的话无从判断，所以还是倾向于用以前一直合作的班底。听到这话，我感到自尊心受到了打击。虽然自认比他雇用的许多特技演员都更有本事，但对他的决定我也无能为力。

我当时住在金枪鱼峡谷路。由于那一片是特技演员的聚居地，所以渐渐大家都把那儿叫作"特技演员峡谷"了。《阿拉莫》剧组出发去外景地的那天，我站在家门口的前院，向每一个经过的被选上的特技演员挥手道别。等大家都离开后，我回到房子里，懊恼自己手头一份通告也没有。结果到了下午，我接到了前所未有之多的电话，几乎所有剧组都在问我什么时候有空当。到了这会儿我才猛然醒悟过来：《阿拉莫》剧组把28位顶尖的特技演员都拉走了,现在好莱坞的特技演员肯定供不应求。在接下来的4个月里,我每天至少要接两三份通告。也是在那段时间,我创下了个人空前的单天跑五个剧组做特技表演的纪录。

也许你们会觉得这根本不可能。当然,完成这个"不可能的任务"是有一定的前提。首先,这五个剧组都是我之前都合作过的电视剧剧组,由于我和工作人员互相认识,所以他们能按我的日程表安排拍摄时间;其次,前两个剧组都在派拉蒙的摄影棚里,剩下的三个则都集中在环球公司。制片人总是按实际拍摄的时间往前提两到三个小时通知演员到场,所以当他们告诉我通告时间是早晨7点时,尽管我没办法准时到达,但我会向他们保证9点时一定能到达现场。他们一般会答应我,但也会补充说不能再晚了。

所以那天我是这样安排行程的:早晨7点的时候,我先来到《大淘金》(Bonanza,1959)剧组的摄影棚。从我入行的第一天开始,我从来没有当过主角的替身。但我经常接到让我演被痛扁一顿或被杀死的坏人的通告。那天,我在打斗戏中一如既往饰演坏人,正义的一方完胜(要知道演好人的替身总是比较轻松,因为你不至于老被打倒在地)。而这一幕大获全胜的戏码则主要由替身演员来完成。拍完我的脸先挨了五拳,又被一把椅子砸中了头之后,再补拍一些明星的特写镜头,这场戏就完成了。我看了看时间,才到八点半,时间控制得刚刚好。

紧接着是9点开始的《携枪走天涯》的通告,也是在派拉蒙棚里拍摄。由于我既是组里的特技统筹,又是布恩的替身,所以对拍摄时间有一定的话语权。然而,在这个组里我演的又是坏人。根据剧情安排,我被子弹击中后就猛然从马背上摔下倒地,这个动作叫马鞍坠落。我们10点开拍,短短半小时后我就又在赶往环球公司的路上了。第三个是电视剧《拉勒米》(*Laramie*, 1959)剧组,我的任务是从摄影棚的顶部往下跳。剧组的其中一名主演博比·富勒(Bobby Fuller)是我的好朋友,他是一名身手矫健、技艺高超的骑手,在制片厂允许的前提下,他更愿意自己亲自去演动作戏。而一到打斗戏时,不管原来演他对手的演员和我身材差别有多大,他都要求把原来的演员替下,让我来和他搭戏,我们配合得非常好。并且,博比很享受在银幕上看到自己亲自上阵,没用替身的情景。

去到现场后,我将自己紧密的日程告诉了博比。等这边完成后,下午3点我就要赶去拍另一部环球公司的连续剧《弗吉尼亚人》(*The Virginian*, 1962)。听完后,博比帮忙将我的戏份调整到拍摄计划的首位。拍摄结束后,他还特意让剧组司机送我一程。下一个剧组的执行导演见我提前到了很是高兴,因为他们正好提前完成了前面的拍摄。现场已经做好准备,我一换好戏服就马上开拍了,这次我要做的是撞碎并冲过酒吧的橱窗玻璃的表演。拍摄顺利结束,比我预期的要早。下一个通告是夜戏,当时正值夏天,所以离天黑还有三四个小时左右。太好了,我终于有时间吃点东西了。

等到晚上8点时,我来到当天最后一个剧组的现场。我要做的是从四层高的大楼上进行高台坠落。但是由于组里的一名演员生病缺席,所有拍摄计划都要重新调整。而我接到的通知是原地待命,还要好一会儿才能拍到我的戏份。我一直等啊等,等到深夜3点时,他们终于叫我上场了。我的高台坠落镜头一通过,剧组就收工了。在开车回家的路上我还在想,刚才那些时间白白浪费了。早知道要等那么久,我就能用那段时间间隙再接一个活了。

那段时间我全身心都投入在工作里,等后来《阿拉莫》剧组的特技演员告诉我他们四个月下来的收入时,我惊讶地发现自己那段时间赚得比他们多多了。因为在《阿拉莫》拍摄的那四个月里,有好几个星期是用来拍对话场景而不需要特技表演的。

查克·罗伯逊带了两匹受过训练,能演摔倒动作的马——可卡因和土著进组。土著是查克从《蛮国战笳声》(Hondo,1953)剧组里带回来的,但土著在《阿拉莫》中的拍摄并不顺利。剧组里所有的特技演员都用尽办法训练土著摔倒,但无论他们怎么努力,土著只是绕了一个又一个大圈,绝不倒下。查克生气极了,当场决定要把这不听话的畜生弄走。

回家时,除了可卡因和土著,查克还从外景地带回来一匹没有名字的马。当时"无名"是剧组的"临时演员",只出现在背景里。但查克观察到它有学会摔倒的潜力,于是把它带了回来。

查克租给我的房子后面有一个宽敞的牲口棚,他的马匹都养在那里。牲口棚外的空地堆积了厚厚的一层沙子,平时马匹可以在那里训练或运动。沙地有两个好处:其一,马匹在厚沙地里奔跑时,1.6公里的运动量等同于在泥地上8公里的运动量;其二,当我们训练马匹做摔倒等特技动作时,厚厚的沙子可以起缓冲作用,使马匹免于受伤。所以当我们在片场拍摄马匹特技戏时,总要事先用载重10吨的卡车拉一堆沙子铺到现场的地面上,给马匹临时铺一块安全着陆区域。而这片堆满沙子的空地就是一个天然的着陆区域。

查克把"无名"交给我,并告诉我说它具备了所有特技马匹所需的特质。随着我与它接触的次数增加,我越来越认同查克的看法。这匹马性格温顺且善解人意,唯一的坏毛病是当你骑着它走在其他物体——栏杆、拖车或建筑物——旁边时,它会下意识地不断靠近它们,于是骑师的腿就会被夹在旁边的东西和马腹之间。与此同时,这匹马会想尽办法将骑师从背上甩下来。通常,骑师会用拽住另一侧缰绳的办法来脱困。但对"无名"而言,这样的做法只会让情况更糟糕,因为它将加速朝物体靠近,这种情况在片场可是行不通的。相比而言,土著的性格则完全不同。它有八分之七的纯种血统，胆识与生俱来。它几乎对片场发生的任何情况，爆炸也好，枪战也好，都能处之泰然。

由于查克无暇训练"无名"，所以他计划将它卖给我。我们谈好价钱，顺利成交了。而由于土著在《阿拉莫》里的表现让他颜面扫地，如果我愿意的话，他就把土著附送给我。他还补充说这两匹马都需要勤加训练。在那之后的八个月里，我一有空就去训练它们做各种特技动作，包括直立、跨越障碍以及摔倒。

虽然我没能进《阿拉莫》的剧组，但我越发觉得这对我而言是一件好事。在那四个月里，我趁那些特技演员不在好莱坞时大赚了一笔，同时收获了两匹电影史上最优秀的特技马匹：土著和"无名"。后来，我将"无名"命名为阿拉莫。

我的同事兼朋友龙尼·朗德尔（Ronnie Rondell）给我介绍了不少工作。龙尼是行业中最优秀的特技演员，没有之一。而且由于他父亲是环球公司的高层，掌握着聘请特技演员的大权，所以龙尼总能签到好剧组。靠着这些优势，我俩总是不愁没有工作。环球公司每年大概拍20部电视剧。而我则参演了其中一部叫《内河船》（*The Riverboat*，1959），由达伦·麦克嘉文和一位新人主演的年度大戏。我接到电话通知，立刻赶往剧组。服装师扔给我一套戏服，让我换好后去找那个新人，并告诉我他穿着和我一样的衣服，我是来给他当替身的。

我环顾片场，终于找到那个身材与我相当，衣服和我的一样，长得像马龙·白兰度（Marlon Brando）的新人了。我走了过去，向他介绍了自己。他叫伯特·雷诺兹，寒暄几句之后，我走开了。到打斗戏开拍之前，我和搭戏的另一名特技演员将整个动作套路先演练了一遍。导演认认真真地看着，而伯特也在旁边悄悄边看边记。当我重新演示其中的一些动作细节时，伯特走过来和我商量，由他亲自来演这场戏，这样的话导演就可以省掉补拍特写镜头的工夫了。

导演认为这个主意不错，我也同意了。以前我也遇到过演员亲自演特技镜头的情况，而不管我有没有演这场戏，由于我和剧组签的是特技演员合同，所以我还是能拿到钱，这对我并无影响。复习了几次动作套路后，伯特说他准备好了。我心想，我也准备好看他出洋相了。导演喊"开拍"后，混战开始了。椅子乱扔，拳头乱砸，桌子翻倒，整个场景好像被龙卷风袭击了似的。当导演喊停时，躺在地上"负伤"的人站了起来，大家都毫发无损。我暗暗叹道，如果是我上场也没有办法保证其他人不受伤啊，这小子运气不错。这场戏的效果大家都很满意。

伯特走过来，感谢我让他自己去演这场打斗戏。我回答说："不用谢我，你干得很好。"的确，伯特很矫健，很多特技表演自己就能做好。但一些危险系数很高的戏码，比如装车、高台坠落或火场逃脱等，还是需要我上场（制片方会与演员签订制片保险，保险协议将禁止伯特或其他演员从事高危的表演。因为万一演员在拍戏过程中受伤的话，制片方将面临破产的结果）。

在合作期间，我和伯特成了好朋友。每逢周末，他都会来我家看特技训练。我把院子里一棵大树下层的枝干砍了，然后在树下放了一张安全网，这样我们从树上层的枝干上往下跳，训练高台坠落动作。伯特一直想参与我们的训练，但每次他都没有爬到我们爬的高度就往下跳了。后来，伯特片约不断，他的照片长期占据《时尚》（Cosmopolitan）杂志的中间图片插页。凭着《激流四勇士》（Deliverance，1972）一片，他成功跻身电影明星的行列，后来还成为全球最卖座演员。他事业的成功也给我的事业带来了发展的机会。

有一天，我偶然在业内时报上读到一则消息：一家制作公司正在筹拍一部名为《伞兵司令部》（Paratroop Command，1959）的电影，这简直是为我量身定制的。而且这部战争片肯定包含很多爆炸场面和打斗戏，如果他们还要拍跳伞镜头的话，我的经验肯定能派上用场。想来想去，我觉得自己就是他们要找的最佳人选了。报纸上写了制片人和办公地址，虽然我从来没有听说过斯坦利·谢特那（Stanley Shpetner）这个名字，但我还是主动去到他的办公室。我告诉前台自己的来意，前台按了电铃，用通话器告诉斯坦利有一位以前当过伞兵的特技演员来找他。过了一会儿，通话器传来他的回答："好的，让尼达姆先生进来吧。但告诉他，让他用在战场上巡逻敌军根据地的方式，打开我办公室的大门。"前台把通话器关掉，手一挥告诉我办公室的位置。

要是那天真是在战场上，我就先拿手榴弹把办公室炸个底朝天。我先后退，尽量拉大和办公室门口的距离。然后助跑，用肩膀撞到门上，一下把上面的铰链撞断了，大门歪到一边。我从撞出的缝隙中一穿而过，顺势趴在地上，模拟手持步枪扫视了房间一圈。等这些动作完成后，我站起来，向他伸出右手，开始作自我介绍。

"刚才那一幕没拿摄影机拍下来真是太可惜了，你的表演非常逼真。"斯坦利又补充道，"幸好其他人演得不如你，不然我这间办公室早被拆掉了。"随后的半个小时里，他向我介绍了片子里一些设计好了的特技场景，问我能不能做到。我向他保证，如果时间和资金都充裕的话，一切都没有问题。斯坦利很遗憾地告诉我，这部片子预算很低，而且只有三周的拍摄时间。既然如此也没办法了，我和他达成共识，把这部片子排上了我的日程。

等开拍时，我才真正体会到片子预算之低、筹备时间之紧，而这两个因素也导致现场出现了很多要临时想办法解决的问题。有一天，导演要求我从 7 米多高的地方做高台坠落，但问题是方圆 30 公里都找不到着陆垫，我只好临时自制了一个。首先，我将一棵橡树的枝丫砍下来，堆放在一起，然后在上面铺上一层油布，再把油布绷紧，四个角落钉上木桩固定。这个着陆垫不是最好用的，但总比没有强。我和同事兼好朋友克里夫·罗斯（与我在《林白征空记》和《你说我演》合作过）包办了这部片子的所有特技表演。借着这次合作，我和斯坦利·谢特那成了好朋友。后来他制作的每一部电影，其中包括一些大制作影片，都找我合作。

尽管我同时兼任着《携枪走天涯》里理查德·布恩和《内河船》里伯特·雷诺兹的替身，但我还是每周抽空接上两到三份其他工作。我很庆幸当时能片约不断，因为在那个时候，我还要负责养一家四口。在拍《林白征空记》时，我在诺氏果园认识了当时在那儿当服务员的艾琳·惠勒。我们约会了一段时间，但由于我刚入行，所以想等收入稳定时再和她结婚。和我的继父遇到我母亲时的情形一样，她也带着与前夫所生的三个孩子：八岁大的女儿黛比，两个儿子，分别是六岁大的丹尼和五岁大的大卫。

等我进了《携枪走天涯》剧组后，我有了稳定的经济来源，也开始考虑与艾琳结婚了。我们在查克·罗伯逊租给我的那间房子里举行了结婚典礼，布恩是我的伴郎。三个孩子和我们住在一起，自从离婚后，孩子们的生父理查德则搬到离我们家大概80公里远的他母亲家。每隔几周的周五，孩子们的奶奶都会过来把他们接到自己家去，到周日下午再把他们送回来。我们大家对这个安排都没有异议。

随着事业的发展，我的经济实力不断增强，我和艾琳在洛杉矶的郊区湖景区购置了一间三室的房子和三亩土地，足以搭建一个马棚和一个孩子们用的游泳池。我还买了一匹设特兰矮种马，再配上一辆轻型四轮马车让孩子们玩耍。每次我去沙漠里骑摩托车时，孩子们都嚷着要跟我一起去。所以我还给他们一人买了一辆摩托车，又添置了一辆房车，这样去郊外时就能在车里安营了。家庭生活逐渐步入正轨。

结果有一次夏天的周日，孩子们没有按时从他们奶奶家回来。艾琳打电话去询问，理查德接的电话，告诉她孩子们应该和父亲待在一起，当天他不会将他们送回来了。

艾琳很慌乱。我安慰她不管如何我们可以通过法律手段让法庭勒令理查德把孩子送回来。因为理查德是一个鲁莽的人，而且持有枪支。有一次他喝多了后还走火射中了自己的脚。碰上这样的人，我认为还是不要发生正面冲突为上。于是我们雇了一位律师来处理这件事情，很快聆讯的日子就定下来了。

聆讯当天，法官先听取了双方的陈词，然后我的律师向他展示了我的财产证明和房屋的照片。法官认为孩子们应该由母亲来照顾，而既然父亲十分关注孩子们的成长，那就应该提供一定数额的抚养费。法官要求理查德每个月提供 60 美元抚养费，而在不对孩子们造成任何负面影响的前提下，他还是可以让孩子们去他家探访。我对这个判决没有异议，但提出一条补充条款：如果理查德无法按时交纳抚养费，那他将从当月开始被剥夺探视权。法官通过了补充条款。我的目的不在抚养费上，因为我笃定理查德没有办法按时交钱。正如我所料，理查德一分钱也没交过。但由于艾琳很喜爱孩子们的奶奶，所以在奶奶承诺按时将孩子们送回来的前提下，她还是允许孩子们偶尔去一次奶奶家。

那段时间我接了太多工作，为了防止忘记哪个剧组还没发工资，艾琳帮我在日历上记账。晚上到家后，我就一五一十地告诉她今天都在哪些剧组里干活了，应该收多少钱等等。她则及时在日历上对应的日期空格里填上这些信息，等收到支票时再将对应的那一行划掉，那是我们想到的唯一的记账方法了。两个小男孩看到记账日历后，有了自己的想法。有一天，丹尼和大卫对大家说他们也要当特技演员。我没有反对，提出要给他们安排一些训练。然后我打电话给我一个拥有自己马厩的朋友史蒂维，告诉她我打算带两个小男孩去观察马匹，积累一些特技演员的基础知识。她是一个很难相处的人，一听我这样说就明白了大概。丹尼和大卫刚到，史蒂维就递给他们一人一把铲子，让他们好好清理马厩。毋庸置疑，特技演员的光环瞬间就消失了。

我几乎从来没有想起过我的生父。自我参军后，我们就再也没有联系了。不知该说是谁的过错，我猜我们都有吧。而我也找不到和他保持联系的理由。直到有一天，我接到一个陌生人的来电，提到了关于他的信息。

电话里的那位陌生人问我是否是哈尔·尼达姆，我说我是。他接着说自己在洛杉矶市中心的一个停车场里找到了一个行李箱，箱子里的一张纸条写着我的名字和电话号码。然后问霍华德·尼达姆是否是我的亲属，我回答是的，他是我的父亲。对方给我留下一个地址，让我去那里找他取回行李箱。

我开车来到谢尔曼橡树区的一个中上阶层街区里，下车后找到那间房子。在门房那里，一位穿着得体的50多岁的先生将行李箱交给了我。我留意到当时他脸上尴尬的表情，看到行李箱的脏兮兮的外观，我大概能猜到里面是什么光景，所以没有当场打开。我向那位先生致谢后就开车走了。过了几个街区后，我把车停进了加油站，打开行李箱一看究竟。箱子里有六双没洗过的袜子和六件同样脏的内衣，两件布满污渍的卷成一团的衬衣，一条脏兮兮的裤子和一张写着我的名字和电话号码的字迹潦草的纸条。我在箱子里还找到父亲领取社保支票的证明文件，上面写着我住在圣路易斯的叔叔的地址和电话。

虽然我不是福尔摩斯，但箱子里的这些东西都说明了一件事情——父亲现在很有可能在洛杉矶市中心的街头流浪。我把箱子和里面的东西扔到垃圾站后就回家了。我把这件事情告诉了艾琳，然后说了我打算再去原地找他的打算。我打电话给叔叔，他告诉我说父亲的社保支票都是先寄到他家，然后等父亲给他打电话告诉他地址后，他再将支票转寄给父亲。最近的几次他都寄到了洛杉矶的某个地址。我把地址记下来,并且叮嘱叔叔,如果父亲打电话给他,请他一定告诉父亲我的号码,好让父亲与我联系。

第二天一大早我就出发,按叔叔给的地址找到那栋房子。房子空荡荡的,到处都布满了蜘蛛网,唯一干净的就只剩下信箱了。我猜父亲会事先算好支票寄到的时间,然后提前在房子外面露宿等着送信。我在市中心到处寻找,一无所获。然后我又去问了几家廉价旅馆,得知父亲住过其中的两家,而且其中一家的老板说他前几天刚走。我敢肯定他就在附近。

我接连五天都在贫民区周围寻寻觅觅。终于有一天下午,我开车穿过市中心时,抬头看到前面有一个熟悉的背影。根据发色和走路的动作,我认出那就是父亲。我超过他,把车停到路边,把车窗摇下来。等他从我车窗旁经过时,我叫了他一声。

父亲停下脚步,回头困惑地看着我。我说:"爸,是我,哈尔。你的儿子。"

他走过来,斜靠在车窗旁,问我怎么到这里来了。

我回答说:"我是特意来找你的。快进来说话吧。"

等他上车后,我发动引擎,告诉他我将带他回家。他问我结婚了没,我一一告诉了他。自觉现在的着装不太适合去见艾琳和那三个孩子,他局促地说:"这样去见他们好像不太合适。"

我让他安心,我已经计划好了。我把他带到基督教青年会运营的庇护所那里洗了澡,然后带他去买了新的行李箱和衣服。俗话说人靠衣装,短短几个小时后,他已经从一个流浪汉变成一个正常的市民。看得出来,父亲自己也感觉良好。

我打电话告诉艾琳我和父亲已经在回家路上了。从我把车停好,下车走进房子的一路上,父亲一句话也没有说。我向他介绍艾琳和那三个孩子,把他带到自己的房间去。只待了几分钟,他就拘谨地走了出来。我提议在艾琳准备晚餐的时候,我们先喝两杯。我们闲聊了一会儿,艾琳就叫我们开饭了,晚餐期间主要都是孩子们在讲话。饭后我带他参观了院子、游泳池和我那养了两匹特技马的畜棚,他还是简单几句就带过了。我始终没问他的近况,我告诉他把这里当自己家就好了,然后和他道了晚安。

第二天出门上班前,我告诉父亲在这里搭乘公共交通工具不太方便,最近的公交车站也有1.6公里远。艾琳和我都要开车上班,所以不能把其中一辆车留给他用。但我给他留了400块钱备用,也告诉他如果想出门可以打车。他让我放心。然后孩子们各自上学,我和艾琳也上班去了。

我和艾琳休假或下班较早时,我们会让父亲自己开车出门转转。但慢慢地我观察到,父亲好像越来越不适应白天一个人在家待着了。过了一个月后,父亲留下一张字条,说自己去圣拉斐尔找我姐姐埃德温娜了。同时他对这段时间以来我和艾琳的照顾表示感谢。落款写着霍华德。自那天起我再也没有见过他。

父亲抵达埃德温娜家后,姐姐打电话来报了平安。几个月后,埃德温娜又打电话来,告诉我她把父亲送到养老院了,问我能不能承担养老院的费用。我答应了,一直供养他直到去世。我没有去参加父亲的葬礼,因为后来我和母亲就父亲的情况长聊了一回,母亲告诉我,父亲将所有的钱拿去花天酒地,从来没有为家庭尽过责任。所以我出生后,她就马上离开了父亲,而父亲也对她和孩子们再不过问。那次之后我觉得自己对父亲没有任何亏欠,也没有责任要出席他的葬礼。就当我从来没有父亲吧。

我给主角当替身的机会始于安迪·麦克拉格伦拍摄的《携枪走天

涯》。安迪和理查德·布恩私交甚笃，所以《携枪走天涯》有接近一半的集数是由他导演的。安迪长得非常高大，身高 213 厘米，体重远远超过 90 千克。在现场，他最喜欢做的事情就是捉弄我。他老是说："小哈尔做这个动作会不会受伤呢？"安迪的脚很大，我猜他应该要穿 48 号的鞋子。他其中一个恶作剧就是假装不小心踩到其他人的脚上，然后再异常真诚地向你道歉。当然，他只对自己的朋友这样做。

安迪总是喜欢跟我开各种玩笑。有一次，我给布恩当替身去爬一座高山，我问安迪爬到哪里为止，他说不用太高，素材够用就行。我站在起点那里准备好，安迪一声令下，我开始奋力向上爬。爬了好几分钟，我开始纳闷，好像剧本里并没有给布恩写这场戏啊。又爬了三四分钟左右，我已经气喘吁吁了。我感觉安迪需要的爬山素材应该够了，于是停下了脚步。当我回头朝摄影机方向看去，发现大家都已经在排队领午饭了。我赶紧下山，跟在队伍的后面。我经过安迪身旁时，发现他已经吃上午饭了。他抬头笑着问我："噢，小哈尔刚才是不是迷路了？"我知道安迪其实没有恶意，所以从来没生过他的气，何况他给我机会让我赚了一大笔钱呢。

这也该说是我运气好，安迪后来成了大片导演。他执导了包括《驯妻记》（McLintock！ 1963）、《烽火田园》（Shenandoah，1965）、《西部新天地》（The Way West，1967）、《无懈可击》（The Undefeated，1969）、《地域战士》（Hellfighters，1968）、《魔鬼军团》（The Devil's Brigade，1968）以及《毕氏二虎》（Bandolero！1968）等大制作，而我也有幸悉数参演了。其中在《烽火田园》一片中，有一名角色要求具备一定的农村生活经历。剧本前情是这样描写的：在大战前的片刻宁静间，一头奶牛走到了南北双方军队营地之间的空地上。叛军上尉这时将问由我饰演的中士："那头牛是属于哪一方的？"我将回答："上尉，它看着像是北军的。"而上尉则下达命令："中士，你去把它俘房了。"接下来的剧情是中士在佩剑上拴上一面白旗，骑着马快速向那头奶牛靠近。他用尽全力要把奶牛赶去叛军阵营，结果事与愿违。奶牛转身撒腿就跑，冲过了北方军队的防线。而这一切都发生在两军相隔200米对峙的大战前夕。

这个特技镜头对我来说是一个不小的挑战。我想了一会儿，计上心头。我先到外景地附近的牧民家里找刚产过崽的母牛，按城里人的说法，就是刚生了小牛的母牛。有一户牧民家有三头奶牛都在两天前刚生过小牛，虽然实现我的计划一头母牛就够了，但有备无患，我将三对母牛和小牛都买了下来。

第二天早晨，各部门准备就绪。等对话戏拍完，就到我一展身手的时候了。突然有人喊了一句，"奶牛就位。"我听到之后不禁失笑，开玩笑吧，奶牛又没看过剧本，它怎么知道该如何做。相反，我哈尔就成竹在胸了。镜头分为两个部分拍摄。在第一部分中，我让一个牧民先按着等下开拍时母牛的行动路线将小牛抱过空地，而同时另外四名牧民将母牛死死按住。母牛心里挂念着自己的孩子，四名牧民才勉强能控制住它。当拍摄开始，牧民们就松开母牛。

我骑着马，想在半路上将母牛拦截下来，结果着急要找回自己孩子的母牛几乎一下将我的马撞倒。我勉强牵制住它几秒，随后它绕过我，直直朝自己的孩子奔去（后期剪辑时，这个镜头将保留到我牵制着母牛为止，后面将接上我的战友为我呐喊助威的镜头）。下一部分里，我让牧民把小牛和母牛都带到空地中间，我骑马立在它们旁边，然后牧民将小牛带到北方军队那边。开拍时，母牛一被松开就拼尽全力挣脱我的拦截，朝北方军队营地冲去，几乎把北方军队的一门加农炮撞倒。我撤回叛军营地后，战斗正式拉开帷幕。

作为一名特技统筹，我总是想尽办法将特技演出设计得更激动人心，而这也得益于安迪愿意接受我的建议。在拍摄由詹姆斯·斯图尔特、玛琳·奥哈拉（Maureen O'Hara）、朱丽叶特·米尔斯（Juliet Mills）以及唐·加洛维（Don Galloway）等人主演的《原野豪杰》（The Rare Breed，1966）时，安迪让我重新排演一场动作戏。在这场戏中，骑着马的斯图尔特和加洛维，护送坐在平板马车上的玛琳和朱丽叶特穿过一个狭窄的山谷，而由杰克·伊莱姆（Jack Elam）饰演的恶棍则打算在这里伏击他们，以报之前被斯图尔特教训及羞辱之仇。伊莱姆准备等他们一行四人走进山谷后，惊吓山谷中与他们相向而行的长角牛群，让平时温顺的长角牛惊慌乱窜，撞倒斯图尔特等人。

剧本中写道，当斯图尔特见到受惊的长角牛群后，带领大家躲进山壁上的一个凹洞中，安全避开了牛群的冲击。这样的场景拍出来平平无奇，毫无吸引眼球的效果。于是安迪让我把场景设计得更险象环生，更好地表现斯图尔特英雄救美的不凡气概。当天晚上我就将提案赶制了出来。第二天安迪看完后非常满意，赶紧将它送到制片方，让他们重新安排拍摄进度，并适当地做一些预算上的调整。

结果制片方一收到提案，我就被叫到制片人马歇尔·格林（Marshall Green）的办公室去了。格林隔着巨大的办公桌审视着我，问新提案是否是我的主意，因为那看起来不像是安迪一贯的风格。无可否认，新提案很有创意，但马歇尔觉得它也存在很多问题。成本大增不说，危险性似乎也极高。

在新提案里我是这样设计的：斯图尔特骑在最前面，在他身后100米处是加洛维，再往后100米才是坐着马车的玛琳和朱丽叶特。当斯图尔特看到受惊的牛群冲过来时，他立刻加速往后跑去，警告大家危险将至。而加洛维知道后也立刻往回骑，然后跳上平板马车，拉着马车缰绳，打算赶在牛群追上来之前逃走。结果在快速行进的过程中，车轮撞上了一块石头，马车翻了，加洛维从马车上被甩了出去，狂奔的马将其拖过山谷。而在千钧一发之际，斯图尔特赶到翻车的地方，眼见四下没有可躲藏的地方，他就地将两位女士藏到马车底下，之后自己也钻进车底支撑着马车。当牛群跑来时，我预计让50头牛踏过马车，而这时三名演员都还蹲在马车底下。

我告诉格林，我将当加洛维的替身。这样的话，马车疾驰和侧翻时的危险性就被控制住了。而且之后我就被狂奔的马拖出镜外了，也就是说斯图尔特是能拯救两位女士的唯一人选。而针对躲在马车底部演员的安全保护措施是这样的：马车的底部和侧面都会先用1厘米厚的钢板搭建，然后用长宽均为10厘米的木料覆盖起来，最后用钢缆缠绕在外围，拴紧在马车四角的金属桩上。我向格林保证，就算是50头牛同时踩在马车上，它都不会松散一丝一毫。

格林听完我的讲解的安全预案后，通过了我的提案。只有极少数的特技演员，能让他放心大胆地将那些复杂且危险程度极高的提案交付出去，而我正是其中一个。但是，他强调说，万一有任何事故发生，我将从此被列入黑名单。

提案拍摄非常顺利。所有演员都没有受伤，而且画面效果大家都很满意。这都有赖于玛琳·奥哈拉、詹姆斯·斯图尔特和朱丽叶特·米尔斯的专业精神。因为在拍受惊的牛群踏上翻倒的马车时，演员们都亲身上阵，而隆隆而过的牛蹄离他们的脸只有短短几厘米。

片子顺利杀青后，马歇尔·格林递给我一个信封。我打开后发现是一张奖金支票。这可是我平生第一遭收到奖金啊。而且这种情况并不常见，因为制片人的工作主旨就是能省即省。

编剧们设计的动作场面要么不太符合故事情节，要么就难度太高或是太耗钱。并不是说编剧们都不够聪明，很多编剧根本无法从特技演员的角度去考虑特技场景的可行性。作为特技统筹和B组导演，我总会仔细阅读剧本中的动作戏，考量怎么让它们变得更有意思或更符合故事情节。有时候编剧会接受我的提议，而有时候他们则充耳不闻。

但管他呢，我还是会继续这样做。

后来，我做了一个更大胆的尝试。在由伯特·雷诺兹主演的《牢狱风云》（The Longest Yard，1974）中，全片只在影片开头处有一场动作戏。在这场戏中，伯特与自己的有钱女友发生争执，一气之下从房子里跑出来，将女朋友的雪铁龙产玛莎拉蒂开走。编剧设计了一段汽车追逐戏，警察最终追上了伯特，将其逮捕。我负责的是执导这场汽车追逐戏，并且兼任伯特的替身。这场戏将在佐治亚州的萨凡纳开拍。导演罗伯特·奥尔德里奇（Robert Aldrich）让我抛开剧本，大胆想象。唯一的要求就是将这个汽车追逐过程尽可能设计得紧张刺激，最后安排一个能让伯特引人注目的桥段，导致伯特被警察拦截、逮捕。最后他还提到一点："不管你怎么设计都行，但前提是千万不要把车子弄坏。"那是当然的。其一，这辆车我可修不起；其二，这辆车已经被人预订了，只等拍摄结束就过户，前提当然是汽车完好无损了。导演交代完后，我就启程前往萨凡纳了。

很快我就发现了当地别有趣味的特色景点。其中最有意思的当属一座可开启的吊桥了。这与一般的从桥身中间分开，然后被分别朝两侧桥墩拉起的吊桥不同，这座吊桥在两侧桥墩处分开，然后桥身中部被水平升起。于是我有主意了：两名警察追着我驾驶的雪铁龙来到吊桥上，当我们都开到吊桥的中间部分时，吊桥的中间部分正好在缓缓升起。就在此刻，我猛踩刹车，而两名警察也随之刹车，滑到我的前面。我趁机倒车，从桥的中间部分跃到桥头。这时，两者的高差已达两三米。等汽车落地后，我立刻180度回转车身，加速开走（这个设计很好地保护了车辆免遭损害，除了车尾处有剐蹭外，其余一切正常）。

我还利用了当地一个距水面6米高的码头，来设计另一个吸引观众的情节。我的想法是这样的：伯特将车停到码头，下车后向远处眺望，然后他把手从驾驶室那边的车窗伸进车里，发动汽车，让车朝前驶去，坠入海里。为了保证我还能把车捞回来，我事先将钢缆的一头拴在车的后保险杠上，另一头则固定在码头的边缘处。等汽车完全没入水面时，我发动事先停在码头旁的起重机，通过钢缆将汽车拽上岸来。

  这个镜头也顺利完成了。我们将汽车捞上来，停靠在码头那里。一切都如我计划的那样进行。我将样片寄给工作室，让他们欣赏这场汽车追逐戏中绝对能让观众目不转睛的高潮段落。第二天，我就接到了他们的电话。导演认为我的想法带给他的惊喜已经远超预期。但制片人持不同观点，他想和我好好谈谈。制片人先是对我的样片表示认可，然后话锋一转，质问我怎么敢那样做。在看见那辆道具车淹没到海水里之后，原计划购买这辆车的人，打消了念头。我让制片人不用慌张，我能在萨凡纳当地找到买家，按之前定好的价钱把车卖出去。当我们的拍摄方案在当地传开后，一个本地人找上了门，问我拍摄结束后将怎么处理那辆道具车。我告诉他好莱坞那边有个人打算把它买下来。他马上提议自己按相同的价钱把它买下来，这就省却了我大老远把车从佐治亚州运回加利福尼亚州的麻烦。我们当场成交。当我把这个消息告诉制片人时，他感叹我不仅是一个优秀的导演，还是一个出色的商人。而我不过是跟着自己的直觉走罢了。同时，我必须要冒点险。假设我需要做一个危险系数很大的特技表演，可能让我非死即残，但我有信心凭自己的能力把它拿下。而且如果那次表演我可以毫发无损地完成的话，我就能凭着它一炮而红，这件事情也会在好莱坞被传为佳话。这些都将给我的事业带来丰厚回报，因为下次有类似的特技表演要找人完成时，大家会首先想到我。这就是展示自己的好机会。

05

导演说到，你就做到

有一次，我们在洛杉矶的市中心拍摄一档电视节目，我需要做的是隔着一条通道，从这栋楼的安全出口平台跳到一层楼以下的对面楼房的安全出口平台。通道的宽度只有3米多，而且又是从高处向低处跳，所以我比较有把握。但问题就在于我要着陆的平台面积只有不到两平方米，而且周围还围着护栏，如果撞上栏杆肯定会骨折。所以着陆前，我还要先解决掉栏杆这个问题。起跳的位置在五楼，希望能提供足够的动量让我跨过栏杆落到平台上。否则，救护车也不必来，直接让灵车把我拉走完事。

权衡再三，我做了个让步。我将用力往前跳，尽量落在栏杆和砖墙之间的空间内。万一没控制好角度或力度，我最多只会撞到墙上，然后被弹到平台上。这样做至少不至于被栏杆弹到地面上。在我准备期间，我让工作人员安排了一辆救护车在现场待命。

还没拍摄，谣言就传播开来了。大家听说有个傻子准备自杀，通道两侧瞬间挤满了围观的群众。两栋大楼的每个窗口前至少都探出了两三个脑袋，大家似乎都非常迫切想看到我一头栽倒到楼下的卵石路上。我有点体会到被逮捕到斗兽场上的基督徒看到狮子放入时的感受了。看客们不热衷于鲜血和死亡，但却不愿错过亲眼一视的机会。我敢说那天肯定有人为了看热闹而上班迟到了，因为我们花了好几个小时来置景，但在漫长的等待过程当中，围观群众依然热情高涨，无人离开。

站在走道这侧平台的栏杆上,我最后一次扫视了周围。结果我又发现了一个不利因素:着陆区域上方的阳台。虽然大家都说我的头很硬,但如果在飞跃过程中头撞上上方的阳台的话,后果将不堪设想。现在让灵车开回来还来得及吗?摄影机准备就绪,观众们都屏息等待好戏上演。摄影机一开机,我的心跳马上加速。幸好导演通过扩音器下达开拍的指令,否则我的心跳声甚至能将他的声音盖过。

我调动了全身的肌肉向外一跃,盯着目标,在空中尽力调整身体的角度。我跨过了栏杆,狠狠地撞到砖墙上,眼前一黑晕了过去。当我恢复意识时,围观群众的掌声还在继续。不得不承认砖墙帮了我一把。医务人员包扎好我头上的伤口,将我抬下楼。当我出现在通道上时,现场观众和导演再次欢呼起来。"好样的!前途大好!"而暂时我的前路是通往医院的放射科。大家说的没错,我的头的确很硬。X光检查证明我的头骨没有任何破裂。

受伤对我来说都是常事了。

我和我的同事们都认同特技演员这份工作有两个特点:第一,危险性大;第二,新奇刺激。有些特技表演不仅需要我们按部就班地演好,还需要我们能随机应变。在一部戏中,我饰演驻守在高塔上狙击进攻美军的德国士兵。美军将手榴弹投进塔里,我瞬间被炸飞。特效组在塔里安装了引爆装置,然后在爆炸点和我之间用金属挡板隔开,防止我被弹片击中。

在导演整理分镜顺序时,特效组的工作人员在塔里放置好一个装满汽油的平底锅。这看起来似乎很安全,更何况我和平底锅之间还隔了一道金属挡板。我准备就绪,摄影机开机。开拍不久,摄影机就出了小故障。道具组赶紧重新置景,将一切恢复原状。我从塔里钻出来,站到组合墙上透透气。因为平底锅里的汽油不断挥发,里面那个小空间里的汽油味越来越浓了。等了15分钟,终于可以继续拍摄了。当炸弹一爆炸，我就知道这次有大麻烦了。平底锅里的汽油没有爆炸，但汽油挥发气却被点着了。爆炸的强光让我暴盲。我甚至看不见早就准备好的手持着陆垫。凭着印象，我摸着找到手持着陆垫，抓着它们就往外跳。安全着陆，但我脸上和手上的皮肤都被灼烧卷曲、起泡了。这次爆炸的原因很简单。假设将一个容量为200升的大圆桶盖子切掉，满满地灌上汽油，然后拿火柴把它点着，燃烧会一直持续到汽油烧尽为止。但如果你往一个能密封起来的圆桶里灌上半桶汽油，静置几分钟，这个时候你最不应该做的就是把小桶盖打开，然后借着火柴的亮光去一探究竟，否则大爆炸就要发生啦：汽油挥发气遇到火苗后爆炸，引燃了桶里的汽油。

塔上发生的爆炸也是同样原理。塔顶和塔身的四面墙形成了一个相对密闭的空间。在大家忙着排除摄影机故障、重新置景时，汽油挥发气浓度越来越高。当引爆装置打火时，汽油挥发气体瞬间被引燃。爆炸火焰闪得我暂时无法视物，也让我轻微烧伤。这次事故某种程度上是由于我缺乏经验和相关知识导致的，我应该承担一半的责任，但吃一堑长一智。我不能怪罪特效组的工作人员。虽然他经验丰富，但那天导演的一再催促也对他的工作造成了影响，后来他还特意向我道歉了。我们一直交情很好，所以我也知道他的确感到很内疚。那天晚上我们一起喝酒时，他提醒我，以后遇到任何特效装置运作方面的问题，不要难为情，不懂就要及时问。我长了教训，从那时开始不懂就问。

特效组的工作人员总体来说都是很负责的。他们为特技演员的表演提供了装备上的支持，大到爆破效果，小到中弹效果。特效组和特技演员的良好合作能造就很多让人惊叹的"桥段"（gag）。但特效组工作人员和普通人一样，工作有时也会有纰漏。

在安迪·麦克拉格伦执导的《牧羊孤儿从军记》（*The Little Shepherd*

of Kingdom Come，1961）中，我初次担任故事片的特技统筹。我的主要工作是和特效组一起设计内战时南北双方交战的场景。南方军队占据了一座 7.6 米高的瞭望塔，我和龙尼·朗德尔饰演驻守在里面的士兵。瞭望塔将被北方军队发射的第一发炮弹炸毁，我和朗德尔则看好时机从塔里跳出来，落到地上用松针掩盖好的着陆垫上。

整个特效装置是这样设计的：瞭望塔由四根长宽均为 1.8 米的木柱支撑。前面的两根木柱上安装了两个巨型铰链，保证瞭望塔能笔直地向前倒。而后面的两根木柱上则安装了爆炸装置，一按按钮，后面的两根木柱就被炸断，安装在前面的钢缆同时将塔拽倒。我和龙尼假装被炸药从塔里轰出来，完成高台坠落的动作。

作为一名经验尚浅的特技统筹，我向特效组工作人员请教瞭望塔及爆破装置设置问题时都故作轻松，尽管他们的工作关乎我的生死。铰链和钢缆似乎都没有问题，但当我问到爆炸装置时，他说没时间从炸药成分说起，匆忙走了。他看起来对所有装置都很有信心，那我就安心演吧。我和龙尼就位，摄影机开机，导演喊"开拍"。在战场那侧，北方军队的大炮轰隆一声，喷出浓烟。那枚想象中的炮弹在空中飞过，几秒钟后"击中"了瞭望塔。就在此刻，木柱上的爆炸装置被触发，瞭望塔爆炸的好戏上演了。

但是和我们设计的场景不同，瞭望塔没有向前倒去，而是翻转偏离了事先铺好的着陆垫。龙尼站在瞭望塔楼梯顶端的门口处，爆炸一触发他就敏捷地朝自己那侧的着陆垫跳去。我被困在了塔里，心里明白再不逃出去肯定要粉身碎骨了。我用尽全身力气，将由长宽分别是 0.6 米和 1.8 米的木头做成的栏杆撞开，朝地面跳去，背部着地晕了过去。要不是地面积了 30 厘米厚的松针，估计我会伤得更重。当我清醒过来时，我正躺在一辆旅行车的后座上，在被送往医院的途中。艾琳在旁边陪着我，我问她怎么回事，她告诉我受伤昏迷后发生的所有事情。医生检查后说我的伤还没重到致死的地步，但我心里并不同意医生的观点。当天下午医生就让我出院了，我回到剧组租的汽车旅馆，躺在床上却全身痛得无法入睡。

第二天早晨，我忍着全身的剧痛，在艾琳的帮助下勉强下了床。在现场时我只能坐着看大家工作。特效组的那个工作人员在我面前经过时，毫无歉意地问了一句感觉怎么样了。我不禁怒火中烧，要不是疼得实在站不起来，我肯定要好好教训他一顿。

虽然那个工作人员对昨天的爆炸失误没有做任何解释，但我对他肯定造成了震慑。因为在下一个特技镜头中，他用的炸药实在太少了。在这个镜头中，龙尼一跳上运载弹药的四轮马车，就驾着马车往前冲。而这时，特效组的工作人员则按下爆炸装置按钮，将马车炸翻。龙尼心有余悸，很担心这次炸药剂量会像昨天一样过量了，那他很可能就被炸飞了。

我们俩一起找到那个工作人员，把他拦下，让他好好地给我们解释爆炸装置的安装位置以及龙尼能用上的保护装备。他指着一个炸弹，向我们说明它将把马车的顶盖掀开。大量的火焰和烟雾会提供很强的视觉效果，但实际没有太大杀伤力。然后他又给我们看了看一块驾驶位置和炸弹之间的 6 毫米厚的金属板，它是用来防止龙尼被弹片击中的。我和龙尼听完后觉得安全比较有保障，开拍应该没有问题了。

一切准备就绪，这个镜头开始了。在背景区域，南北双方的军队正打得如火如荼，枪声此起彼伏，不断有士兵中弹倒下。龙尼飞身跳上装着弹药的马车，大喊一声"驾"，拉车的马儿撒腿就跑。特效组触发爆炸机关，结果马车顶盖没被炸飞。几缕青烟飘起，龙尼知道又出问题了，但还是按照原定的时间向外跳去。在这种威力的爆炸下，马儿甚至没受到任何惊吓，继续气定神闲地奔跑着。

安迪·麦克拉格伦气得涨红了脸，当场发飙。各单位的工作人员赶紧重新置景，替换掉被炸破的马车顶盖，然后安装好炸弹。我和龙尼看着那个特效组工作人员战战兢兢地将大量的炸药倒进爆炸装置中，相比起我们的威胁，导演的怒火更让他害怕。情况看来不太妙，我和龙尼都感觉这次爆炸威力将很大。于是龙尼决定将重心尽量靠下，让金属隔板更好地发挥作用。准备好后，这个镜头重新开拍。随着一声震耳欲聋的轰鸣，马车顶盖和固定顶盖的横梁都被炸飞到树林的上空，车身支离破碎，龙尼根本不需要其他人提示也明白什么时候该跳车逃命。唯一按预期发挥作用的是那块金属隔板，但尽管如此，龙尼还是被剧烈爆炸的冲击波撞得像超人那样横飞了出去。

为了获得业内招聘信息和最新行业动向，我们都会订阅《好莱坞报道》(The Hollywood Reporter)和《每日综艺》(Daily Variety)这两份行业权威报纸。每周五，这两份报纸都会有一个专栏，专门罗列正在筹备当中的剧组的信息，包括片名、导演以及各部门负责人，当然也包括特技统筹的名字了。《太阳王》(Kings of the Sun, 1963)就是其中的一部。这部片子主要讲述了玛雅人和印第安人共同抵御西班牙外侮的传奇故事。片子由尤尔·布林纳(Yul Brynner)主演，李·汤普森(J. Lee Thompson)执导，查克·海沃德(Chuck Hayward)担任特技统筹。尽管海沃德擅长设计西部片的动作戏，我的特长也与他相似，但我之前还没和他合作过。

不久后，我就接到龙尼·朗德尔的电话，告诉我说海沃德请他去参演《太阳王》。出于对朋友的关心，我说："龙尼，动作戏的话你肯定没有问题，但骑马特技并不是你的长项啊。"

龙尼让我放心，回答说："这部片子不需要做骑马特技。我们只需要编排大场面的动作戏，做高台坠落和完成火场逃生桥段就可以了。"

我叮嘱他说："注意安全，好好干。"

第二天，我突然接到了海沃德的电话。他向我做完简单自我介绍后直接说道:"哈尔,我们剧组马上要到墨西哥出外景,需要拍的动作场面都是你的强项。拍摄周期大概是六到八周。你能腾出时间来吗?"我很惊讶,但马上回答:"没问题,告诉我集合的时间地点吧。"

很快,剧组一行人就乘机前往墨西哥的马萨特兰市。在飞机上时,我环顾四周,发现海沃德这次挑选的都是些像我和龙尼那样体格强健的特技演员,而不是沿用他和约翰·韦恩合作拍西部片时的班底。抵达后的第二天,海沃德就领着我们到外景现场排练那场重头战争戏和其余的特技镜头。制片方在当地搭建了一个玛雅村落,里面搭建着几座草棚,和一座20米高的金字塔。村落周围围了一圈栅栏,栅栏那儿堆放着易燃物料,外敌入侵时,点燃易燃物料即可御敌。西班牙从海岸那边攻过来时,先要穿过熊熊燃烧的栅栏。西班牙士兵的服装,外形上近似于背心样的护胸甲,长度与苏格兰短裙相当,手臂和小腿都是裸露在外的。也就是说在靠近火墙时裸露的皮肤很有可能被烧伤。

为了营造逼真的火墙效果,道具组先将大量原木沿着栅栏堆放,然后在原木堆的底部安装一条输送柴油的管子。一加压,柴油就从管子上事先留好的小孔中向上喷出大概四五米的高度,营造熊熊烈焰的效果。即使能顺利跨过火墙,还没燃着的柴油肯定也会沾到特技演员的身上。而另一个难题是我们需要沿着山坡往上跑,这就意味着我们得跳得更高才能翻过火墙。但松软的沙地却不能为我们的起跳提供足够的支撑,我们能想到的唯一的解决办法是单脚把火墙踢翻。但当我们看到火墙上的大火,和它上方不断喷出的柴油后,全体特技演员决定召开一个紧急会议。商量过后,我们决定让道具组减少柴油用量,以使火墙高度变低些。执行导演是一个自认为强势的人,在听了我们的提议后,毫不犹豫地拒绝了。他认为这个特技镜头本来就是小菜一碟,如果我们不愿意做,他就找墨西哥当地的临时演员顶替我们。但那帮墨西哥临时演员想都没想就拒绝了。后来我们双方又协商了好几次，终于有一部分特技演员答应在不调整柴油的情况下，参与这个特技表演。

到了开拍那一刻，道具组工作人员点火后，我们就朝燃烧着的原木堆奔去。有一部分人勉强翻过去了，还有几个则不幸跌落在烧着的木堆上，赶紧狼狈地从上面翻下来。镜头虽然完成了，但每个演员的手臂上和小腿上都有不同程度的灼伤。当导演提出要再拍一条时，我们集体加价了。

在另一个特技镜头中，我饰演一名站在高处石头上的瞭望员。我将被冷箭从背后射中后，脸朝下坠落到四五米下的地面上。当然，地上是铺着着陆垫的。这对我来说已经是驾轻就熟了。但问题是在那个镜头里，有两名演员负责在前景演对话戏，而我则站在背景位置。当我中箭后，镜头才跟着我坠落的轨迹向下移动。那场戏的对白量大约有两页纸，那两位演员演砸了 11 次，这也就意味着我总共做了 12 次高台坠落动作，整场戏才通过。之后，那两位演员都诚恳地向我道了歉，看来他们并不知道我的表演是按次收费的。

龙尼·朗德尔负责了全片中难度最大的特技表演。他饰演一名站在约 1.5 平方米的正方形瞭望台上的本土士兵，瞭望台由一根高 12 米的柱子支撑。当拍摄开始时，那根柱子将被点燃，然后被钢缆拽倒，落在村落中的茅草屋屋顶上。当然，茅草屋屋顶下方事先垫好了着陆垫。拿柴油浸泡过的麻布条包裹着柱子，从靠近地面的那一端开始点火，火焰就会慢慢蔓延到瞭望台，而这时，特效组的工作人员就能将它拽倒了。从画面上看起来，龙尼似乎命悬一线。而龙尼后来也承认事实的确差不多：麻布燃烧后，从下方传来的热量让他难以承受，他几乎等不到特效组将瞭望台拽倒就想不顾死活地往下跳了。

这部片子的打斗戏主要集中在金字塔上，这也给我们的工作带来了极大的困难。金字塔是这样搭建的：完成框架的搭建后，先把胶合板铺上，然后再在上面喷涂一层水泥砂浆，模拟真正的金字塔那种砂石质感。水泥砂浆主要是用于建造游泳池的，它的表面比砂纸还要粗糙1000倍。如果我们的戏服是长袖长裤还好，但穿着"背心"和"苏格兰短裙"演打斗戏，每次拍完我们都要找跟组护士处理擦伤破皮的地方。在金字塔上拍了几天打斗戏下来，我们身上都伤痕累累了。

后面的几场戏里，导演要求我们演中箭后从高台坠落的特技。我们当中的一名特技演员理查德·法恩斯沃斯（Richard Farnsworth）是一位业余射箭爱好者［1999年，他因影片《史崔特先生的故事》（*The Straight Story*，1999）获得第72届奥斯卡金像奖最佳男主角提名）］。导演问迪克①如果实拍他射箭的话，能不能把握好准绳。迪克回答没有问题，但最好先问问同事们愿不愿意被当作射箭的目标。毕竟在实拍时，借位、后期剪辑和道具武器都无法派上用场，必须实打实地用打猎用的钢铁箭头弓箭，而不是平时使用的橡胶头弓箭。有些已经见识过迪克箭术的同事表示愿意一试。为了确保安全，每一个参演的特技演员身体正面的护胸甲底下都垫了一层5厘米厚的软木，下面再加上一块9平方分米的金属隔板。但愿迪克能瞄准护胸甲，百发百中。

等到周一正式开拍时，我们的性命就都要托付到迪克手上了。前一天，趁着周日，我们都到附近的海边去玩徒手冲浪，累了就躺在沙滩上欣赏周围身着比基尼的美女们。迪克在离我们不远的地方立起一块和我们护胸甲一样大小的箭靶，认认真真地练习了好几个小时。中靶和射偏的比例大概是一半一半，而且射偏的那些都是向下偏离10到12厘米左右，对应人体的话大概是裤裆的位置。随着他射偏次数的增加，围观的我们凑得越来越近。后来，我们实在看不下去了，上前去让他先暂停一会儿。我们担心明天那场戏是否应该继续，他听完后自

---

① 理查德·法恩斯沃斯的昵称。

信一笑，重新把弓抬起，连续发了 20 支箭，箭箭正中红心。我们面面相觑，意识到刚才被他捉弄了。迪克收拾好弓箭，朝我们挥手，"明天见。"

实际拍摄时又多出了很多变数。首先，迪克并非站在平时练习时一样坚固的地面上，而是站立在一个摇摇晃晃的四五米高的平台上的。再者，这次他要瞄准的并不是固定的箭靶，而是白热化战斗中不断移动的目标。

还有另外一个严峻的问题。搭建完金字塔后，正面和侧面的一个脚手架仍然保留了下来。脚手架是用直径为 10 到 25 厘米的树干制成的。我们将站在脚手架上，尽力保持平衡，一边挥剑打斗一边等着迪克随时放箭。打斗戏为两人一组，其中一名演员用剑刺中对手，拔出剑后受伤的一方马上做高台坠落动作。而幸存的那方将转身，稍作停留，搜寻下一个敌人（要表现出四下张望的动作，但要保证只有头部转动，身体保持静止好让迪克瞄准），正在此时，迪克将在这极短的时间里放箭。中箭后，这名演员也立刻完成高台坠落动作。

一切都进展得非常顺利。我们大概完成了 12 组这样的套路。而这时，李·汤普森有了新的想法。之前迪克一直是在镜外放箭，这意味着他可以提前将箭上弦、拉弓，等瞄准好后再放箭。现在汤普森要求迪克入镜，也就是说他也要站在摇摇晃晃的脚手架上，完成整套射箭动作。

我们不知道迪克在放箭前还要瞄准多久，于是调整了一下策略。这回，我们在护胸甲的前后都垫上了软木板和金属隔板，方便迪克不受打斗者朝向的干扰，按自己的节奏随时放箭。调整过后，这个镜头也顺利通过了。虽然两次拍摄都一样成功，但对我们来说意义绝对不同。要知道，迪克在镜外时，我们每箭能领到 100 块。而在镜内时，由于迪克要保持平衡好好瞄准，避免放箭时一用力滑落脚手架，射箭难度提高，中箭的人危险性也加大，所以我们把价钱提高到200块一次。

舞剑打斗、火场特技、高台坠落和迪克精湛的箭术组成了《太阳王》气势恢宏的战争场面。虽然每个特技演员在表演时都不同程度地被火灼伤，被砂石擦伤或被剑划伤，但当我们杀青离开马萨特兰市时，每个人都大赚了一笔。

在特技表演职业生涯中，受伤住院是非常常见的现象。但这次我要讲的是发生在我同事身上的事情。我在安迪·麦克拉格伦执导的《西部新天地》一片中担任特技统筹，影片由柯克·道格拉斯（Kirk Douglas）、罗伯特·米彻姆（Robert Mitchum）、理查德·威德马克（Richard Widmark）、洛拉·奥尔布赖特（Lola Albright）和萨莉·菲尔德（Sally Field）等人主演。影片主要讲述了一列马车队从密苏里州的圣约瑟夫市出发，向俄勒冈州前进的故事。影片的外景中将出现20辆四轮马车、50匹散养的马以及一小群牛。当时，对讲机还没被用于外景拍摄时各部门的沟通。每拍一个镜头前，我都需要将马车、牛群和马匹按导演的要求排好次序。收到导演指令后，我就骑着马按顺序通知每一辆马车的车夫。车队的最后一辆马车上有一面插在长竹竿上的绿色旗子，当我到达车队的最后一辆马车时，我会让马车车夫挥舞旗子，通知摄影组一切准备就绪。而摄影组会挥舞一面白色的旗子作为回应，告诉各单位摄影机开机了。在这之后，摄影组将再挥舞一面绿色的旗子，示意开拍。

有好多次当我终于来到最后一辆马车跟前时，远处挥起了红色的旗子，召唤我回去摄影组那边，通常都是由于导演对刚才的安排有了新的改动。我快马加鞭，飞奔回去接受新的命令。等导演吩咐完，我又迅速赶回车队那里传达新的指示。每天这样来回地跑，每个来回的距离在100米到1000米之间不等，马儿的辛苦程度远超《赛马传说》

（*The Story of Seabiscuit*，1949）中的赛马。所以每当我回到摄影组那边时，牧民都会为我牵来一匹替换的马。一天换上四五匹马并不罕见。

　　为了让影片看起来更真实，剧组特意从东海岸带来十头公牛，并且将看管它们的那位牧民也雇了过来。这些公牛负责拉着两辆四轮马车，一辆六头，一辆四头。当时，我还不知道公牛是比马匹更可靠耐用的拉车动物。它们不像马儿那样容易受惊，而且两匹马的载重量才比得上一头公牛的。

　　安迪·麦克拉格伦安排马车车队在下一场戏中穿过一个山区，在我看来这似乎是一个"不可能的任务"。这座山非常陡峭，怪石嶙峋，12匹马才能勉强将一辆马车拉上山。我们先赶着马车上山，然后下山将下一辆马车赶上山，重复好多次后终于把所有的马车、动物以及演员们都平安移到山顶。然后，我们要将所有的演员、马车、马匹和公牛都移到悬崖下方140米的谷地上。特效组的工作人员和我在怎么搭建一个安全的升降装置的问题上发生了分歧。他趁我在忙现场其他工作时把起重机搭好了，当我们来到悬崖边上时，看到他搭建的那套起重机，我向他表达了自己对其安全性的怀疑。工作人员自己先用它降落到悬崖底部，向我保证绝对安全。但我心里还是担心，这个临时搭建的起重机到底能不能承受住一辆马车、一匹马或一头公牛的重量呢？

　　我们先将马车运到悬崖下方的山谷里，然后再依次运送动物和演员们。到目前为止，一切正常。悬崖的中部有一个突出的平台，安迪想在那里架设一台摄影机，增加拍摄的角度。于是我们将一辆马车放上起重机，然后让三名摄影师坐进去，最后再将摄影机搬进车厢。等他们到达平台那里将机位架好，就能俯拍悬崖下方的马车、动物和演员们了。

　　拍摄一段时间后，安迪觉得素材足够了，就让他们把摄影机装车，返回悬崖上方。起重机刚刚吊着他们上升了四五米，起重桅杆就断了，三名摄影师都摔到悬崖中部的平台上。从悬崖上方无法看清他们的伤势如何，而起重桅杆断裂后，起重机也无法再次使用，现在唯一的解困方法是将他们移动到离平台75米的山谷底部。一名困在下方的摄影师用无线电告知我们，有一名同事摔断了腿，可能手臂也骨折了。他和另外一个同事只有些轻微的擦伤和挫伤（而那台昂贵的潘那维申摄影机则坠入谷底，摔得粉碎了）。

如此情况下，就是我们这些年轻又多才多艺的特技演员们凸显自身价值的时候了。除了能演西部片中的种种特技，我们当中的几位还是绕绳下降①的佼佼者。特效组的工作人员给我们找来一捆长度600米、直径1厘米的绳索，我们将它平均分成四段，分别绑在悬崖边上的四棵树上。我选出另外三名特技演员跟我一起下山营救被困的摄影师们，其中一名摄影师的女朋友惊慌失措，哭喊着她也要下去救自己的男朋友。在现在的情况下，她要下山简直就是添乱。用绳子固定住她再慢慢游绳放到谷地需要大量的人手，而悬崖上方根本没有那么多人，何况现在悬崖下还有需要紧急救治的伤员。于是我抓着她的手，将其拉到一边，让她自己看一眼陡峭的悬崖。看着深达140米的悬崖，她立刻改变主意，回去和其他工作人员待在一块儿了。

我们四个绕绳下降到平台处，那名摔断腿的小伙子疼得一动不能动。于是我们就地取材，将三根树枝绑在一起，做成一个简易担架。然后将他固定在担架上，拿绳子拴住担架，再把他慢慢下放到山谷里。刚下降15米左右的时候，担架前端就卡到石头和山壁之间的缝隙里，整个往前翻倒。现在那名受伤的年轻人身体与谷地平行，面朝四五十米深的悬崖，惊恐得大叫起来。

---

① 早期登山队员常用下山方法之一，常用于陡坡。固定绳子的一头，双臂前屈、保持在身体左右两侧，双手一上一下握住绳子，脚蹬山壁。靠手抓绳子的松紧控制下降速度，沿着绳子向下滑落。

我们小心翼翼地将绳子往回收，让担架重新靠近山壁。事已至此，我们只好让其中一人下去将担架从缝隙里拔出来，抬着担架避开石头，其他三人则负责在平台处把绳子往下放。我是他们三个的上司，只好当仁不让。我绕绳下降到那名年轻人身旁，抓着担架的边缘来到他的下方，再将担架从缝隙里拔出来，这时，平台上的另外三名特技演员就开始慢慢往下放绳子。一降到谷底，伤员马上被抬上事先准备好的马车，飞速赶往医院。平台上的三名特技演员把剩下的两名摄影师固定好，再陆续将他们放到谷底。和解救第一名摄影师相比，后面两次就轻松多了。等救援结束，当天的拍摄也暂告一段落了。

当我们回到剧组租赁的汽车旅馆时，摄影指导给我们送来一箱上好的苏格兰威士忌来表达感谢。我们决定当天晚上把它们全部解决掉。经过一夜鏖战，我们最终还是败下阵来。第二天，我们为昨晚的"努力"付出了惨痛的代价，我从来没有经受过那么严重的宿醉，但幸亏无人"殉职"。

《烽火田园》的外景地位于俄勒冈州的尤金市，我在这部片子里也担任了特技统筹。从影片拍摄的一开始，一名叫斯坦·巴雷特（Stan Barrett）的年轻人就给我留下了深刻的印象。他是一名医科大学的学生，准备赚点生活费。在得知电影公司正在招聘临时演员后，他就提交申请并很快被录取了。我们在现场闲聊时，我才知道他是金手套联赛（Golden Glove boxer）[①]的选手，一名全能拳王，同时还是空手道黑带。显而易见，他体格健壮，且精力充沛。他总是向我请教各种关于特技表演的问题，可以看出他很看重这次机会。短短三周的外景拍摄使我们两个的生活都出现了巨大的转变。这次之后，斯坦就辍学，来

---

① 美国业余拳击联赛，创始于 1927 年。

到好莱坞加入特技演员的行列，而我则给他提供各种工作机会。是金子总会发光。不久后，斯坦的能力和才干就无人不知了。

在我们录制电视节目《卡斯特》（Custer）的时候，斯坦的医学知识就大大派上用场了。我是剧中的特技统筹，其中一个特技镜头出了岔子，结果我扭伤了脚踝，而他扭伤了膝盖。

等到傍晚时，我的左脚踝已经肿到塞不进靴子里了，这时我才意识到情况不妙。回家后左脚踝肿得越来越厉害了，于是我用平时一直见效的土办法处理了一下。我准备了两个桶，一个装满冰水，另一个装着溶解了泻盐的热水。我把左脚交替泡进两个桶里，一直弄到半夜，症状毫无缓解。我开始担心第二天能不能正常工作了，赶紧给斯坦打了个电话。他问我能不能用左脚支撑着站起来，咬牙忍着剧痛，我勉强站起来了。他又问我自己是否感觉脚踝骨折了，我认为应该不至于。他安慰我说，如果明天我能撑着去到现场的话，他自有办法帮我处理好。于是我答应明天尽量去现场和他碰面。挫伤和轻微的刀剑砍伤并不是病假的充分理由。骨折也许勉强能算一个，但这也取决于哪根骨头折了，以及骨折对你的行动造成了多大的影响。想着我只是扭伤而已，我决定明天还是按时上班。

第二天一起床，我就发现左脚踝肿到平时的两倍大。我忍着疼痛慢慢地穿好衣服，拄着拐杖一瘸一拐地上了车。平时我开车都是用左脚踩刹车，右脚踩油门。但那天早晨如果我还用左脚踩刹车的话，我一路上都得咬牙切齿了。于是我采用右脚同时负责油门和刹车的新式驾驶方法，一路开到现场。我把一名牧民叫过来，让他帮忙牵来一匹马。我不希望片场的工作人员留意到我受伤了，更别说是自己上报伤情了。因为作为一名特技演员，尤其是作为这部片子的特级统筹，在做特技表演时受伤肯定会有损我的名望。那名牧民很快把马牵来，在他的帮助下我骑上了马。

我骑着马，牧民在身后跟着。等到达特技演员的更衣室时，他再扶着我下了马。我发现斯坦已经在更衣室里等着了，他的膝盖看起来比我的脚踝更严重。我问他感觉如何，他说眼见为实，情况糟透了。他检查了一下我的脚踝，也认为没有骨折。这时，他拿出一个注射器，对我说："忍着点儿，会很疼。"说完朝我的左脚踝扎了下去。我疼得心里直想斯坦果然没骗我啊。他向我保证，过上个几分钟，我就能正常走路了。随后他递给我另一个注射器，指了指膝盖上的某个位置，让我对准那里把药水注射进去。我实在下不去手。斯坦笑了笑，调整好姿势给自己打了一针。从那次开始，我打心里佩服他是个硬汉。

打完针后我们就准备换戏服了。但我的脚踝还没消肿，没法套进靴子里，于是我派人去帮我把当天也在现场的一名特技演员沃尔特·怀亚特（Walter Wyatt）找来。怀亚特身高2.06米，体重110千克，脚穿48号的鞋子。等他来到更衣室后，我让他把左边的靴子脱下来给我。我的脚踝已经逐渐消肿了，可以顺利套进靴筒里。斯坦给我注射的"神奇药水"开始见效，我的脚踝不那么疼了。我原以为大家都会好奇为什么我一只脚穿着41号的鞋子，另一只脚穿着48号的鞋子，结果根本没人注意到。斯坦随身携带着注射器和针剂，以防万一。我们两个人都完成了全天的工作，没人看出任何破绽。这就是我和斯坦一起经历的各种惊险故事中的一件。

其实并不是每次受伤都是工作造成的。我的业余爱好是和一大帮特技演员以及少数几个演员，比如史蒂夫·麦奎因（Steve McQueen）等，去沙漠进行摩托车比赛。麦奎因是一名好胜心很强的选手，而且非常喜欢和特技演员们比赛，所以他就加入了我们组织的名为"取景器"的俱乐部。入会的要求和我们一样，必须同为电影工作者。在某次比赛时，我一路风驰电掣，突然留意在赛道旁停靠了一辆车身是我们俱乐部颜色的摩托车（每个俱乐部都有专属的颜色）。很显然，车手遇到麻烦了。我停车走过去，发现那是麦奎因。原来他的火花塞堵住了。我从自己的装备包里给他找了一个新的。换好零件后，我们又重回赛道。当我在帮他更换火花塞时，至少有20辆摩托车超到我前面去了。但帮助了自己的队友，我认为很值得。

几次比赛后，轮到我的火花塞堵塞了。我的车在赛道中途抛锚了，于是我把车推到赛道旁。这时，我看见我们俱乐部的一名队员从远处驶来。当他逐渐靠近时，我认出那是麦奎因。我心想，太好了，终于得救了。结果他完全没有减速，甚至从我身边飞驰而过时手都没有挥动一下。赛后他向我道了歉，解释道他当时马上就可以超越前面的两名选手了。唉，所谓的队友。

我们这些比赛的起点都选在了一块广阔的泥地上，比赛也有一定的危险性。每次比赛，多达3000辆的摩托车并排停在起跑线前，随着旗子摇下，所有车手都赶紧发动摩托车，冲向1.6公里或以外的，放置着一个巨型烟幕弹的终点。地上没有专门的赛道或马路，你可以开到沙漠里还没被其他车手占据的任何位置上。比赛中唯一一条建好的赛道就是终点前的一段路，而比赛的唯一规则就是最先到达终点的人获胜。在沙漠上，你要尽可能超过更多的参赛者，而避开沟壑、石头、仙人掌和从各个方向而来的车手，让人应接不暇。

在一次比赛中，我和另一名选手齐头并进，抢占到达某座建筑物的先机。在前方的路上，一边的地面有个深坑，另一边则长着一棵巨大的仙人掌。我和他都想从两者之间狭窄的平地上穿过。结果他变道挤了过来，撞到了我的前轮上。车头一甩，我的摩托车撞到坑里的一块大圆石上，熄火了。我被撞得飞了起来，一侧肩膀落地，重重地撞到坑底的沙地上。听到一声脆响，我知道自己的锁骨断了。我发生意外的消息很快传到了我们俱乐部的营地里，队友们赶紧开来一辆卡车，将我和摩托车都救离苦海。大家把我送去医院，医生确诊我的锁骨骨折了。这种情况，除了用八字形包扎方法固定住受伤一侧的肩膀和上臂，然后让断裂锁骨的两边慢慢重新结合起来，没有任何特效方法。通常两到三周锁骨骨折就能康复了。

我绑着绷带回到家里，艾琳看到后数落了我一顿。她一直很反对我参加摩托车比赛，而且她再三提醒我，万一受伤就无法工作了。幸好下周二我就要出发去电影《浴血狂沙》（*Tobruk*，1967）的外景地了，我可不想在痊愈前的两周里继续听艾琳念叨。

如果将手臂举过肩膀，肌肉就会拉扯到断裂的锁骨，这时伤口就会传来严重的疼痛。但一般情况下，锁骨骨折的疼痛还是可以忍受的。聪明如我，已经想到跟组时的应对策略。我让一个开马鞍维修店的朋友按我的设计做了一套皮带。首先，我将一条在前胸、腋窝和后背各有一个小环的皮带绕胸缠过，然后用另一条皮带的一端先绑到上臂上，而另一端则分成三叉，分别套进上一条皮带的三个小环里。系紧后，我的手臂肘部以上就都固定住了。同时，我还随身带着一瓶复方羟考酮①，以防万一。我自认为这样就万无一失了，而且制片方早已说明这次我不需要做任何剧烈的动作戏，只是演奔跑过程中中弹倒地的士兵（我们特技演员称其为"速行爆裂"），不成问题。

去到外景现场我才发现被骗了。上来第一个镜头就是三名士兵中枪后从18米高的平台上坠落。现场所有人都知道我擅长做高台坠落，所以他们让我上了。我不敢让其他人知道自己骨折了，所以只能硬着头皮就位。摄影机开机，突突突一阵机关枪枪声后，我们三个完成了高台坠落的动作。一般在做这个动作时，我们会将手臂上举，像悬崖跳水的动作那样，用手臂协助调整身体下落的角度。但那天我下落的

---

① 一种强效止痛药。

姿势肯定像一只翅膀瘸了的鸭子那样滑稽,只有一边的小臂使劲挥舞着。我撞到着陆垫上,疼得眼泪差点都流出来了。大家都围上来扶我们,我只好硬生生把眼泪憋了回去。

导演阿瑟·希勒(Arthur Hiller)朝这边跑了过来,赞叹道他从来没有见到过这么逼真的高台坠落,所以希望我们能再做一次好让他拍些特写镜头。我暗自哭诉,导演你开玩笑的吧。但没办法,我只好再吞一片复方羟考酮,再演一次翅膀瘸了的鸭子。两次高台坠落下来,我已经感觉疼痛无法忍受了,但我还是要在其他工作人员面前保持微笑。天知道速行爆裂镜头怎么办。现在才上午10点,看来这注定是我人生中漫长又难忘的一天了。

在下一个镜头里,我和另一名特技演员饰演驻扎在机枪防御工事里的两名士兵。防御工事位于15米高的陡峭的山峰上,我们爬山时甚至需要手脚并用。故事情节是一辆坦克沿着山谷拐弯开过来,把炮筒转到朝我们的方向,瞄准、开炮。你应该已经猜到接下来我要做的事情了。我们被从防御工事里轰出来,扑腾着翻滚到山脚下。我的搭档对下山沿途嶙峋的石头感到担忧,而我则开始思索,怎样才能向下翻滚15米同时不撞到肩膀呢。然而我没能找到对策。滚到山脚下时,我的肩膀已经被撞了无数次。那只是进组的第一天,我就已经像吃橡皮软糖那样一片接一片不断地嚼着复方羟考酮,这种日子什么时候能到头。睡前我还喝了威士忌加苏打水,但疼痛依然让我彻夜难眠。

第二天,我饰演一名坐在敞篷车上的德军指挥官。当汽车停在摄影机前面时,我将从座位上站起来,拿起望远镜扫视前方。而就在这时,汽车遭到炸弹袭击,我将一下弹到车门上,被爆炸冲击波撞翻出去,转身摔倒在地面上。同时,我要将嘴里含着的血浆胶囊咬破。导演这时将镜头推到我脸上,拍摄血浆从我嘴里喷出的特写。从一米多高的地方摔到地面上后,我要强忍锁骨的剧痛,保持脸上肌肉一动不动。否则镜头一推上来，拍到"死人"脸部肌肉抽搐就穿帮了。在我锁骨骨折的前提下，这个剧组的特技表演任务显得异常困难，但我还是咬牙坚持到特技表演全部完成。

看到这里大家应该明白到一点，在很多次特技表演中，我受伤的责任主要在自己。我从来没有受到导演的胁迫去做一些自认为不安全的特技表演，我是自愿从高楼上跳下的，并非导演把我推了下去。在拍追逐汽车的戏中，导演也没有拿着遥控器控制汽车油门，我总是在自己感觉必要并且能控制好的速度下去完成特技表演的。

06
"尼达姆,搞定它。"

经过长期的练习，打斗戏的各种动作套路也成了我的强项之一。在《无懈可击》的一场打斗戏中，约翰·韦恩需要连着用直拳和勾拳打到对手身上。这场戏难度并不高，但由于韦恩用错出拳方式，所以在银幕上看起来他并没有击中对手。摄影师不断让他重来，我一直站在边上，看出了问题所在。但导演安迪·麦克拉格伦让我继续在边上待着，恐怕当面指出会让公爵面子挂不住。

其实问题很简单，由于摄影机机位处于公爵对手的正后方，如果继续采用平时打斗时的借位方法，让直拳落在对手头部的侧面，那拳头自然会远远偏离目标。解决方案也很简单，把直拳换成勾拳，拳头从侧方经过演员的面前，而这时摄影机拍到的画面将是对手被痛扁的情景。镜头又重拍了几次之后，我心想管他呢。我走到韦恩旁边去，对他说："公爵，你做错了。应该这样的。"我演示了一次，摄影师说通过。然后我又退回原来的位置。公爵一声不吭，站回原位预演了一次。摄影师认为很好，于是他们就照那样拍了。等镜头一通过，我就悄悄地躲开了。

我们在墨西哥的杜兰戈州拍外景时，公爵每周六都会举行一个盛大的派对招待所有工作人员。他对特技演员们一直很友好，再加上周末大家都不用工作，所以我们也在被邀请的行列中。我来到派对现场，喝了一两杯酒。我敢肯定公爵在我到场前已经喝高了，他看到我后就朝我走了过来。由于韦恩比我高不少，所以站在我跟前时，他就如同高塔般矗立着。他的手臂像老虎钳般紧紧卡着我的脖子，然后用手指戳着我的脸，说道："你这小子，我入行演动作戏已经整整30年了。你凭什么敢当着全场的面教育我该怎么出拳？"我赶紧向他道歉，并且承诺再也不敢了。僵持了几秒钟后，他还是没有松手，我心里忐忑不已。出乎我意料的是，韦恩说道："如果是个好主意，大胆跟我说。否则你就一边安静待着。"他继续别着我的脖子，另一只手的手肘在我的头顶上蹭了蹭，然后放开了我。最后，他还不忘吩咐一句："尼达姆，搞定它。"

我很喜欢公爵，他是一个讲求实际的人。他非常敬业，也要求同事们如此。他了解剧组里每一个工作人员的职能。虽然他不会具体了解到爆炸装置里要放多少炸药这种问题，但他能清楚地向你描述自己期望的爆破效果。在拍摄过程中，不管有没有我的通告，我始终守在现场，随时准备帮忙。无论哪个部门有需要，我都会立刻走上前去。由于我在剧组里是从底层干起的，通过长期观察，每个人的职能我都了然于心，而且一眼就能看出他们有没有用心工作。公爵了解我这个人的特点，所以每当其他人需要帮忙时，比如帮助布线或是将抛锚在沙地、泥地里的车开出来，他都会假装随意地从我身边经过，轻轻说道："我的好小伙，快去把它搞定。"

在《无懈可击》一片中，我所遭遇的最大挑战要数看管好多达2500匹马，这是影片拍摄历史上数目最大的马群了。总共要拍三场马群受惊的戏，这也就意味着我们要重复多次地把马群聚集到一块儿，再赶到另一个地方，以完成不同镜头的拍摄。如果马群不幸四散开来的话，我们肯定要花上好几天的时间把它们重新聚集在一起，而且很有可能有些马再也找不回来了。

安迪定下拍摄马群受惊狂奔的位置后，我就在离拍摄地450米远的地方搭建了一个畜栏。然后我在马匹奔跑方向的远处搭建了第二个畜栏。我将后面几天的安排吩咐给了牧民们：牧民们负责将马匹赶到第一个畜栏里，不给提供任何草料和饮水，等过了几天的一个傍晚，再将马群慢慢地赶到有充足草料和饮水的第二个畜棚。这样重复操作几次后，马匹就做好演出狂奔戏码的准备了。因为它们只知道自己是跑去吃食，所以最终都会聚集到第二个畜棚里，我们也不用担心会丢失任何一匹马。

拍摄动物狂奔镜头的前期准备既复杂又耗时间。我们是这样操作的：先把马匹都关在第一个畜棚里。然后打开栅栏，把马匹慢慢地赶出来。既要保证所有的马都是向着同一个方向前进，又要确保每一排大概是30到40匹马并列着走，这按牛仔们的说法叫"列队行进"。等马匹全部从畜栏里面出来后，牧民会吆喝着让马开始加速。当马群开始小跑起来时，牧民们会用枪声和更大声的吆喝来让马群加快脚步。而当所有马匹都撒蹄跑起来时，万马狂奔的效果也就达成了。我们祈祷上帝保佑，马群能顺利从这头跑到那头。因为奔跑起来的马匹只有在到达第二个畜棚时才会停下脚步，如果在这个过程中，有一匹马被绊倒在地的话，后面的马将连带被前一匹马绊倒。最终的结果是被接连绊倒的马摔成一堆，地面上将有四五堆的"马堆"，每堆有10到30匹马，这种情况并不少见。这时，特技演员和牧民们就要上前去把倒在地上的马翻过来，好让它们站起来。但神奇的是，在拍摄的全程中，没有任何一匹马受伤。

当马匹狂奔时，再大胆的牛仔都不敢在马群里骑行。因为万一坐骑摔倒的话，自己肯定会被堆上来的马匹压死的。但偏偏剧本里就写了一场演员在狂奔的马群中骑马前进的戏。这样的场景，如果没有事先完善的计划是无法实现的。我在正式开拍前一个月拿到剧本，绞尽脑汁终于想到对策。不得不说，这是到当时为止，我在特技表演和动作戏中遇到的最大挑战。来到现场后，所有的特技演员和牧民都急切地问我；"尼达姆，你打算怎么做呢？"我回答说我自有主意。

剧本是这样写的：公爵和他的手下们与马群同向而行，结果发现有100名法国士兵埋伏在前。于是公爵命令步枪手们分别登上两辆流动炊事马车，来到缓慢行进中的马群的前头。然后公爵下令释放马群，于是马车向前冲去，同时车上的步枪手集中火力向前射击。马群被枪声惊吓，往前狂奔。最终，马群和马车将法军的防线攻得溃散。

在开拍前的一个星期，安迪特地过来对我说："既然你还是坚持保守秘密，那我只能祈祷一切顺利了。"我回答说："我也是。"

离正式拍摄还有三天的时候，我带一个建筑工头来到现场，让他照我的意思在特定的位置搭建了四个用木栅栏围成的钻石形的安全区。演员表演时将待在安全区里，而钻石形的木栅栏将保证马匹及时分流。每个安全区长30米，周围的栅栏高约1.5米，略低于马背的高度。当马匹在安全区和镜头之间跑过时，刚好可以将木栅栏挡起来，这样特技演员看起来就像是处于狂奔的马群中了。

开拍前，我安排饰演公爵手下的一名演员先站在钻石形安全区的末端，而扮演法国士兵的演员站在对面的另一端。开拍后，等到马群奔跑起来，我将挥动一面旗子，示意两名演员冲向对方。当他们来到安全区的中间时，他们将在打斗中落马，而剧本中写道两人在此处遇到了大麻烦——被奔腾不息的马群狠狠踏过。

由公爵和柯克·道格拉斯主演的《战车》（*The War Wagon*，1967）开机的那天，柯克就要求我当他的替身，因为之前在《西部新天地》中我们也以这样的形式合作过。公爵和柯克都站在路边，等他们的马送到现场来。柯克身高一米八，而公爵身高一米九。两人一起站在人行道上时，公爵能俯视柯克。而当马匹送到，两人分别骑上马后，情况就逆转过来了。柯克骑的是我的一匹名叫派的马，大约高一米五，白额，三蹄踏雪，英姿勃发。而公爵则坐在一匹又矮又胖的帕拉米诺

▲在电影《小巨人》中教达斯汀·霍夫曼使用左轮手枪（哥伦比亚广播娱乐公司供图）

◀在电影《小巨人》中从失控的公共马车跳到飞奔的马背上（哥伦比亚广播娱乐公司供图）

◀蓄势待发!在电影《毕氏二虎》中担任迪安·马丁替身（©1968 20世纪福斯。版权所有）

▶"致亲爱的小哈尔·尼达姆,我需要你。——拉寇儿·薇芝。"电影《毕氏二虎》剧照。我怎么就没看镜头!（©1968 20世纪福斯。版权所有）

◀"没问题公爵,我们能驱赶2500匹马!"从左至右:公爵的替身——查克·罗伯逊、我、约翰·韦恩、罗克·赫德森（Rock Hudson）及其他工作人员,于电影《无懈可击》现场（个人收藏）

▶"向哈尔致以我的尊敬及谢意。——詹姆斯·斯图尔特。"在电影《原野豪杰》中詹姆斯·斯图尔特将我扔出门外（©1966环球影业，环球授权管理公司供图）

◀"致哈尔：感谢你在背景处为我充当绿叶。——柯克·道格拉斯。"从左至右：柯克·道格拉斯、我、特技演员杰克·可佛及导演杰克·麦克拉格伦在电影《西部新天地》中（©1967米高梅制片厂。版权所有。米高梅传媒授权管理分公司供图）

▶在菲律宾的克拉克空军基地向查克·叶格上校展示我的音速突破者证书。从左至右：怀特上校、驾驶我所乘搭飞机的飞行员、我及叶格上校（个人收藏）

"致哈尔:在过去一年里,他的马对我们的工作给予了莫大的支持。——查尔登·海斯顿。"电影《邓迪少校》(*Major Dundee*,1965)中查克骑着阿拉莫做后腿直立动作(©1964,1992续约,哥伦比亚影业。版权所有。哥伦比亚影业供图)

电影《火海情涛》(*In Harm's Way*,1965)中柯克·道格拉斯对我出拳(©派拉蒙影业。版权所有)

▲ 电影《太阳王》，出色的特技演员龙尼·朗德尔拉着我翻越栏杆。片子由尤·伯连纳（Yul Brynner）主演（©1963米高梅制片厂。版权所有。米高梅传媒授权管理分公司供图）

◀电影《珊岛乐园》（Donovan's Reef, 1963）中约翰·韦恩对我挥右勾拳（©派拉蒙影业。版权所有）

▶ 在约翰·韦恩和柯克·道格拉斯主演的电影《战车》中，午饭前做第四次高台坠落（©1967环球影业，环球授权管理公司供图）

◀从左到右:埃德·沙利文、理查德·布恩、特技演员查克·库奇及《埃德·沙利文剧场》中表演打斗戏前夕的我(哥伦比亚广播公司及兰德夫传媒供图)

▶电影《驯妻记》中扮演公爵的领班,与约翰·韦恩及齐尔·威尔斯(Chill Wills)合影(约翰·韦恩的姓名及肖像使用经约翰·韦恩责任有限公司许可)

◀当你在银幕上看到我和一辆失控的平板马车同时出现时,你就知道等下有翻车镜头了。在由詹姆斯·斯图尔特及玛琳·奥哈拉主演的《原野豪杰》一片中,与特技演员斯蒂芬妮·埃伯(Stephanie Epper)及帕蒂·埃尔德(Patty Elder)合作(©1966环球影业,环球授权管理公司供图)

在《你说我演》中从时速93公里飞行的飞机上,将克里夫·罗斯撞下马背(桑迪·弗兰克娱乐股份有限公司供图)

在《你说我演》中从马背上跳起,将克里夫·罗斯撞下马背,比在飞机上做简单多了(桑迪·弗兰克娱乐股份有限公司供图)

在《携枪走天涯》中担任理查德·布恩替身,首次表演坠马特技(哥伦比亚广播娱乐公司供图)

在《携枪走天涯》中担任理查德·布恩替身,完成高台坠落特技(哥伦比亚广播娱乐公司供图)

◀与妹妹格温骑着我们家的骡子基特（个人收藏）

▼尼达姆中士——第82空降师（个人收藏）

马上。公爵问道:"到底是谁给我挑了这样一匹马?"牧民回答说那是他的替身查克·罗伯逊的马。公爵听了之后说:"好吧,大家笑完就准备开拍吧。"让我惊讶的是,整部片子里公爵一直骑着那匹矮胖的帕拉米诺马。其实以他的地位和身份,如果他看完工作样片(前一天拍摄的、经过初步剪辑的影片片段),不愿意继续和一匹那样滑稽的马搭戏,他完全可以自己加戏,在剧中把马杀死然后换另一匹。但他并没有那样做。

在《战车》的一场戏中,公爵与五名歹徒狭路相逢,进行了一场搏斗。由于我不是这部片子的特技统筹,所以我没有参与打斗戏的编排。根据剧本描写,公爵不消一会儿就把歹徒们击败了。在很多特技演员七嘴八舌的建议下,公爵和另外五名特技演员按不同的动作套路预演了四次,但无一可行。公爵不耐烦地放下一句话:"我现在去旁边下棋等着,确定准备好了再叫我。想办法编排一些快速流畅又有英雄气概的动作。"说完他转身走了。

好吧,尼达姆,快开动脑筋吧。我走到谷仓后面,一个人比画了一阵,想出一个应该可行的套路,这套动作绝对能满足公爵提出的要求。我回到镜头拍摄的区域,大声朝公爵那个方向说:"虽然弄不好会很丢脸,甚至你们会因此炒了我,但我还是斗胆想让你们试试我想的方法。"公爵听到这句话后,站起身踱了过来,说:"好吧。我们来见识下尼达姆先生的本领。"我走到他跟前,把套路演示了一次。公爵说:"很好,再来一次。"我重复一次后,他凭记忆演练了一次,然后说:"开拍吧。"

这个镜头一次通过。公爵直视着我说:"尼达姆,万一哪天我要跟人打架了,我只希望你是我的队友。"然后他像每次对我说"我的好小伙"时那样,对我眨了一下眼睛,又走到旁边下棋去了。

在这部影片当中,柯克扮演一名衣着华丽的枪手。为了保证他骑在派身上时仍能保持英姿飒爽的状态，他让我站在摄影机旁边，如果拍得不好看就告诉他要重来一次。我担心地说，如果每个镜头我都自作主张地插嘴的话，估计导演会巴不得我马上走人。于是柯克想出了一个好办法。他仍让我站在摄影机旁边，等一镜拍毕，我就点头或摇头示意拍得好看或不好看，如果我摇头的话，他就随便想一个原因要求重来一次。如果我点头的话，这一条就通过了。由于每次我都会找一个无人注意到的角落隐蔽好，所以直到拍摄结束我们都一直这样操作。能帮上柯克的忙我很高兴，但我不想因为这件事情被开除，毕竟组里还有很多特技表演等着我去完成。

其中一个重头打斗场面发生在酒吧里。一如既往，公爵的特技统筹由克里夫·里昂斯担任。他看出来公爵很器重我，也明白下面要拍的打斗戏并不是自己的强项，于是把我拉到一边，让我配合公爵和导演伯特·肯尼迪一起编排动作套路。里昂斯就是那个以我们没有合作过为由，没有雇我去《阿拉莫》剧组的特技统筹。这分明是一个烫手的山芋。现场除我以外的那八名特技演员都是里昂斯的老班底，而他在这种情况下却把自己的工作交给了我。

我走过去，对导演和公爵说里昂斯让我负责这次打斗戏的动作编排。公爵把头转向坐在房间角落里的里昂斯，后者点了点头。公爵回过头来，开口便说："尼达姆先生。"我一听就知道坏了。每次他要当众对我施加压力时，他都会这样叫我，平时他就只叫我哈尔。他接着说："你怎么看？"

我一五一十地说出了自己的意见："首先，这场戏只有主角和九名特技演员参与，在酒吧这么大的场景里就显得人太少了。"我这样说着，特意强调出整部片子中全部特技演员的人数，"我认为人数应该增加一打，场景和任务才能匹配。"公爵认为我说的有道理，便转身吩咐执行导演墨菲立刻从好莱坞那边多雇12个特技演员过来。我赶紧补充说能不能让我来挑人,公爵让墨菲等一等,让我写一张名单交给他。

我找的就是那群每周末到我家训练的年轻特技演员们,他们能胜任各种特技动作。我将名单交给墨菲,他们第二天就赶到现场了。拍摄酒吧打斗戏的当天,公爵才第一次看到这些年轻的面孔。这场打斗戏是这样安排的:一人先朝站在酒吧里的公爵跑去,公爵则将那人拎起,一把扔到吧台后面。而被扔的那个人则越过吧台,撞上后面的酒柜,碰倒大量酒瓶酒杯。在这之后,周围的人都朝公爵围了过来,打斗戏正式揭开帷幕。公爵想让一名一直合作的特技演员来演被他拎起的那个角色,我把公爵拉到一边,告诉他那人肯定做不来。公爵反驳我说,他们合作了很多年,如果那名演员认为自己完成不了动作,肯定会自己提出的。

于是我们回到现场,各就各位。"开拍"一声令下,那名特技演员冲上前来,公爵抓起他用力往远处扔。结果那名演员只滑过吧台,就落在地上,更别提撞倒酒柜上的一大堆瓶瓶罐罐了。第一次也许是运气不好,结果公爵的第二次尝试又失败了。公爵转身对我发火:"该死的。尼达姆,你怎么不让你找来的那些超人上呢?时间都浪费在这些无用功上了。"

"你说得对。对不起,是我的失误。"我故意大声回答,好让现场所有人都能听到。

我赶紧让加里·麦克拉蒂(Gary McClarty)过来。他是我认识的全能型特技演员之一,而且是开重型卡车的好手。我低声跟他说,如果他不能撞上酒柜,那我们13个都要卷铺盖走人了。加里听完让我放心好了。正式开拍时,加里的确如超人般飞越吧台,撞到酒柜上部,把上面的酒杯酒瓶都碰碎了。公爵高兴地朝我一眨眼,我的团队能留下来了。

在接下来的半天里,拍摄继续在酒吧里进行。演员们或是飞起来,破窗而出,或是砸烂桌子。椅子被抬起砸到演员头上,周围一片狼藉。

酒吧打斗戏结束后，按原定计划，我选的这帮特技演员第二天就要启程返回好莱坞了。然而，制片方那边传来消息，之前拍摄的一场印第安大战的胶片负片被刮坏了，所以他们要求剧组重拍一次，并且增加更多的动作戏。公爵想知道我的那帮特技演员能不能演好牛仔："他们个个看起来都身手很好。但明天要拍骑马特技，不知道有没有问题？"他指的是连人带马落地、侧边落马和正前方落马等动作。我告诉他不用担心，等着看好戏就成，我对自己团队的马背特技很有信心。我们把所有人们知道的马背特技都练习得纯熟，而且也参加过很多次西部片的拍摄了。

第二天，公爵好好地检阅了我的团队的马背特技水平。毫无疑问，他们高超的技艺给公爵留下了深刻的印象。就算离得很远，也能一眼从骑马的人堆里认出哪些是我团队的人。

当我们在杜兰戈市拍摄《战车》时，我和我团队的五个人在当地租了一间房子，没有和其他工作人员一起住在汽车旅馆里。每到星期天放假时，我们就一起去打猎，主要是打鸽子。没有人告诉我们每人每次最多能打多少只，但我们肯定都超过规定的数量了。有一次，当我们在处理鸽子时，其中一个特技演员杰里·加特林（Jerry Gatlin）提议，反正剧组周一拍摄的是对话戏，没有我们的活儿，我们可以留在家里烹饪这些处理干净的鸽子。卡特林手艺不错，能称得上是牛仔中的炊事员。于是我们决定邀请公爵和导演过来，与我们共进鸽子肉大餐。毕竟在异国他乡，美国风味的饭菜总是很难得的。而且我们又打到了这么多鸽子，应该够大家伙吃。公爵和导演在那个晚上都大快朵颐。

在晚餐期间，公爵问我们这帮精力充沛的年轻人们怎么休息时还待在杜兰戈这个无聊的小城市里，难道没想过去马萨特兰市享受一下阳光海滩，看看美女什么的吗。而且，他的游艇——一艘名为大雁号的海军军舰就停靠在马萨特兰市的港口那里,要想去当天晚上就能出发了。我们听完后都很感兴趣,但也很为难。因为从杜兰戈去马萨特兰,至少要开车走四个小时的山路。刨去来回花在路上的时间,玩耍的时间就很有限了。公爵想了想,让我们提前收拾好度假的行李,下个周末由他来给我们安排。在杜兰戈,一个拥有私人飞机的牧场主欠他一个人情,正好可以让他下周末载我们去马萨特兰。然后高高兴兴地在大雁号上度个假,好好放松一番。我们谁都没想到打鸽子和自制晚餐可以为我们换来一次五星级行程和头等食宿安排——食物全天候供应,酒水管够。

热血青年、约翰·韦恩的豪华游艇,还有身材健美面容姣好的年轻女孩,这些因素加起来就足够让人浮想联翩。我们沉浸在下周末在大雁号上彻夜狂欢的遐想中,但几秒钟后就回过神来。说实话,我们很害怕自己因娱乐过度而给公爵留下不好的印象,所以决定自己找点别的消遣。

我的担心还来源于另外一件事情。尽管我和公爵私交不错,但我的那匹叫土著的马差点害我被解雇了。在平时训练时,抓着右侧的缰绳再拽紧,就是提示土著卧倒的指令。训练马匹学会特技动作的核心就是坚持"奖励加惩罚"的方法。大多数人以为所谓的"奖励"就是给马儿吃个胡萝卜,其实并不然。当我拽紧缰绳时,马的嘴巴就会感受到压力。为了避免这种疼痛,马儿就会赶紧卧倒到地面上,而当马匹卧倒后,我就松开缰绳。这才是正确的"奖励"方法。如果在拍摄时需要做马匹卧倒的表演,我会先和它预演一次热热身。等到正式拍摄时,它看到我右手一挥,就知道该卧倒在地上了。

有一场戏是拍公爵骑着马进城,但他还没有选好骑哪一匹马。当时我正骑着土著,带着它活动活动筋骨。当我骑马经过公爵身边时,他说:"下一场戏我骑着土著来演,你看如何?"我当然没问题。

我下了马，把马缰交给他。由于公爵的腿比我长，所以上马后，他就开始调整马镫。调整完毕后，公爵骑着土著跑动热身，这时他的妻子来到了现场。公爵朝妻子招了招右手，结果土著误会了，马上带着公爵卧倒在地上。万幸公爵没有受伤，但他骑土著演出的念头也烟消云散。他嘀咕道："这匹马有反人类倾向。"

在杜兰戈市拍完《战车》的外景，我们就转场到墨西哥市的一个摄影棚里拍摄内景了。在拍摄间隙，公爵把我叫到一边，悄悄向我透露自己的下一部戏叫《绿色贝雷帽》（*The Green Berets*，1968）。由于自己长期合作的特技统筹克里夫·里昂斯拍完这部戏就退休了，所以公爵想让我当下部片子的特技统筹，顺便把我团队的那些"超人"们也叫上。我受宠若惊，赶紧问片子什么时候开机。他说等这边的戏拍完，一回洛杉矶就开始筹备了。到时候如果我还感兴趣的话，就直接去派拉蒙电影公司的办公室找他。我当场就答应了他，盼星星盼月亮终于盼来了这个机会。

回到好莱坞后，我天天关注着关于《绿色贝雷帽》的筹拍消息。终于，我收到确切消息说公爵已经确定出演。于是我来到派拉蒙公司公爵的办公室，对他的秘书说明来意。她通知了公爵，回复我稍等片刻。几分钟后，她示意我可以进去了。我高高兴兴地进去后，公爵就开始夸奖我和我的团队在墨西哥拍摄外景时的出色表现。继续寒暄了一会儿，他还是只字不提《绿色贝雷帽》的筹拍。我按捺不住，开门见山地问他什么时候我能参与筹备。公爵停了下来，我心想坏了，肯定出问题了。他遗憾地告诉我说里昂斯还没退休，而出于惯例，这部片子仍由他担任特技统筹。但公爵补充道，他还是希望我和我的团队能参演，毕竟我们总是关键时刻的救星。

心情大起大落，我的大脑短路了。怎么办呢？一瞬之间，我做了一个会让我在金钱上损失惨重的决定。我对公爵说，我等这样的一个机会很久了，在这期间也做了充分的准备。我肯定会认认真真地对待这份工作，但如果最终所有的功劳却让里昂斯抢去的话，我无法接受。所以权衡再三，我还是不得不忍痛放弃了这次难得的机会。

公爵听后提出了一个解决方案，他将和我签两份合同（这在业内是闻所未闻的），一份演员合约；一份是在我要做特技表演时生效的特技演员合约。我又补充问能不能在人员名单特技统筹那一栏把我的名字加上。公爵说这点他无能为力。我想了想，感谢了公爵对我的厚爱，婉拒了他的邀约。他对我的决定表示理解，但也请求我再帮他一个忙。

我回答："你说吧。"

公爵说："给我一份你的团队的名单。告诉我如果现场出了问题我应该找谁帮忙。"我答应明天将名单给他，然后就离开他的办公室了。

这次打击让我消沉了挺长一段时间。但我给《绿色贝雷帽》一片推荐的特技演员全部获得了公爵的好评。等里昂斯退休后，我担任了由安迪·麦克拉格伦执导，公爵主演的《地狱战士》（*Hellfighters*，1968）的特技统筹。影片根据雷德·阿代尔（Red Adair）[①]和他的两个得力助手在世界各地扑灭油田大火的真实事件改编。

影片的开场戏由我和另外几名特技演员负责。剧情是这样安排的：我们五人正在石油钻塔上工作。突然其中一名工人在转身时，钢盔撞碎了一个灯泡，并引起了电火花。油井瞬间爆炸，我们五人在熊熊大火中慌忙逃命。拍摄当天，瑞德和他的两个助手都来到了现场。由于场景布置得很逼真，他们都纷纷表示如果还要继续观看类似的场景，请务必提前通知他们，好让他们及时走人，远离这些现实工作中的梦魇。

拍摄进行到某一天时，制片人通知我说由于从明天开始只剩下公

---

① 原名保罗·阿代尔，因一头红发而得名雷德（Red），全球著名的灭火专家。

爵和另一名演员吉姆·赫顿（Jim Hutton）的戏了，所以除了他俩的替身外，其他特技演员都可以回家了。我提醒他，第二天要拍摄的是一个规模较大的火场镜头，所以最好留下一些特技演员来担任火场安全员。但制片人认为让特效组的工作人员来帮忙充当安全员就足够了，否决了我的提议。第二天，公爵和赫顿的替身要穿着笨重的消防服，在石油点燃的大火中逃生。石油的流量是由场景旁边的一个阀门控制的。突然，我观察到公爵的替身查克·罗伯逊转身时没站稳，仰面摔倒在地。笨重的消防服让他无法动弹。我是现场所有工作人员中唯一留意到这一幕的。我赶紧冲进火场，用力将他踢翻过来，又立即跑开。翻过身后，查克用手撑着地面站了起来，完成了那一场戏的拍摄。

当时情况紧急，我用手盖着脸就跑进了火场。出来后，我才发现手背上一半的皮肤都被烫得卷曲起泡，头发也被烤焦了，幸好衣服没有烧着。但我从火场里跑出来时，背部的衣服已经开始冒烟了。我赶紧向现场拿着灭火器的特效组工作人员跑去，一下趴到他们面前。他们立刻将灭火泡沫喷到我后背上。我瞬间得到了解脱，翻过身来，让他们朝正面也喷一些灭火泡沫。

公爵向我走来，说："大英雄，你立功了。但你团队里的那些超人们都去哪了，他们今天不是应该来担任火场安全员的吗？"

我回答道："这得问制片人，他把超人们都送走了。"

公爵很震惊，大声叫制片人过来。制片人赶紧从房车里跑出来，被公爵狠狠地训斥了一顿。然后听从公爵吩咐，通知那些特技演员下飞机后立刻搭乘下一航班回到休斯敦。

公爵是能让我心悦诚服的人之一。我相信那次在《绿色贝雷帽》筹拍时，我坚持自己立场的举动加深了我们之间的情谊。我总共与公爵合作了十部电影，他非常欣赏我在面对问题时能及时解决的态度和能力。他也非常了解我，知道我比起金钱，更重声誉。

07

战争片与真实战争

当我的朋友安迪被聘为《魔鬼军团》(*The Devil's Brigade*, 1968)一片的导演时，他让我负责设计动作戏和招募特技演员。影片主要讲述的是"二战"期间一个特战小组的故事。我们将在盐湖城拍摄影片的重头戏，然后去意大利完成剩余的内容。在我们正式出发前，安迪带领包括我在内的主创团队去盐湖城选景，并作前期准备。

当我们到达入住酒店后，我惊讶地发现，安排给作为主创之一的我的房间竟极其迷你，在里面换衣服都不够位置，可想而知后面要进组的那14名特技演员的待遇是如何了。在当时，特技演员在剧组中身份低微，辛辛苦苦干完活后，演职人员名单里却没有他们的名字，所以各个部门都给我们穿小鞋。但我觉得，这次该是推翻这些不成文"规定"的时候了。

在特技演员的大部队到来之前，我一直住在我的迷你房间里。当他们到来的那一天早晨，我去附近寻找合适的汽车旅馆。终于让我找到一家满意的，我赶紧订了八间房间。那时特技演员的待遇还没到一人一间房的标准。所以他们两人一间房，而我则一人住一间。

当剧组的大巴车出发去机场接演员和特技演员时，我带好行李，也随车前往。大巴车停在行李提取处的出口，等候剧组工作人员。等大家把设备和行李都装好车后，我们开始前往剧组预订的酒店。当大巴车停到酒店门口时，我告诉特技演员们继续坐着，我们要前往另一个地方。等演员和其他工作人员都下车后，我告诉大巴车司机前往下一个站点。司机嘟囔着自己没听说有两个下客点。我不容他辩解，说："现在有了，快走吧。"来到汽车旅馆后，我将制片方的地址和电话留给前台，说明将由他们结账。

我到房间里整理了 10 分钟左右，电话就响了，正是那位负责想尽一切办法花最少的钱把片子拍好的制片人。他说不管我在耍什么花招，反正别废话，赶紧乖乖地带着自己的手下回到剧组租的酒店去。我知道他住的是一个套房，于是回答除非我的团队能住上像样的，至少跟他差不多的房间，否则我们不会回去的。制片人回答："那我们走着瞧吧。"然后把电话挂了。

安迪对我的器重是我的第一张王牌。他们会不会冒着让导演生气的风险，强制我和我的团队搬回酒店呢？不可能。我们拍摄的全程都住在汽车旅馆里。在这次与制片人的交锋中，我成功地为自己和其他特技演员表明了立场。为了让对方明白你的姿态，你可以采取任何方法。

接下来，有一场拍摄周期为两天的大场面战争戏，我需要再从好莱坞调 15 名特技演员过来（汽车旅馆的老板爱死我了）。一切进展顺利，当天拍摄提前完成，下午 4 点就收工了。安迪找到我，告诉我后面他还想拍的一些镜头，然后问我如果加几个小时班的话当天能不能拍完。我向他保证没问题，我们的确当天就完成了额外的拍摄任务。

有时候在完成特技表演后，我们会根据刚才表演的危险程度跟制片部门协商，在合同签订金额的基础上加一定的钱，这笔钱一般叫"危险表演补贴"。特技统筹这时候就负责和特技演员们商量好，将统一加价金额反馈给制片部门。这回，特技演员们要求的金额有点高出我的预期，但我也可以理解。毕竟他们在一天里完成了两天的工作，给剧组省了一大笔钱。而新雇来的 15 名特技演员明天的工资也不用发了，这又省了另外一大笔。算来算去，刨去这一笔危险表演补贴后，制片部门还是省下了好多钱，于是我就同意了他们提的数额，而且认为制片部门也会算明白这笔账的。

第二天早晨，制片经理大卫·沃尔珀（David Wolper）和制片人把我拦了下来，质问我为什么同意特技演员们的补贴要价那么高。我们刚好站在一辆卡车的拖斗旁边，拖斗上覆满了灰尘。于是我就拿它当黑板，用手指当粉笔在上面把账算给他们看。

我在拖斗的一边写上一排数字，然后轮到制片人了。我们写完一侧，继续转到拖斗的另一个侧面，最后绕着拖斗算了一圈。制片人终于受不了了。

"好了好了。就按那个金额付钱给他们，然后让他们都滚蛋回家。这里有需要的话再请另一帮特技演员。"他不耐烦地说道。我问他："也包括原来就在组里的那14名特技演员吗？"他回答说没错。

这时我打出了第二张王牌。我说："我不会另请一帮特技演员的。你只能用现在的这个团队，否则我就和他们一起走人。"

听到这句话，沃尔珀接口道："行行行，我们的进度确实提前了，整整节约了一天的时间。就付给他们这么多钱吧。"

我从来没有因为自己的团队争取合理利益而砸了饭碗。

回到好莱坞几个月后，我接到了沃尔珀的电话。在《魔鬼军团》的剧组里我已经领教过他的手段了。他告诉我，自己正在筹备一部将在捷克斯洛伐克拍摄的"二战"电影，片名叫《雷玛根大桥》（The Bridge at Remagen，1969），希望我能去担任特技统筹。我调侃说不知道这次现场有没有布满灰尘的卡车拖斗，好让我们讨价还价。他让我不用担心，说这次用的是捷克当地的特技演员，酬劳很低。

我听后就震惊了："等等，大卫。你要我用一帮完全没合作过的特技演员来拍战争戏，而且还在我不懂他们语言的前提下？"他向我保证捷克斯洛伐克那边的特技演员都很专业，而且会给我配一名专职翻译。于是，我就像个傻子一样答应了他。

我在深夜 4 点 30 分抵达布拉格的机场，天气潮湿闷热。那时还不到 1968 年 8 月，捷克斯洛伐克还是一个社会主义国家。但我感觉过来接我的工作人员，其言行与美国人没有太大差别。上车后他告诉我说，导演约翰·吉勒明（John Guillermin）希望我能直接去片场。我们到达后，吉勒明向我简明扼要地介绍了后面两天要拍摄的一场动作戏。听起来并不复杂，我觉得能够安排好。接着，我的翻译，一位芳龄 25 岁的美丽女士苏珊娜带着我去跟本地的特技演员们碰面。

我们开车来到一个名叫达维的小镇，镇上的一座大桥是影片的主要外景地。那 20 名身高、体型各异的本地"特技演员"已经站成一排等着我们了。我难以置信地看着他们，其中一名甚至年老得让人怀疑他是否还能生活自理。我多么希望自己出现幻觉了。他们都友好地冲我微笑，当我问他们之前拍过什么电影时，他们脸上流露出困惑的神情。苏珊娜帮我将问题翻译了一下，与他们交流了几句。然后她告诉我，所有人都没有参与过电影拍摄，而且他们都认为我会先好好培训他们。这 20 位当地人各行各业的都有：拳击手、体操运动员，还有一个是赛车选手，但偏偏就没有一个是特技演员。谁跟我说在本地能雇到特技演员的，沃尔珀，谢谢你啊。

事已至此，只能立刻想办法解决了。当场我就开始了特技动作培训。我先向所有人演示了一次他们在拍摄时的走位，应该用怎样的动作摔倒，然后用尽量简单的指令让苏珊娜翻译给他们听。例如，我会说："从门口出来，走上四五步，中枪然后卧倒。"苏珊娜和他们说上三四分钟后，我让他们试着演给我看看。我喊"开拍"后，他们从门口出来，撒腿跑上快 20 米才倒下——这偏离预期位置也未免太远了。看来，这次工作经历注定难忘。

导演来到现场后，我向他说明了这些所谓的特技演员们的情况，他提议先预演一次看看。于是"特技演员"各就各位。导演喊"开拍"后，他们四散跑开，有的卧倒在地，有些则跑到导演跟前才停下来。吉勒明难以置信地看着我，我告诉他与第一次预演相比，他们已经有很大进步了。导演一句话也没留下，转身走了。我心想，等今晚沃尔珀一到，就有好戏看了。

当天晚上，我故意来到大卫·沃尔珀在布拉格下榻的漂亮又宁静的顶层公寓大吵大闹一番。我质问他："你明明说过在捷克斯洛伐克这里有很多优秀的、参演过多部动作电影的特技演员。胡说八道！这帮所谓的特技演员之前连拍摄现场都没去过。你要是觉得我在夸大其词的话，自己去问导演吧。我们今天就排演了一小场戏，结果你知道吗，我要将前景里德国士兵中弹倒下的动作挨个演示一遍。"

我接着说，在后面的好几个动作场景里，我都需要专业的特技演员来协助完成。大卫说如果从好莱坞请一帮特技演员过来的话，预算已经不够了。我没理会，继续告诉他后面至少有两三场戏需要同时弄翻好几辆车，我一个人根本无法完成。

大卫终于妥协了，说："你只能请一名好莱坞的特技演员。咱们也合作过，我知道你的水平。自己看着办吧。"

我回答说："好的，但你要记住，当时在好莱坞时，你跟我讲的是我不需要做任何特技表演，只需要编排好动作由本地演员完成就可以了。所以从现在开始，每当我要亲自上场时，准备好你的支票本。"

回到房间后，我就开始打电话，想着赶紧找人过来，无奈话务员讲的话我一句都听不懂。最后我找翻译帮忙拨通了泰迪·奥图尔——一家专为制片方联系特技演员而设的电话代接公司的电话，再由他们帮我联系好莱坞那边的特技演员。当我终于拨通电话时，我让话务员在我找到答应我的特技演员之前都不要把电话挂断。

我让话务员将电话接给加里·麦克拉蒂。他既是我团队中的一员，也是我的好友，而且身材高大。他是一个多面手，而我现在最缺的恰恰就是他这种人。我向他解释了一下捷克斯洛伐克这边的情况，告诉他这次工作将异常艰辛，但物质上的回报也很丰厚。他坦言，虽然自诩是一个大胆的人，但我说的这些情况还是把他吓到了。但最后他还是答应过来帮我。得到他的答复后，我告诉他晚点制片方将打电话给他，跟他确定行程安排。

为了避免上次预演的闹剧再次出现，在后来的拍摄中，我将每一个德军的死亡场景都演了一次，对于特定情节的特技表演我也要亲自上阵。后来，这些特技表演就统统落在我身上了。

第二天，导演吉勒明将摄影机架到高处，拍摄一个俯瞰坦克的镜头。他的安排是让一名士兵到坦克前清理大炮炮筒，之后大炮开炮。而我则演那名士兵。这很简单，我让苏珊娜叮嘱另一名开炮的"士兵"，一定要等我跑开后再开炮。我们彩排了好几次，我和坐在坦克里的那名演员商量好，等我站到安全的位置后，将举手示意，然后他再开炮。

一切准备就绪。导演一喊"开拍"，我就跑到坦克前。当我正对着炮筒，离坦克只有五六米的距离时，我被炮口的冲击波击中了。我的头盔瞬间被打飞，整个人被撞得瘫软在地。我翻过身来，看到人们都朝我围了过来。他们的嘴巴一开一合，但我什么声音也听不见，耳朵里面隆隆作响。当他们对我说了好几句话而我还是毫无反应时，他们意识到我听不见了。他们开来一辆车，把我抬了上去，同时塞给我一张上面写着"医院"两字的纸条，苏珊娜也跟车随我去了医院。

当我坐上车后，我逐渐能隐约听见汽车引擎的声音和苏珊娜说话的声音了，这让我对听力的恢复重新燃起了希望。半个小时后，我们来到了医院。苏珊娜着急地向医生描述我的情况，但他们都显得淡定自若。等了好久，终于轮到我们看病了。医生和苏珊娜交谈了几分钟，然后苏珊娜递给我一张纸条，上面写着"谁交钱？"我拿出钱包，递给她一张100美元的整钞，这个举动引起了医生的注意。作为硬通货，美金在捷克斯洛伐克很吃香，100块可能就相当于他一个月的工资了。在这之后，医生终于开始给我做检查。他拿着一个小手电筒照了照我两边的耳朵，然后让苏珊娜再给我写一张纸条，"过一段时间就好了"。医生轻松赚了100块，而我从诊室出来后所知的信息并不比我进去前多。

但有一点我敢肯定的是他诊断错了。过了几天，我的听力恢复到能听见其他人大声说话的程度。但当我回到美国，经一位耳科专家诊断，我的听力将永久受损。他是对的，从那天开始，我就要佩戴助听器了。

两天后，制片人加里·麦克拉蒂笑容满面地来到现场。当他听完我设计的一个汽车特技时，他脸上的笑容消失得无影无踪。剧情是这样的：在火炮的掩护下，美军向雷玛根大桥发起冲锋，要赶在德军把桥炸毁前将它攻下。我继续向他阐述导演的创意，吉勒明希望有很多的卡车能在桥上翻倒，但很不幸，现在司机只有我跟加里两个人。加里把皮球踢给了我，让我想办法解决。而我想出来的办法是把十辆卡车首尾相连，从高速公路上一路开过来。加里开头车，我开第二辆，后面的八辆车则由我俩一起拖着走。

加里是同行间公认的驾驶重型卡车的好手，所以一听完我的描述，他就知道怎么回事了。他马上给出对策："我们需要拖着其他卡车跑上1.6公里的距离，这样才能达到预期速度。"

我继续说："这十辆卡车不仅首尾用钢缆相连，而且每一辆车上都安装一枚炸弹。我的手边有一个按钮，每按一次钢缆就会松开一辆卡车，同时那辆卡车上的炸弹也将爆炸，看起来就像是火炮击中了那辆卡车似的。如果一切进展顺利的话，这些翻倒、着火的卡车应该会分布在一段 400 米左右的路上。我再将我们两个人的卡车分开，然后我们分别在两台摄影机前完成翻车的动作。"

麦克拉蒂不可思议地看着我，怀疑我是不是疯了。迟疑了一会儿，他说："卡车太多了，不管是速度还是距离都很难达到预期目标。"我承认他说的有道理，如果这种情况真的发生的话，我就一次性把所有卡车的钢缆都解开，让它们同时爆炸翻倒，但我俩还是要各自到指定的摄影机前完成翻车动作。而万一真有什么不幸发生，善后工作就交给制片方了。毕竟我们区区两个人要承担起十个人的工作。

终于到了正式拍摄的那天。卡车上的机关都已经设置完毕，我和加里各自靠着自己那辆卡车的车轮，等候指令。对讲机传来声音："尼达姆，准备好了吗？"我抑制住紧张的心情，回答道："随时可以开始。"然后对方就下了指令。

在我们到达指定地点前，摄影机暂时处于关机状态。我们则利用这段时间，逐步将那一长串卡车提升到需要的速度。上车后，我和加里先以低挡位缓速前进，等后面的车徐徐启动、提速。我从左视镜向后望去，发现后面的车好像一条大蛇在公路上左摇右摆着前进。加里把手伸出车窗，不断向我摆手，我一下就明白我们遇上麻烦了。但加里从来不是一个胆小的人，他镇定地把车往上推了一档，我听到后也照做了。车速提高后，车队的状态终于稳定下来，不再扭来扭去。这时加里又把手伸出车窗，示意我加快速度，越快越好。

我通过对讲机告诉现场随时准备开机，因为我们马上就到达翻车指定地点了。他们回复"等着呢"。摄影机开机了，当我们来到指定地点时，我按下按钮，把车队最后一辆车的钢缆松脱。从左视镜看去，那辆车猛地往左偏去，爆炸产生的火焰瞬间将它吞没，翻上路堤消失不见了。接下来我又按了两下按钮,两辆卡车分别向左右两边冲去,同时发生爆炸,事情顺利得超乎我的想象。我心想:尼达姆,如果这个镜头成功的话,你就成英雄了。

麦克拉蒂再次把手从车窗里伸出来,示意一切顺利。随着后面的车相继被放走,我们的车速越来越快。我继续按下按钮,钢缆依次松脱,更多的车以轰隆隆的爆炸声,和侧翻撞击地面的嘭嘭声宣告他们使命的完成。最后,我将自己驾驶的这辆卡车从加里的车上脱离开来,我们各自把车开到对应的摄影机跟前,撞上坡道。随着两辆卡车按原计划侧翻落地,这个镜头的酬劳也落进兜里了。

工作人员把我们从卡车里拽出来。所有人包括围观群众,同时响起了长达五分钟的掌声。大卫·沃尔珀笑着走过来说:"你看,尼达姆,我就知道你能做到。"

剧组的其他工作人员都住在离外景地有45分钟车程的布拉格市区,而我和加里则住在离外景地一个街区远的一间小木屋里,唯一的不便是我们要自己洗衣做饭。不对,说到做饭,我不会,加里也不会。镇子上离我们住的地方不远处有一家小餐馆,我们决定去试试那里的手艺。当我们第一次走进那家餐馆时,所有人都好奇地看着我们,因为他们一看就知道我们不是本地人。一位服务员走过来,我竖起两根手指,示意两位。她把我们带到空位,给我们留下菜单后就走开了。我坐下后四处张望,发现大家的目光都集中在我们这两个说英语的美国人身上。

我不理会他们,专心地阅读菜单,但很快就以失败告终:菜单是捷克语的。那还能怎么办呢?我告诉加里,等服务员回来时,他跟着我做就行了。我举起了手,服务员很快走了过来,用很快的语速乌拉乌拉说了一大段我完全听不懂的话。我举手示意她停下来,用英语告诉她跟着我。我走到旁边一桌那里,端详了一阵那四位本地人点的食物。他们四个见状紧张地看着自己的盘子，似乎里面有虫子。最后，我下定主意，指了指其中一个盘子，然后指了指自己。服务员和那四位顾客一下就明白了，纷纷笑了。我让加里也去挑选一下。他站起来嗅了嗅鼻子，走到另一张餐桌旁。顾客们看到此景，笑得更大声了。加里在那张桌子上也找到自己喜欢的饭菜，用和我一样的方式点了餐。这回好了，整个餐厅的人都笑得合不拢嘴了。

从那天开始，我们一走进餐厅门口，所有的顾客都会连说带比画向我们推荐自己点的饭菜，他们会用表情示意自己的饭菜非常美味。我们有时候则假装露出嫌弃的表情转身走开，全场就会爆发出欢快的笑声。而当我们下定主意时，大家都会鼓起掌来。不得不说，捷克民众对我们非常友好。

住在点煤油灯的小木屋对我而言一点也不陌生，我感觉好像回到了在阿肯色州的那段岁月里。小木屋的后门外有一处水井，屋内有一个用于煮食和取暖的炉子，没有淋浴间或者浴缸，所以我们要自己想办法解决洗澡问题。屋后空地上的四个角落各长了一棵树，树木围起的面积正好是一个冲凉房大小。如果把这四棵树围起来，应该可以形成一个私密的小空间。第二天，我们从拍摄现场偷来一块 6 米长，1 米宽的油布，把它绕着那四棵树围一圈，再用钉子固定好。这样，站在里面时，外面的人就只能看到我们的头和小腿了。然后，我们将一个能装 20 升水的大水桶挂在其中一棵树的树枝上，并在一个容积为 4 升的小水桶底部，用钉子戳几个洞，挂在那个大水桶下方 60 厘米处。接下来，我们再找来一根直径 4 厘米的橡胶水管，一头放进大水桶里，另一头放进小水桶里。在虹吸作用下，水源源不断地从大水桶流向小水桶，再从小水桶桶底的洞口流出，我们就能洗上澡了。淋浴装置开关也简单，我们把一根绳子绕过大水桶上方的树枝，绑到水管的下端处。松开绳子，水管就进入小水桶里，"花洒"打开，水很快就会流出来；把绳子拉紧，直到水管的下方被提到高于大水桶时，"花洒"就关了。操作起来非常简便。

每天早晨，我们都会先装上四五桶水拿到阳光底下晒，下班时就能洗上热水澡。但如果阴天的话——概率很高——我们就用冰冷的水快速冲完了事。

我们洗澡一事也为邻居们增添了不少乐子，天知道他们是怎么维护个人卫生的。在捷克语里，淋浴叫"spreka"。每当我们洗澡时，邻居们都会指着我们的淋浴间，一边说"spreka"一边哈哈大笑。我总怀疑他们是否用了某种反光镜装置，看到除了我们的头和脚以外的其他身体部位了。

当剧组拍对话戏时，我和加里就没什么事情做了。有一天，我们的司机尤金载着我和加里到外景地附近的山顶，俯瞰作为剧中主要场景的那座大桥。在山顶上往下看时，整个剧组的工作人员尽收眼底。山顶的地面起伏不平，遍布着土丘和沟渠，而且它的面积足够大，非常适合搭建一个摩托车赛车场。等搭好之后，再买上两辆摩托车，这里就成为消遣的好地方了。苏珊娜告诉我们，如果能在黑市兑换美元，用捷克克朗付款，每辆摩托车折合只需要300美元。我们对这个提议略显担心，因为据说在黑市兑换美金是违法的。她让我们放心，说能帮我们安排好。我和加里稍微考虑了一下，同意了。

两天后，苏珊娜带我们去她以前工作的办公室。我们进去后，她让我们先稍坐一下，自己去把准备工作做好。她走向办公室前台的接待员，和她用捷克语交谈了几句，然后走进其中的一间办公室。为了消磨时间，我和加里开始用英语调侃那位美丽的接待员，例如什么时候能和她共度春宵。我们还讨论了捷克到底有没有隆胸手术，她的胸部是不是天生的。

这时，苏珊娜笑着向我们走来，向我们介绍她的好友——那位美丽的接待员。接待员用流利的英语向我们问好，然后对我们说，自己的胸部是真的。说完后又用捷克语和苏珊娜说了几句，两人哈哈大笑起来。

过了一会儿，门口走进来一位男士，向苏珊娜简单介绍了一下自己。苏珊娜把他领进一个办公室，然后回头冲我们笑着点点头，示意我们跟她走。现在交易双方都坐在那间办公室里了。苏珊娜告诉我说，那位男士需要50美元，我们拿出钱来和他进行了交易，之后又回到接待区那里待着。很快，又来了另一个人，我们按相同的流程完成了交易。重复上三四回后，苏珊娜说要上个洗手间，离开了。她刚一走开，门口就进来一个警察。我和加里面面相觑，心想是不是事情败露了。我低声告诉加里自己是不会束手就擒的，反正这里只是二楼，如果他真要逮捕我们，我就从窗户跳出去。加里低声回敬了一句"别挡道"。

苏珊娜回来了，她和那位警察聊了几句后，手指着一间办公室示意他进去，然后又像刚才那样朝我们点头示意了。那位警察需要兑换100美元，而且希望尽量是零钱。在他之后又完成了两笔交易，我们终于凑够了钱，出发去买摩托车了。把捷克产的越野摩托车搬上山顶后，我们开始规划赛道。我们还让苏珊娜手执一面旗子站在外景地大桥上的一个特定位置，如果现场需要我们了，她就挥舞旗子通知我们下山。

很快，山上的赛道已经不能满足我们了，我和加里把车开到镇子上，玩一种新的特技。当地的街道和人行道都是用鹅卵石铺成的，和美国那些由水泥筑造且成直角的路缘相比，这边的要光滑得多。有一天，当我们把摩托车骑进人行道旁的排水沟里时，加里突发奇想，猛踩油门，前轮一下子冲到路缘上了。他继续加速，想将后轮也移上去，但由于卵石地面太光滑，不能提供足够的摩擦力，后轮无法上去。加里继续踩油门，还是没能成功。结果，他的车前轮在路缘上，后轮则在排水沟里，蹭着路缘边上前进，他就以这样的姿势往前，勉强保持了三四十米的平衡。我效仿了一下，没开多远也倒下了。

我们后来又发明了一种新的比赛方式：路缘赛车。保持前轮在路缘上，后轮在排水沟里，往前开出距离最远者胜出。本来街道上行人很少，但我们在那里赛上几天后，以年轻人为主的围观群众逐渐多了起来。如果我或加里开得够远，他们会欢呼鼓掌；如果我们摔个屁墩，他们则哈哈大笑。就这样，观看我们赛车成了他们集体的晚间娱乐活动。但遗憾的是，当时捷克的每个镇子都有一个党委书记，这个小镇也不例外。也许这个镇上的党委书记不希望自己管辖区的人们过得快乐，所以他让苏珊娜转达了对我们的批评，说我们的行为给镇上的年轻人带来了不良的影响，并要求我们马上停止镇上的赛车活动。从这点我可以肯定，镇上的人们都不喜欢他。

不管如何，有了摩托车后，我和加里行动就便捷多了。我们和隔壁木屋的一户人家成了朋友，他们一家总共有五口人：丈夫、妻子、两个分别是12岁和15岁的女儿和一个看起来8岁大的儿子，我们都对用借助英捷词典进行沟通感到乐此不疲。有一天晚上，他们一家邀请我们共进晚餐，晚餐吃的是鸡肉和饺子。之所以我会确定是鸡肉，是因为他们把鸡头分给我了。从他们的表情可以知道，鸡头一般只会分给贵客，但我实在难以下咽。于是我朝他们家的男孩指了指鸡头，摸了摸肚皮，然后咂了咂嘴。他马上明白我是在说鸡头很美味，然后笑了。我立刻将鸡头拨到他的盘子里，而他则狼吞虎咽地把鸡头吃掉了——这我可是万万做不到的。

第二天，我让苏珊娜告诉他们，我们将带他们去镇上我们最爱的，也是唯一的一家餐馆吃饭。到了晚上，他们一起从家里出来，准备步行到餐馆去。在当时的捷克斯洛伐克，汽车还相当昂贵。所以他们和一般的捷克家庭一样，承担不起购车费用。我和加里开着摩托车赶上他们，通过手势示意他们上车。我让妈妈坐在油箱上，爸爸坐在我的背后，加里则把小男孩放到摩托车手把上，两位姐姐分别坐在油箱和后座上，安顿好后我们就出发了，他们一家子一路欢声笑语不断。到了餐厅后，他们将搭摩托车过来的经历告诉了在里面用餐的所有人，当我和加里停好车走进餐厅时，大家都向我们鼓起掌来。为了表达谢意，我们请了所有人喝酒。愉快的时光过得很快，我们都希望这样的夜晚可以再续。电影拍摄得很顺利，再过两周我们就能完成在捷克斯洛伐克的拍摄了。我和加里计划让自己的妻子也来玩上几天，然后再一起回美国去。之前每次拍摄外景时，艾琳都会带上其中一个孩子来现场探班，这次轮到丹尼了。打点好一切之后，艾琳和丹尼周五抵达。结果她看了小木屋一眼，就觉得待不住了。我赶紧向她说明，后面的几天我们将和其他剧组成员一起搬到市区的酒店去住，但今晚就先住小木屋将就一下。而且我已经在布拉格最好的一家餐厅订了座，在那里我们能好好地俯瞰市区景致。我保证那将是一顿难忘的晚餐，我还强调了见到她我非常高兴。

第二天早上，我正准备出发去拍摄现场，我的一个邻居跑过来向我乌拉乌拉说了一大通。我唯一能辨认出读音的音节好像是"Russkies"，这个词邻居说了好多次。于是我找来英捷词典，让她指出那个单词。她翻开词典后一边指着"入侵"那个单词，一边疯狂重复着。我只能使劲安抚她，让她冷静下来。

我和加里穿过街区，来到拍摄现场，结果发现那里一个人也没有。加里问我："你不会相信邻居说的吧？"我毫无主意，但我肯定有些不好的事情发生了。

正在这时，我们的司机尤金载着苏珊娜来了。苏珊娜向我们解释说，苏联人昨晚入侵了捷克斯洛伐克，剧组所有人现在都待在市区的酒店里。由于苏联的坦克和士兵驻守在布拉格的主要道路上，所以没人能离开。我问她是怎么逃出来的，她指了指尤金，说全靠他有办法。

苏珊娜建议我们去酒店和大部队待在一起。我有点担心，问尤金有没有办法带我们过去。苏珊娜微笑着眨了一下眼睛，竖了竖大拇指。唯一的一个小问题是乘客人数比较多：加里、他的妻子、我、我的妻子和孩子以及苏珊娜。当然，还有一大堆行李。我和加里商量了一下，决定让家属拿着行李跟尤金的车走，我和加里骑摩托车带上苏珊娜。苏珊娜说还有另外一名女翻译要和我们同行。这没问题，她坐加里的摩托车后座就行了。

回到小木屋后，我们简单地解释了一下当下的状况，然后让妻子们尽快收拾行李。等两位女士以创世界纪录的速度收拾好后，我们就向布拉格市区出发了。

我们骑行了大概二三十公里，一路没有任何异常状况。直到我们转过街角，迎面遇上了由两辆坦克和六名全副武装的苏联步兵组成的路障，那些士兵把我们拦了下来。苏珊娜上前与他们讲理去了（她会说八门语言），从她的语气可以听出她很生气。过了一会儿，苏珊娜转过身告诉我们，尽管她向苏联士兵们说明了我们是美国人，是来这里拍电影的，但他们仍不让我们通过。她又转过身去，愤怒地对着一名士兵说了几句。听完之后，那名士兵向我们举起了枪。我们赶紧把苏珊娜劝回来，决定原路返回。

当我倾斜车身转弯时，苏珊娜对着那名士兵啐了一口。我几乎被她这个举动吓出心脏病来了，我甚至感到子弹射过了我的身体。"你在干吗？"我紧张地问道。苏珊娜回答："我恨他们。"我只能评价她的行为是"螳臂当车"。

尤金挑着小巷道走，把我们成功带到了布拉格市区的国际大酒店。酒店的正门停了两辆坦克和两辆载满士兵的卡车。刚一停车，苏珊娜就冲进酒店，跑上了楼。然后，她站在挂着各个社会主义国家国旗的阳台上，大叫道："哈尔，你瞧。"她把苏联的旗帜从旗杆上拔下来，扔到地上。我原以为她会被楼下的士兵们当场枪毙,但结果他们毫不在意。不得不说,苏珊娜真是勇敢得疯狂。

当天,剧组全体工作人员和演员们召开了会议,共同商讨对策,乔治·西格尔、罗伯特·沃恩、本·加扎拉、E. G. 马歇尔和导演约翰·吉勒明等都出席了。布拉格的交通正处于全面封锁阶段,飞机、火车或大巴都无法离城。唯一的办法是借助汽车,但剧组的车辆非常有限。有异想天开的人提议我们无视苏联军队,继续拍摄。我表示自己决不愿意在全副武装、荷枪实弹的苏联军队附近穿着美军戏服发射空包弹。

另一些人提议我们寻求美国大使馆的帮助。但由于电话线路被切断了,大伙又被困在酒店里,这个方案似乎也只能放弃了。然而我和加里觉得,在我们的超级司机尤金的帮助下,再加上苏珊娜给我们翻译,这个方案实施起来应该不成问题。带着大家的祝福,我们赶紧出发了。在路上,我们一遇到坦克或者路障,尤金要么就拐进小巷中,要么就钻进空置的停车场里,或躲进某户人家的停车道上。要是你见过被坦克压扁或推上人行道的汽车,你就不会奇怪为什么我们不与苏联军队正面交锋了。

我们一路化险为夷,来到了美国大使馆。我和加里进去后,发现里面挤满了想要离开布拉格的美国人。等了一会儿,我们终于和那位被各种问题轰炸多时的工作人员说上了话。我们向她说明了需要将70名剧组人员移出布拉格的情况。她告诉我们,在交通工具方面,大使馆无能为力,我们需要自己想办法。我说就算有车,没有汽油也是个大问题。她让我们放心,大使馆有一定储量的汽油,只要弄到交通工具来加油就好了。我们向她致谢后急忙往回赶,再次跨越重重难关回到酒店。

在回去的路上,我和加里想出了一个逃命计划。回去之后,我们告诉剧组工作人员，我和加里先去片场借上一些汽油桶和手动泵。片场平时雇用本地的出租车来接送演员和工作人员，等我们拿到足够的汽油，我们可以让这些合作过的司机们把我们送到奥地利去。一箱油并不够这些出租车开一个来回，所以我们计划额外拉上一卡车汽油，在中途那里供出租车加满油后开回布拉格。

一部分剧组工作人员表示，要是这个计划能保证实施无虞，那肯定是好的。另一部分工作人员则认为计划风险较大。还有一个人提出，大家各自想办法离开布拉格。我和加里都觉得，要是这样决定再省事不过了，毕竟我们都有摩托车。我把孩子和妻子分别安置在摩托车的前后，再等加里搭上自己的妻子，我们就可以上路了。作为沙漠赛车手，只要带上钢丝钳，我和加里有信心能穿小路、过旷野，带自家人脱离险地。

在漫长的讨论和一次投票后，我们的方案被通过了。制片人负责召集出租车，而我和加里则再次带着所有人的祝福出发前往大使馆。在开去片场的路上，尤金再次展现了自己高超的绕路技能，带我们避开了所有的苏联士兵。平安到达后，我们才发现那里一个人也没有，大门也上了链锁。尤金再次给我们带来了惊喜，他从随车工具箱里拿出一把便携钢锯，不消几分钟就把锁链锯开了，我们赶紧往停车场跑去。

我们从停着的卡车里挑了两辆出来。虽然没有车钥匙，但短路点火对我和加里来说都属小菜一碟。想到我们青少年时期没有因这门"手艺"而成为少年犯真是万幸。我们还找来一些空的汽油桶，在每辆卡车的车斗上分别装上十个，幸运的是我们还找到了一个手动泵。加里是个重型机车好手，他给我讲解了一下卡车挡位后，我们就跟随尤金向大使馆出发了。我们找到了上回的那名工作人员，告诉她我们来取汽油。她派一名捷克工作人员领着我们去加油，当那名捷克工作人员看到我们车斗上的汽油桶时，他用标准的英语问我们需要多少。我们回答加满这一批后还有另外一批。尽管非常惊讶，他还是把所有汽油桶都加满了。

在回酒店的路上，我小心翼翼地观察这路上巡逻的坦克。万一其中一辆撞上我们，那我们肯定会被炸得粉身碎骨了。为了赶时间，尤金领着我们穿越布拉格市中心，从苏联士兵的眼皮底下溜过。一个不小心被逮下来的话，我们的下半生估计都要在西伯利亚度过了。雇来的出租车停靠在酒店旁的一条小巷里，刚好不被苏联士兵发现。我们一辆一辆地加油，直到所有出租车的油箱都加满为止。而这时，我和加里的挑战又来临了。我们要再次避过苏联军队的封锁，返回大使馆把汽油桶灌满，好准备出租车回程要用的汽油。

我们终于回到了酒店。这时行李已经装好，大家也分别上了车。捷克当地的出租车车队队长大声让所有司机按顺序排列好，等出租车车队排列好后，尤金让苏珊娜翻译当前的状况：苏联军队已经把车队队长原计划的逃命路径封锁起来了，现在只剩下唯一一条出城的道路。我找到制片人，向他转述了尤金提到的情况。不管其他人选择跟着谁，反正我会跟尤金走。过了一会儿，车队司机们此起彼伏地嚷嚷开了，我带着苏珊娜和制片人来到他们之间，让他们住口。我让苏珊娜翻译，大家将跟着尤金走，所以请迅速上车准备出发。我又转身问制片人是否有异议，他回答说："带路吧，尼达姆。"我正往卡车走着，酒店里一名年轻的女服务员走过来，请求我们带她走。我寻求了家人和加里的意见，他们都同意了。那就走吧。

尤金开车打头，后面跟着两辆装载汽油的卡车，车队浩浩荡荡地出发了。我们绕着布拉格的小路走，终于上了高速公路，一路平安无事。只有一些当地的居民发现了我们的踪迹，他们不惜自发从离高速公路 50 公里远的镇上出来，夹道欢送我们。他们向我们挥手致意，有些甚至还自备了小小的美国国旗。天知道他们是怎么知道我们在路上的，而且他们是怎么弄到美国国旗的呢？

当我们从高速公路转到一条双车道的碎石子路上时，天慢慢黑下来了。继续往前开了 16 公里左右后，我通过翻译问尤金是怎么知道这条小路的。尤金回答，我们所前往的小镇正是他之前带着家人去度假的地方。前段时间，我和加里各给了尤金 200 美元，好让他和家人在度假时手头能宽裕一点，住上酒店，不用在车上或露营过夜。看来这笔钱花到刀刃上了。

当天晚上周围漆黑一片，远方只亮着一盏小灯泡。当我们慢慢驶近时，我发现亮灯的地方是一间警卫员小屋。看到我们的到来，两名卫兵从小屋里面走了出来。这时我才知道我们来到奥地利边境了。尤金和苏珊娜简单地和他们说了几句，转身告诉我说他们是捷克边境的卫兵。这两名年轻卫兵守在这个偏僻的地方，审视着我们的车队。其中一名卫兵向我们走来，而另一名卫兵径直走向车队的末尾。他们从没遇到过这种情况，不知如何应对。于是我们主动交出了手上的文件。当然，那名跟车的女服务员没有任何文件，于是我让妻子把和护照一起收着的电影合同给她拿着。我把护照递给卫兵，分别指了指妻子、儿子和自己，然后给卫兵看了看电影合同，再指了指那名女服务员，同时提醒她保持微笑。

卫兵同意让我们通过，但要求我们将汽车留下。于是尤金把车停在路旁，我们把行李从车上取下来。加里和我把摩托车留给了尤金和苏珊娜。我们和尤金握手拥抱，无言地致谢。我亲了亲苏珊娜，感谢她帮我们实现了整个逃命计划。在分别时刻，我们的眼睛都饱含热泪。

警卫员小屋后面是一片约 500 米的灌木洼地，穿过那片洼地就是奥地利的边境城市格明德了。此时，剧组人员都已下车整理行李，准备奔赴自由了。那是我走过的最远的一段路了，其艰巨程度简直堪比结婚时在教堂走廊上的那段——感觉自己又结了一次婚似的。

格明德四处灯火通明，但路上行人不多。整个市里只有两间宾馆，总共只有八间空房，优先让组里工作人员的家属和小孩入住。其他人就只能想办法凑合凑合了。两间宾馆的工作人员都非常友好，他们让我们在大厅的沙发、椅子、地上，或是任何我们能待的地方休息。我和加里在走廊末端某个房间门口找了个地方睡下。我们静悄悄地将手提包、行李袋和大衣放在地上，充当枕头和被子。当快要进入梦乡时，我们迷迷糊糊地醒了。我睁开眼睛，发现一名穿着睡衣的女士从我们身边经过。她拿出钥匙打开我们旁边的那扇房门，轻手轻脚地走进房间。过了一会儿，她抱出了枕头和毯子，微笑着把它们交给了我和加里。我不得不感叹世界上还是好人多。

我们在格明德待了几天。等外交手续办理完毕，我们就立刻飞回亲爱的美国。我很庆幸大卫·沃尔珀再也没有给我打过电话。当然，这只是句玩笑话。我非常感谢他给我带来了一段难忘的经历。

08

一匹叫派的马，
以及那些我见过的和我养过的马

我和两名合作伙伴建了一个大型马厩，总共养了 250 匹马，供片场拍摄时租赁。我们不仅养了乘用马、骡子、驴子和驮马，还养了杂技马和会表演摔倒或跨栏等大特技的马。另外，我们还添置了各类道具车，公共马车、四轮马车、二轮马车、轻型马车以及牛车等，只要你能想到的我们都一应俱全。

我们马厩的明星是一匹叫派的马，它连着好几年都是詹姆斯·斯图尔特的专属坐骑。派很清楚自己的职责和身份，每当片场响起"开拍"的声音时，它马上就端起架势来了。而且它还学会了在拍摄时将自己的耳朵往前伸。（这是为了拍摄时让马匹更上相。一般在拍摄时，会有专人站在摄影机后方负责打响指或叫那匹马的名字，这时马匹就会自然而然地将耳朵往摄影机的方向伸了。）无论速度快慢，派的步伐都很优雅，骑着它的演员也衬得很上相。而且当你骑着它来到既定的拍摄地点时，你可以放心地松开缰绳，因为派知道什么时候该停下来。它经历了很多爆破场面和枪战场面，从来都能淡定对待。总而言之，派是一名完美的马演员，而且它自己也深知这一点。

斯图尔特的西部片总是离不开派。在他的下一部影片《毕氏二虎》中，我将担任特技统筹和另一名男主演迪安·马丁（Dean Martin）的替身。当然，女主演拉克尔·韦尔奇（Raquel Welch）的替身我就当不了了。在筹备会上，我的老友兼本片导演安迪·麦克拉格伦、制片人和我一起讨论影片的细节条款，其中一条是关于我的薪水的。我觉得他们定价有点低,于是提出了加薪的要求。但他们坚持那个定价,告诉我要么接受要么他们就另觅人选。我当然非常想在这部片子中有所施展,但那时我已经有资格自行挑选工作了。于是我选择放弃,径直向门口走去。我走到门口时,转身说道:"麻烦帮我给斯图尔特带一句,他在这部片子里不能骑派了。"说完我就转身关门走了。我刚走了几步,身后的门打开了,一个声音叫道"快回来"。讨价还价的时候,关键要掌握重要筹码:要么是导演,要么是演员,要么是一匹叫派的马。

当我挑选表演用马的时候,有几点是非常关键的。首先,外貌很重要。正如斯图尔特的专属马派那样,高大健壮、白额白鼻、双蹄踏雪。温顺或性格稍微懒惰的无伤大雅,精力过于充沛或异常敏感的反而是次选。毕竟大多数演员骑术一般,万一马受惊猛地一跳,演员很有可能就会被掀倒在地甚至因此受伤了。另外,当拍摄演员骑马的特写镜头时,马是需要静止待在原地的,活动的只能是马背上的演员,否则摄影师将很难将焦点对上演员。而且当有两个或以上的演员同时出现在镜头里时,要求就更加严格了,马的任何移动都会造成取景器无法同时拍摄到所有演员。

除了马计划外的移动,另一种情况也会导致镜头重拍,那就是马在拍摄过程中大便了。不知道大家有没有留意到,在西部题材的电影或电视剧中,街道上是不会出现马匹粪便的。每当马排泄后,后勤人员会立刻拿出笤帚和簸箕,赶在下一次拍摄前将排泄物打扫干净。想象一下,没有后勤人员的清扫,真实的西部街道铁路和酒吧附近将是什么光景?拍摄期间,制片方每天都会在现场摆上一张桌子。桌子上放满了各种吃食,有三明治、水果、糖果、点心以及各式饮料,现场的工作人员和演员在休息时可自取。这个安排听起来非常贴心,但你猜猜是谁负责摆放这些东西的?没错,就是那名负责清理马粪的后勤人员。

当我们发现一匹有表演潜质的马时，我们就将它带到一个需要二三十匹"龙套马"的拍摄现场，把它安排在里面。通过这样的方式，我们可以观察它在剧组工作人员、摄影机以及现场拍摄氛围等因素影响下的表现。在这之后，我们会让一名技术不错的牛仔骑着它，让它在一天的时间里完成各种各样的测试，包括在工作人员间穿行，在两盏弧光灯之间走动，或是靠近行进中的车辆人群，来观察它是否合格。

我来讲一个小故事吧。一名牛仔打算买一匹马，就问卖家，骑着它的时候我能开枪吗？卖家回答当然啦。于是牛仔就放心地把那匹马买下来了。过了几天，牛仔牵着马回去找卖家，他说自己一开枪，马就受惊把他甩下来了，害得他摔断了手臂。卖家回答："我可没有承诺你能在马背上开多少枪，但起码第一枪是没有问题的。"

我之所以要讲这个故事，是因为在电影中，主人公经常需要在马背上连续开枪。而我们的任务就是确保演员能顺利完成表演，不被马甩下来。在拍摄前，我们会测试好每一匹马。我们先在离马一定距离的地方发射空包弹，然后逐渐缩短距离，终极测试则是骑在马背上开枪。在马背上射击时，我们通常会采取身体前倾，手臂前伸的姿势。这样做的话，枪管就往前伸了15厘米左右，枪口刚好位于马匹头部的正上方。由于开枪的声音会引起马匹耳鸣，我们会在拍摄前，拿棉花将马的耳朵堵上，并减少火药的用量，仅让枪口在开枪时有火花就行，后期制作时再将枪声的音量调大。

人有替身演员，马也不例外。现场的每一匹马都有自己对应的替身。当然，有时候我们需要用颜料来将替身涂成白鼻白蹄，或将替身的白蹄遮盖起来。完成这些"化妆"并不需要有像毕加索那样的高超技艺，因为如果摄影机的拍摄距离近到可以让人看出马匹身上粗糙的涂料痕迹，那大家也一定能看出骑马的是替身演员了。每一场追逐戏中我们都要用到马的替身，这样可以保证马精力充沛，不至于懒散乏力。但过于活跃的马匹也会给拍摄带来问题。一般情况下，当马匹充满活力时，它会倾向于冲到马群的前头。如果你饰演的是一名骑马垫后的民兵，而你热血沸腾的坐骑却拼命要赶到主角的前头，这种情况肯定是要再拍一次的。这样的话不仅惹怒了导演，浪费了时间和金钱，而且还拖慢了拍摄的进度。

如果你现在就认为自己了解马了，那还为时尚早。马要是不愿意被骑，它很有可能一大早就表现出来了。如果当天天气舒爽，它将人甩下的几率就更高了。但天气并不是触发这种状况的唯一因素，任何突发事件都可能使马儿受到惊吓，比如周围人的突然动作、灌木丛里跳出的兔子、枪声或是与从未见过的动物——如骆驼的照面。骆驼的这个问题我一直百思不得其解，也没有遇到过知道答案的牛仔。是因为骆驼的气味吗？骆驼的体味的确很难闻。还是因为骆驼的外形？要么就是马天生懂得远离骆驼，免得被啐上几口？

在拍摄《火爆三兄弟》(*Beau Geste*，1966)时，环球公司在模拟阿拉伯沙漠的沙丘上，建造了一座堡垒。片中，法国外籍军团将在那里和数百名阿拉伯人战斗。拍摄的第一天早晨天气晴好，我团队的替身演员们都挑选好各自要骑的马，在堡垒前的卡车旁边集合。第一个镜头的拍摄内容是士兵们骑着马，排成两列纵队进入堡垒。这个场景还需要将几头骆驼绑在堡垒里面的墙根下作为背景。彩排的时候，特技演员们骑着马飞奔进堡垒，当他们在角落里的骆驼身旁停下来时，骆驼对着马打了个响鼻，还踢了马。这就坏事了，马儿们慌乱四散，纷纷把背上的特技演员甩下来，现场扬起了一阵沙尘。尘埃落定时，只剩下四名特技演员没被甩到地上，不用说，彩排搞砸了。要把受惊跑开的马重新聚集起来并非容易的事情，现场工作人员纷纷找到安全的地方避险，牧马人和特技演员们则抓紧时间安抚受惊的马。我们花了好一会儿工夫，才让马儿们适应了背景里骆驼的存在，但我始终搞不懂为什么马讨厌骆驼。

牛仔之间有一个说法，一个人一辈子只能遇到一匹与自己契合的马。但我非常幸运，同时拥有两匹异常优秀的特技马匹：阿拉莫和土著。大多数情况下，表演摔倒的马只做摔倒的动作，其他特技动作则由剩下的马各自负责。但阿拉莫和土著不同寻常。它们除了摔倒、后肢直立和跳跃外，其他本领也不在话下。

在西部片中，最危险的特技表演要数马镫拖曳了。在这项特技表演中，特技演员先表演中枪的动作，然后从马背上摔下来。与此同时，他的一只脚仍被绳索绑在一边的马镫上。之后，他将被脱缰的马拖着跑，马奔跑的距离一般是四五十米，或是依照导演的要求而定。拍摄之前必做的准备工作，就是将马行进路程上的所有石头、树枝以及任何能在演员头上、背上划个大口子，或将演员撞晕的杂物清理干净。然后演员需要穿上各种护具，包括一件厚厚的皮背心、护肘、护膝以及棒球接球手专用护胫，然后再套上戏服，最后不可缺少的是一双结实的皮手套，万事俱备。但问题来了，当特技演员往后倒下后，马总是将他们甩到其后腿的下方。这时演员的头部就和马后腿蹬腿的位置重合了。为了防止被马踢到，特技演员需要用没被绑住的那只脚，蹬着马的肚子，以保持自己身体和马腿的距离——至少理论上是这样的。

一匹马需要经过长时间的训练，才能适应拖着人奔跑。一般当马将特技演员拽到指定的地点时，演员就要及时拉一下快速解锁的绳子，将脚从马镫上松开。当然，完成这一切动作的前提是，演员摔下马背时没有摔晕，或是在行进过程中没有被马踢到。万一这一步失败了，在马经过指定地点数米后，特技演员还能拉动另一条快速解锁的绳子，将自己连同马鞍一起从马身上脱离开来。如果这一步还是失败的话，特技演员只能指望他的两位好友（最好是有）来救他于水火。这个任务通常会交给骑着最快最好的马的两位牧马人。当意外情况发生时，他们将分别从左右两边快速超过拖着特技演员疾驰的马，在前面拉起绳子，将马绊倒。拍了那么多次西部片，我只遇到过一次需要出动牧马人去拦截马匹的情况。还不算太糟，至少被马拖着跑的人不是我。

阿拉莫和土著都很擅长马镫拖曳。虽然每次拍摄前我们都会做好万全的前期准备，但只要是它们出场，我可以打包票它们只会笔直地往前跑，不需要快速解锁的绳子或随时待命的牧马人。因为阿拉莫和土著是一起长大的好伙伴，相互之间非常默契，所以我们不需要采用过多的安全措施。平时，我将它们两个养在同一间小畜栏里，周围不放其他马。当我需要它们其中的一个往前直走到某个指定地点时，我会让它们先处于相同的起始位置。然后，等导演一喊"开始"，一名工作人员就负责将它们中不出镜的那匹先骑往指定地点，而另一匹将一直目视着自己的伙伴远去。所以当马镫拖曳开拍时，阿拉莫或土著就会笔直地朝前奔去，直到抵达自己好伙伴的身边。

我团队中的替身演员迪克·布洛克（Dick Bullock）有一次要在《无懈可击》中演出马镫拖曳的特技。这场戏的特殊之处在于：四轮马车首尾相连围成一圈，其中一辆马车与前车断开了。土著将拖着迪克，从这个断开的缺口处跳出马车圈，同时，迪克以身体撞断这辆马车的扶手。听起来很难，但对土著和阿拉莫来说只是小菜一碟，这个镜头一条就通过了。

一匹优秀的特技马能帮你赚得盆满钵满。制片方除了要支付马匹的租赁费用，每次马表演时还需向马的主人支付一笔保险费用。我以相同的方式训练阿拉莫和土著，从前肢到后肢，然后训练跳跃和摔倒特技。八个月之后，我才觉得它们能够应对镜头前的表演了。在一次拍摄中，剧本写道：一群士兵躲在原木后射击，对方阵营的士兵骑着马冲锋，而马跳上木堆后摔倒。牧马人们都认为土著面对冒火的枪口时会不敢前进，最多只能在木堆近处停下来，至于摔倒特技也是无法完成的了。但我深知土著会尽量做到我的每一个要求。正式拍摄时，土著冒着炮火前进，跳上了木堆，正好摔倒在预设的地点。土著为自己赢得了信任，而随着它的优异表现的传开，越来越多的剧组愿意雇用它。

我对自己的马非常熟悉，通过观察就能知道它们身体哪里不舒服，这也得益于一位老牧马人与我分享的经验。他告诉我，马儿总会盯着自己不舒服的部位看，肚子疼了，它就会看着自己的肚子；如果马在畜栏里站着的时候突然无故全身冒汗，你就要赶紧让兽医来看看；如果平时和它同厩的马不在了，那马匹将焦躁不安。所以每当我养的马生病或单独待在马厩里时，我就会去畜棚里拿干草铺成床铺，再在上面盖上一层油布，躺在那儿陪着它。我从来不担心马儿会踩到我，在同一个畜棚待上一段时间后，马儿会过来闻一闻我，有时候甚至会咬上几口我的床铺，这就说明它冷静下来了。

当我训练阿拉莫做摔倒特技时，艾琳总在旁边看着。我冲到摔倒地点给阿拉莫下达指示，它就跟着我的动作做。我在地上打几个滚后坐在地上，阿拉莫这时就会走到我的背后，把头靠在我的肩膀上，而我则会轻轻挠它的下巴。艾琳走过来对我说，如果我能这样温柔地对待她的话，也许我们之间的关系就不会那么糟糕了。我没放在心上，不久后我们就离婚了。

我曾经做过的几次最危险的特技表演中，就包括马匹特技，那是发生在电影《小巨人》（Little Big Man，1970）拍摄期间。电影讲述的是卡斯特的最后据点战役[①]的故事，由达斯汀·霍夫曼（Dustin

---

[①] 1876年6月25日，美国陆军中校乔治·阿姆斯特朗·卡斯特率领第七骑兵队在小巨角河攻打由苏族、夏安族以及阿拉帕霍部落组成的印第安人联盟，美国陆军伤亡惨重。

Hoffman）主演，阿瑟·佩恩（Arthur Penn）执导。这份工作是由《携枪走天涯》的第二副导演鲍勃·罗森（Bob Rosen）介绍给我的。在有"导演"二字的各个职衔中，第二副导演是职位最低的，但鲍勃是一个敏锐且有野心的家伙。当《携枪走天涯》完结后，鲍勃已经迅速成长，接到多部电视剧和电影的工作了。后来，哥伦比亚广播公司也开始进军电影行业，而鲍勃正是那时开始成为电影制作部门的负责人，手握人事大权。哥伦比亚广播公司制作的第一批电影中就包括《小巨人》。鲍勃找到了我，让我参与制作，担任片中的特技统筹。

这部电影的特技镜头贯穿始终，不仅是战争场景，其他场景也含有大量的特技表演。除了担任特技统筹，我还是这部戏的B组导演，这就意味着我要导好没有主演参演的其他所有动作戏。而在主演出演的动作戏中，我将协助导演设计动作套路，确保战争戏中演员的安全。因为在拍摄中，战场上将有1000名印第安骑兵和250名装甲骑兵对阵，主演就处于两军对弈的战场中央。

此外，鲍勃还让我找一些拍摄时需要用的马，大概45匹左右。同时，我还要安排好将马匹从加利福尼亚州拉到蒙大拿州的比林斯市，再到加拿大的亚伯达州的卡尔加里市，最后回到加利福尼亚州的货车。但实际的运输路程比原计划要复杂得多。我们在亚伯达州拍摄雪景时，才一周就遭到奇努克风的影响，连绵数公里的积雪在暖风的吹袭下荡然无存。剧组只好先回到好莱坞完成后面的拍摄计划，等待卡尔加里市再次下雪。而这个变故导致卡车拉着马多跑了5000公里。

在等候下雪的时间里，我们在加利福尼亚州完成了我职业生涯中对身体强度要求最大的特技表演。同时演出的，还有曾参与我那一套训练的艾伦·吉布斯（Alan Gibbs），他是一个短小精悍的人，将给达斯汀·霍夫曼当替身。那个高难度场景是这样设计的：达斯汀和新婚妻子坐在一辆由六匹马拉着的公共马车上，突然遭到了印第安人的袭击。马车上的持枪守卫中枪倒地,而胆小的车夫看到此景被吓得松掉了缰绳。疾驰的马车脱缰,印第安人在后面穷追猛打,情况非常危急。这时,吉布斯需要从车厢里爬出来,先坐上驾驶座,然后跳上离自己最近的一匹马的背部。而在这时,由我饰演的印第安人将骑马追上,一跃跳到吉布斯旁边的那匹马上。这还不算什么,我们要做的下一个动作才是有生命危险的。

首先,吉布斯从马背上站起来,跳到他前方的那匹马上,而我则紧随其后。问题来了:我们两个都需要在疾驰的马背上立定跳4米远,然后落在另一匹疾驰的马背上。

当佩恩拍摄我的特写时,他要求我做出乐在其中的表情,这真是对我演技的极大挑战。我们需要重复马背上的跳跃,直到跳上拉车马队的最前头,这也就意味着我们要再做一次这种超人般的跳远。万一失足,从我们身上压过去的可能是两匹、四匹或六匹马以及一辆重达两吨的公共马车,这就取决于我们到哪一步摔倒了。

佩恩先在车夫的角度架设机位,拍摄了一组镜头。然后他又从前往后拍摄,将马车、飞奔的马和两个不要命的傻瓜——我和吉布斯一起收进镜头。最后一个机位是摄影车从马车的侧面跟拍。

吉布斯和我将这些动作重来了13遍。虽然这一组镜头的拍摄两天就完成了,但我们前期共花了3个月的时间来训练演出要用的马匹。我手下那些做重活的马绝大多数从来没有被骑过,更不用说在全速奔跑又拉着马车的过程中,突然有一个80千克重的人落在它们背上了。因此我们首先要训练它们适应马背上驮着人。马在拉车时都戴着眼罩,因此它们全然不知我们什么时候将跳到它们背上。这种冲击很有可能导致它们倒退、摔倒,甚至把马车或整个车队都拉倒。

在训练时,我和吉布斯都站在马车连接处,由比利·伯顿(Billy Burton)负责赶车。比利是我们行业中技术最好的牛仔,赶着六匹马拉着的公共马车,气定神闲。整个训练循序渐进地进行。最初,我和吉布斯只是用手拍打马背,等马适应后开始坐到马背上,接着再逐渐加大落在马背上的力度,最终完成了场景所需的特技训练。尽管如此,我们还是无法保证万无一失,毕竟马的意识是不由我们控制的。

说到意外,之前在拍摄公共马车镜头时就发生过一次。马车当时正以非常快的速度转弯,突然就翻倒了。这个时候一名饰演印第安人的特技演员正好站在马车外面的护栏上,头和肩膀从马车的窗户伸了进去。万幸的是他在马车翻倒前及时地将头缩了回来,仅仅差几米就被马车砸到了。当时车里还有四名特技演员,他们大体还好,身上只有几处瘀青。佩恩觉得翻车的镜头非常惊险,于是就保留在整片里了。

训练时间长达3个月,除了因为训练难度较大,还因为我们要同时训练18匹马。每当一批马完成一次完整的特技动作后,防止虐待动物协会的工作人员就会监督我们安排那一批马休息。为了防止浪费拍摄时间,我们会换另一批马再拍一次。当我们用完第三批马时,第一批马正好休息完毕能够再次上场。

为了让大家对我们工作的难度有更具体的感受,我再透露一下《小巨人》中的重头戏——小巨角河战役现场的动作戏设计。试着想象一下,让1000名印第安骑兵和250名美军装甲骑兵在现场有条不紊地行进,是一项怎样艰巨的任务。

剧本写道:当卡斯特的部队被歼灭后,其余人员分成小队四散逃亡。于是我安排饰演美军装甲骑兵的演员们以小组为单位,指定他们的逃跑路线。然后我再让饰演印第安骑兵的演员们分成对应的小组,追赶美军装甲骑兵。向现场所有演员讲了一遍戏后,我开拍了。负责扮演卡斯特替身的特技演员罗伊·克拉克(Roy Clark)身边突然围起了一堆印第安骑兵,他们似乎想将他碎尸万段。只有少部分的印第安骑兵去追赶美军装甲骑兵,其余的都奋起攻打卡斯特和他身边的部下。

这个镜头拍摄结束后，罗伊反映周围的印第安骑兵拿着战斧、棍子或一切他们能找到的工具，对他进行无休止的攻击，他好不容易才逃出生天。他的确被打得很惨。由于刚才拍摄的那一条素材无法使用，我想出了另外一个主意（顺便一提，片中饰演印第安骑兵的演员的确是印第安人，也许他们想趁这个机会向卡斯特报仇吧）。

于是我这样安排：我和另外十名特技演员化妆成印第安人，再让这十人当中的一个，领着一队100人的印第安骑兵停留在30米以外的地方。这队印第安骑兵将由我的手下带领，而我的手下是熟知现场走位的。按照同样的方法，我将剩余的印第安骑兵分由各个手下带领，这样的安排就让罗伊放心了，因为他只需要与其中的100名打斗就行。之后，拍摄非常顺利，佩恩和我都很满意，更不用说罗伊了。

在另一个场景中，一部分印第安骑兵将全速骑马过河追赶卡斯特的部下们。河水只有30厘米深，因此不会阻碍印第安骑兵的前进。但河流的中间有一部分深达1.5米，范围大约为25米长，9米宽。如果马蹄踩进那处深洞，他们很可能连人带马摔倒。拍摄前我让印第安骑兵们聚在一起，告诉那些将从该区域经过的骑兵注意安全，谨防坠马。结果他们都不以为然，对自己的骑术自信满满，用不屑和嘘声回应了我的忠告。

眼看如此，我暗暗计划，万一发生了坠马事故，我也要好好拍下来。这个场景总共安排了四个机位：两个放置在河对岸拍摄大全景，两个负责拍摄河面上的特写镜头。印第安骑兵已经四人一排，整装待发，随着我一声令下，拍摄开始。当他们来到河床深陷的区域时，根本没有人想到要从旁边绕开。当第一排骑兵的马蹄陷进深洞里后，他们立刻摔得人仰马翻。尽管他们落水后立刻想奋力爬起，但后面的三排骑兵没有因此而放慢速度，仍然朝前面深陷的河床冲去。

要是能预估到这个镜头的危险性，我肯定不会如此设计。不幸中的大幸是落水的印第安人除了轻微的擦伤和瘀伤外，其余都安然无恙。也许在拍摄的前一晚他们好好地跳舞祈祷过吧。等这个镜头拍摄完成后，他们放声大笑、肆意庆祝了半个小时。真是个令人难忘的镜头！

当我们拍摄战争场景时，我总要提醒这帮印第安人，千万不要对着其他人的头部射箭。尽管箭头是用橡胶做的，但射中时仍会对人体造成一定程度的伤害。而且拍摄时一堆箭在空中乱飞，在摄影机里根本看不出射击部位的差别。可是他们再次对我的话置若罔闻。每次一开拍，他们就疯狂地对着马射击，想让马受惊，将马背上的人摔下来。如果他们觉得这样做也不够有趣，就会转而对着其他人射击，然后在停机后开怀大笑。

由于他们不听劝告，意外再次发生了。有一次我们停机后，所有的特技演员都骑着马往一位躺在地上的人赶去。过了一会儿，对讲机传来消息：我的一名优秀的手下加里·库姆斯（Gary Combs）眼睛中箭了。停在现场的救护车赶紧将他送往医院，但不幸的是，医生诊断他中箭的那只眼睛将永远失明。

每天早晨开拍前，这些印第安人都会让化妆师在距离拍摄现场1.6公里外的地方给他们身上、脸上涂上油彩。妆毕，他们将骑着马从小巨角战役纪念馆前面经过。小巨角战役纪念馆有一个阳台，供游客站在那里俯瞰当年战场的遗迹和卡斯特部队的墓石。每天，这1000名印第安人都会骑马在数十名游客眼皮底下经过。游客们误以为这是博物馆安排的每日保留表演，非常惊喜，并对印第安人们身上逼真的化妆赞叹不已。我们团队的特技演员们从来不多说什么，就让游客们那样以为好了。

《小巨人》获得了巨大的成功，跻身最顶尖影片的行列。而且它创造了电脑特技出现前，单部影片中出现最多骑兵的记录。后来随着电脑特技的发展，大场面的完成轻松了很多，现场只需拍上100人，后期就能做出 5000 人的效果了。

后来，厄运再次降临了《小巨人》剧组。阿瑟·佩恩想在马背跳跃的那场戏中增加一个镜头，让我骑着土著追过那辆公共马车，我将从山顶上，朝架设在山脚的摄影机冲去。我正骑着土著全速前进，突然之间我感觉自己飞在了空中，然后狠狠地砸到地上，翻滚了几下才停下来。等我回头看去时，发现土著正从山上翻滚下来，它刚才踩到地鼠洞里了。我赶紧跳起来朝它跑去。它奋力想要站起来，但无奈腿已经骨折了。我只能抱着土著躺下，尽力安抚它。

慢慢地，现场的牧马人和特技演员都聚到我们身边来。他们让我先尽量让土著安静下来，过一会儿兽医就能赶到将它人道毁灭了。他们还善意地提醒我，如果不是由兽医诊断土著腿部骨折，并由他来执行人道毁灭的话，我将无法得到保险赔偿。兽医起码要一个小时后才能完成整个流程，但我不忍看土著再痛苦一刻。我问道具管理员有没有手枪和实弹，他回答说没有。比利·伯顿说他正好有一把，我让他赶紧去取过来。他取来手枪，将它交到我的手上。尽管我无法忍受看着土著承受痛苦，但我更无法亲手扣动扳机送它一程。于是我又将手枪交还给伯顿，请求他代劳，然后转身走开了。几秒钟后，枪声响起。我顿住脚步，站在原地号啕大哭，全然不顾周围围观的工作人员。所谓男儿有泪不轻弹，只因未到伤心处啊。

阿拉莫退休后，在一处牧场安享晚年，直到自然死亡。一生中能拥有阿拉莫和土著两匹良驹，我始终深感荣幸。后来，与土著合作过的特技演员们共同送给我一座青铜纪念杯，上书致辞"独一无二的土著"。

— 09 —

你想效果，我出方案

很多人都知道,当导演想出一些不切实际的特技镜头设计时,我总是会毫不顾忌地质疑他们,而且总能提出一些安全又更有看头的替换方案。有一次,我们在环球公司的摄影棚拍摄一部电视剧中的"二战"场面,我饰演的德国士兵将被一枚坦克炮弹击中。特效组按动触发爆炸的按钮,与此同时我将跳起来落到离爆炸两米外的着陆垫处,模拟被炮弹击中的效果。当时空气压力机还没有发明,不然这一系列的动作就能变得简单多了。

摄影机开机后,我按照原计划在爆炸的同时立即起跳,落在着陆垫上。然而,爆炸比预计的要来得迅猛。我过去对特效组的工作人员说:"伙计,我觉得你的火药有点过量了。"他说那就是导演要求的效果。我听了之后回答没有问题,但需要将我的着陆垫再往远处挪一点。我向他展示了被烧焦的头发和被燎掉的眉毛后,转身走开了。

过了一会儿,导演过来对我说刚才那个镜头要重来一次。他希望将爆炸的规模变成刚才的三倍大,并且希望爆炸发生后我能飞到半空之中,营造更逼真的被炸飞的效果。听完以后,我把头盔取下来,盖在了导演的头上。

"我们换一换吧。你来演,我来负责坐着喊开拍。"我说。

现场的工作人员都笑了。导演明显感到很尴尬,回答说:"好吧,有事好商量。那你说说该怎么做才能拍好?"

我回答道:"很简单。在爆炸点对面的地上先埋设一个弹簧垫(大概 1 米见方，40 厘米厚），当特技演员跳到垫上时，按下触发爆炸的按钮。在爆炸火光升起的一瞬间刚好能将演员挡住，这个时间虽然极短，但也足够弹簧垫将他弹上空中。下一幕你就能看到预期中的演员头朝下飞在空中的效果了。"

  导演很奇怪为什么我在陈述解决方案时，一直用的是"特技演员"而不是"我"。我坦白告诉他，我的朋友龙尼·朗德尔做得比我更好。龙尼矫健敏捷，蒙着眼睛都能完成这一类的特技。导演别无选择，只好让我布置好现场，准备重拍。特效组的工作人员又重新装填了大量的炸药，但我这次毫不担心，因为龙尼等下起跳的地方绝对是爆炸的安全距离。

  导演喊"开拍"后，龙尼迅速到位，跳上了弹簧垫。特效组的工作人员立刻按下按钮触发爆炸。就在心跳一下那么短的时间里，龙尼的身影就消失在了爆炸的火光之后。再次看到他时，他已经头下脚上飞在空中了。然后随着砰的一声，龙尼落到了地面上。而从镜头里看，恰恰就是龙尼被炸飞的效果。停机后，导演上前来询问龙尼的情况，并且高兴地告诉他整个表演都非常完美。有一次，某部电视节目要拍摄汽车追逐戏——常规的好人追坏人的戏码。拍摄时，开车的所有人都由特技演员或特约演员来替代。并且在正式拍摄前我们会进行多次彩排，以确保每个人都清楚自己的职责。这次我又遇到了一个异想天开的导演，他希望我能悄悄地在真实的情况下完成特技表演。一般情况下，在拍摄汽车追逐戏前，我们都会请休班警员帮忙封锁交通，控制拍摄街道的车流量，这是一种有效的办法。但这位导演希望在坏人的车里架设一部摄影机，而饰演坏人的我则要在夜晚无交通管制的正常街道上，像个疯子一样飙车。导演设想我开着快车，光影快速交替投射到我的脸上，一定会异常刺激，给人耳目一新的感觉。而我能想到的"新颖"之处是万一出了什么意外，我就要乖乖坐牢去了。虽然对我来说，在洛杉矶超速驾驶已经不是什么新鲜事了，我也因此收到了一大堆罚单，但我还是认为导演的想法太不理性了。而且我敢肯定，要是制片方知道了他的打算也会大发雷霆的。

我和这位导演合作了很长一段时间，他的每一部戏都找我参演，让我的年收入增加了不少，所以我决定全力配合他，当然，是用我的方案。等跟车摄影机架设好后，我提议导演跟着我走一趟，看看我选的那些飙车路段。一上路，我就开启摄影机，猛踩油门快速前进。我冲上马路牙子，在小巷里疾驰，漂移着转弯。看到如此阵势，导演大声呼喊："当心！快停下来！素材够了！"

我心想，到了该停的时候我自然会停下来。这会儿估计至少有六辆巡逻车在搜寻一个疯狂的司机了。我一直加速开到摄影棚的门口，才把车稳当地停好。

惊魂未定的导演冲我喊道："尼达姆，你这个疯子！"

我回答说："这我知道。但你也向我提出了一个我听到过的最不靠谱的拍摄方案。如果真按你说的做，我有可能因此入狱，行人可能因此受伤，制片方可能因此被告，而咱俩也极有可能声名扫地。"

导演回想了一下刚才发生的一切，他决定不将一路上拍摄的原素材交给制片方，否则我们都要另寻高就了。而且，他还要求我保证绝不将那天晚上发生的事情透露给任何人。我肯定不会说啦。

在由查尔顿·赫斯顿（Charlton Heston）主演的电影《战神》（*The War Lord*，1965）一片中，我的朋友理查德·布恩也有参演，而我在其中担任他的替身。在一场戏中，布恩要从15米的城墙上，沿着绳索滑落到护城河里。开拍前，我询问导演富兰克林·J·沙夫纳（Franklin J. Schaffner），他要多快的游绳速度，他让我按最快的速度来做。我告诉他，我能滑得非常快，也许会太快了。但他还是回答越快越好。于是我跨进了隐藏在戏服底下的瑞士鞍座[①]——用尼龙绳编成环状，套在身上，然后我再将速降挂钩挂在鞍座上。在速降时，挂钩就会将鞍座从我衣服底下拉出来。最后，我将挂钩绕在速降绳上，一切就准备就绪了。

导演一喊"开拍"，我就从城墙上一跃而起，头朝下自由落体到距离护城河水面约3米的距离。这时，我才用挂钩减缓下降速度，好让身体倒转过来，脚先落水。导演和现场的一些工作人员都以为速降绳断了，当中的一些女性工作人员甚至被吓得尖叫了起来。整个速降过程只花了三四秒而已。

导演质疑我为什么那样做。我回答那就是我以最快速度速降的方式。摄影机操机员报告说，镜头效果不太理想。我下降速度太快了，他根本就没拍上。导演也完全没有预料到我的速度那么快。虽然之前我已经提醒过他了。

导演让我以放慢很多很多的速度重来一遍，并且强调不要再头朝下落下来了。这次我按他的要求做到了，同时我也用行动告诉了导演：告诉我你期望的镜头效果就好，我来设计实施方案。

多亏那次让人印象深刻的速降，我又获得了很多新的工作机会。从来没有人能做到头朝下自由落体，然后又能在离地面极短的距离内稳当停住。而没过多久，几乎业内所有的特技演员都开始锤炼自己的速降技巧了。在《战神》后面的拍摄当中，每当我要做特技表演时，沙夫纳都会过来问这次我会做多快，即使那个镜头的动作对速度没有要求。而每次我都会反问："你想要多快？"

我的老朋友鲍勃·罗森出任了《法国贩毒网2》(*French Connection*

[①] 速降时用绳子捆成的环状安全绳，能在降落后快速解脱。

II，1975）的制片人，他邀请我担任该片的特技统筹和 B 组导演。导演由曾经执导《满洲候选人》(*The Manchurian Candidate*，1962）的约翰·弗兰肯海默（John Frankenheimer）担任。片中特技镜头和 B 组镜头不少，于是我就加入了。当我到达法国马赛，做好打一场硬战的准备时，完全没有想到这场"战斗"的对战方是导演和法国当地的工作人员。

在法国拍摄期间，我每天往返片场都没有固定的车辆和同车人员。由于语言不通，他们说的话我一句也听不懂。虽然大部分工作人员都会说英语，但他们几乎一句都不说，所以我在班车上与其他人毫无交流。某天早晨，工作人员让我当晚七点赶到一家剧场，参加样片审查播映。我六点一刻就到工作人员下榻的酒店大堂候着，一直等到播映开始都没有人开车来接我。等到七点一刻时，前台接到一个找我的电话，电话那头责问我为什么没有去剧场参加样片播映。我回答自己已经在大堂等了一个小时了，但始终没有等到来接我的人。那边回答让我再等一会儿，车马上就到了。果不其然。

我是最后一个到达剧场的。弗兰肯海默大发雷霆，问我怎么不自己搭出租车来。我回答说原因有两个：第一，制片方有义务派车接送剧组的主创人员；第二，作为一个不懂法语的人，我无法评估独自搭出租车的风险。他一言不发，气呼呼地回到自己的座位上。我们就开始观看样片了。

第二天，我向鲍勃提议给我配一个翻译，同时配一辆车，好解决当前的问题，鲍勃答应了。从那天开始，我就和一位 30 岁左右的女士同车往返片场或去样片展映的剧场。第一天的时候她就将对我的不喜欢写在脸上，然而厌恶之情总是相互的。我问她到底怎么回事，她反问我，为什么我这样的人能自己坐一辆车，而他们全法国最优秀的摄影师要和另外两个同事同车上下班呢？听到后，我决定逗逗她。我开玩笑道，首先，我的工作比摄影师的更重要（当然事实并非如此）；其次，我的经纪公司比他的更给力。我的回答很显然激怒了她，在后来的路程上她一句话都不跟我说了。

来到片场后，她跑到摄影师身边用法语叽里咕噜说了一通。我让她说英语好让我也听得懂，不料她变得更愤怒了。我一下就明白了，她正跟摄影师复述我在车上的玩笑话。结果摄影师也不高兴了。天哪，我怎么敢真的那样想呢？这些话在片场快速传开了，不久后除了关于拍摄上的事情，现场所有工作人员都不跟我说话了。

星期六那天，我要完成一个很有难度的特技表演。我将替身片中的一位反派人物，从一辆高速行驶的厢式货车仓里逃出。当货仓两边巨大的推拉门关上后，其他工作人员会将货车立刻截停，然后我将因惯性被往前甩，砸破前挡风玻璃，摔倒在鹅卵石街道上。我们在美国拍摄类似的镜头时，都会使用糖化玻璃来替代真玻璃，防止演员受伤。但法国这边，他们却使用一种薄而脆的粗加工玻璃。这种玻璃破碎后不像糖化玻璃那样会碎成粉末，而是会裂成长而尖锐的块状。在这个镜头中，由于机位架设的问题，路面上铺设的任何垫子都会被摄影机拍到，所以我要直接摔到鹅卵石路面上。当天我们都到片场后，法国方的工作人员召开了一个会议。散会后他们通知我说当天的工作到此为止了。我感到很奇怪，他们解释说法国这边的公会规定周六开始放假，因此我的特技镜头将会延迟到周一再拍摄，除非全剧组的工作人员都投票通过，否则他们周六中午12点后将不会继续工作了。这就是他们报复的手段：告诉我一项艰巨的任务，然后让我提心吊胆上一天半的时间。现在轮到我不高兴了。

周六晚上，组里的主演和主创人员都获邀出席摄影师举行的鸡尾酒会。我想他肯定搞错了，不然怎么也把我给请上了呢。几杯酒下肚后，我斗胆对摄影师说："早晨那会儿现场的工作人员，尤其是我，都准备就绪了,那时候才取消拍摄不太好吧,起码这种情况在美国是铁定不会发生的。"他回答说:"你们美国人太贪财了。"说完他大手一挥,向我示意客厅的全景,心满意足地补充道:"生活如此美好,夫复何求。"

他既然这样说,我也毫不客气了:"这样说的话,倒是可以变得更美好。首先,在窗户那里装上防蚊纱窗。"我一边说一边解开外套的扣子,向他展示自己被汗湿的衬衣,继续说道,"然后再装个空调。"我还提到刚去过的洗手间,尺寸稍嫌迷你。"如果洗手间足够宽敞,那宾客们就不用跑到外头来把拉链拉上了。"听完我这些话,唯一笑出声来的是一名德国演员,我估计他也不幸被法国工作人员列上黑名单了。

周一早晨,我出色地完成了那个艰巨的特技表演,但现场无人喝彩。

接下来的几天里,他们都在街上拍摄夜景,没我什么事情,但我还是待在现场不敢离开。因为我知道那帮法国人一发现我不在,就会假装提起我来,然后导演就会发现我擅自离开了。离拍摄地不远处有一个酒吧,我问翻译是否有兴趣共进一杯,没想到她竟然接受了我的邀请。酒过三巡,她逐渐放下心防。估摸这会儿可以问她为什么这么讨厌我了,抑或是她对所有美国人都反感?这个问题一下就撬开了她的话匣子。

她回答说:"首先,美国人自大得让人生厌。他们总是自视甚高,觉得全世界都欠了他们似的。"对于她的后半句我倒是非常认同,世界上很多国家的确欠了美国不少人情,尤其是法国。至少在短短50年里,美国就两次拯救法国人民于水火之中。我回话说:"要不是多亏了美国人,你们现在都在说德语了。"

她生气地反驳道:"要是你们美国人真的那么能干,为什么'二战'开始了那么久才出兵帮助法国?"

我大声回应说:"我们不是来帮助你们,而是来拯救你们的。这项工程非常庞大,所以我们需要充足的时间来建造国防工厂,整编并训练军队,与日本人做斗争,然后再横跨世界上最大的大洋,从天而降来到你们面前。当然,要是维希①就在我们本土的话,这个进程倒是可以加快不少。"

翻译女士听完我的话后,怒泼了我一杯酒,转身跑了出去,申请从此和特技组一起工作。不错,我再也不用忍受她那端着架子的法国式傲慢了,从那天晚上起她再也没有跟我说过话。

如果你去过法国或看过法国影片,你就能观察到一个有意思的现象:街道两侧的人行道被各家咖啡馆摆出的桌椅占据着,行人和汽车都是走在路面上的。剧本中安排了这样一场戏:主演吉恩·哈克曼(Gene Hackman)跑步追逐反派。中午的时候,人们都在马赛街头的露天咖啡座吃午饭,我灵机一动,想到了如何设计这场戏。我将戴着绑着摄影机的头盔追逐前面的演员,在追赶过程中,我们将跳上露天咖啡桌,将沿途的服务员、顾客们撞到。而且这是在顾客、店主和警察都不知情的情况下完成的,肯定很有意思。

我将这个主意告诉了弗兰肯海默,商量好后我们就准备开拍了。我们藏在货车的车斗里到达现场,尽量保持低调。等到时机合适时,我们就从车斗里跳出去开始拍摄。等跑到街道的另一头时,我们赶紧跳上另一辆接应我们快速离开的货车车斗。这场戏试映效果很好,我不禁感叹自己想出了一个绝妙的主意,片子中顾客们真情流露出的惊讶是最好的演员也演不出来的。然而,弗兰肯海默就不这样认为。他把我拉到一边,告诉我将不再担任 B 组导演了。好吧,那我也可以离开这个鬼地方了。但罗森希望我能继续担任特技统筹,看在我们交情的份上,我答应了。

---

① 法国中部城市,第二次世界大战时期法国傀儡政府的首都。

没错，我在法国的时光很不愉快。有一天，哈克曼和弗兰肯海默在现场出现了分歧。哈克曼的某句话激怒了弗兰肯海默，他们的讨论慢慢变成了争论。于是导演问我，如果有人这样对我说话，我会怎么做。也许他已经忘了，但我还记着几天前他刚解雇了我。我心想，哈哈，报仇的机会来了。哈克曼是一个非常强壮的人，估计一拳就能把弗兰肯海默揍扁。于是我回答，去给他的屁股一拳。我的计划没有成功。但我也不能埋怨弗兰肯海默没听我的。毕竟连我也惧惮哈克曼的拳头。

我从来不是一个墨守成规的人。在我参加电视剧《四轮马车队》（Wagon Train）的制作时，我们需要拍摄一个马上打斗的场景。打斗中失利的一方，也就是我将被击中，受伤坠马。按照常规做法，特效组和服装组的工作人员会先让我穿上一件笨重的皮背心，然后在背心背部的中心位置绑上一根缆绳，缆绳的另一头绑在一棵树上。接着，我再在背心外面穿上全套的骑士盔甲。当骑马全速向对方冲去时，大概过个30米的距离，缆绳就被绷紧了。马继续往前跑，而我则猛地被拉住，仰面摔倒在地。倒地时盔甲发出的噪声，就像是一个装着小石子的罐头摇晃的声音。更不幸的是，倒地时头盔整个转了180度，把我的鼻子撞坏了。虽然视线被头盔挡住，但我还是能感觉到鼻血喷涌而出。当他们好不容易把头盔从我头上拔下来后，我告诉他们，要是以后他们还是按这样的方法来拍，那就别叫我了。

他们的做法显然有两个问题。第一，他们选择将缆绳绑在大树、大石块、大卡车或任何不会被拉动的物体上，但固定的位置太挨近地面了。所以一旦绳子绷紧将人往后拽，人总是脚朝上往后摔倒，头或肩膀先着地；第二，他们选择的是完全没有弹性的缆绳。

这个镜头刚拍了一条，我就伤得好像和拳王泰森打了好几个回合一样——两个熊猫眼底下是一个流着血的鼻子。在等伤愈的时间里，我开始了思考。后来，我设计出了一种装置，专门用于拍摄演员在快速移动的物体，如奔跑的马或疾驰的摩托车上，突然停止或被撞倒的镜头，它能使特技演员避免不必要的伤害。它的设计也不复杂：一根缆绳的后方连着四根蹦极橡皮筋。当缆绳绷紧后，蹦极橡皮筋还能再伸长一两米，因此使用的人完全不会有被猛地往后拽的感觉。而这个设计的另一个特点是，缆绳的另一头被固定在五六米的高处，缆绳绷紧时将把人从马鞍上往上提起，然后让人能用屁股着地。在这个装置发明一个月后，行内的特技演员们几乎每人都备了一套，他们将这种装置命名为"尼达姆棘轮"。尽管这种解决方案不是常规做法，但自其面世以来就沿用至今。

当我做高台坠落的特技表演着陆后，很多次都窒息晕了过去，这是因为当时人们都用纸皮箱加垫子来做保护垫，但我总相信凡事都有更好的解决方案。某天下午，我和艾伦·吉布斯一起去逛一个运动器材展。当来到撑竿跳高用品展示区时，我们留意到一种为撑竿跳高运动员而设的新型着陆垫。跟传统的泡沫塑料垫不同，这种垫子是用气囊制成的。运动员从高处落下时会先陷入垫子里，过了一会儿，垫子重新充满气后又会将运动员推上来。

我一下来了兴趣，特别想知道到底这种垫子最多能承受多高的物体下落造成的冲击，制造商告诉我大概在 7.5 米左右。我又问他："15 米的话有没有问题呢？"制造商疑惑了，没有人能撑竿跳到那么高吧。我向他说明了我们的工作内容，又解释了现用着陆垫的种种弊端，然后问他能否制造出更大的气囊着陆垫。他回答说制造是没有问题的，但能否正常发挥功效就是未知数了。我告诉他只管负责制造，不需要负责安全问题，然后现场就下了订单，让他做一个 12 乘 10 米的垫子，我们测试完毕后将告诉他结果。

几周后，气囊垫子顺利出厂了。我找了差不多十个朋友一起把它展开，立即充上气。等充满气后，垫子几乎变得有 1.5 米厚了。我问谁想先试一试，结果大家都沉默了。于是我们决定先往垫子上扔重物看效果如何。首先，我们往垫子上扔了一袋水泥，一切正常。然后，我们从 7.5 米的高度往下扔了一捆 90 千克重的干草，垫子仍起作用。我们还爬上垫子，看到那一捆干草已经将垫子压到距离地面非常近的距离了。我们又试验了几次后，大家渐渐胆大了，决定亲自试一下人落下时会将垫子压得多扁。有一个人先爬上了谷仓中高达 7.5 米的干草垛上方，跳了下来。我们爬上垫子观察一番，估计他距离地面大概还有 45 厘米左右。根据这种情况，我们猜测人如果从 12 到 15 米之间的高度落下来的话，肯定就会把垫子压扁，砸到地面上了。

我们开始怀疑这种气囊垫子的实际功用，但有一位特技演员愿意爬到 9 米的高度再尝试一次。等他落在垫子上时，趴在垫子上观察的人们发现，他距离地面的距离仍然是 45 厘米左右，没有太大变化。我们不明所以，于是他爬到 10 米的高度又跳了一次，结果和前两次完全相同。我们看到这样的情况都非常高兴，于是起跳高度越来越高，直到所有人都尝试过从 15 米的高度跳下来。大家都不太确定为什么更大的冲击力并没有将垫子压得更扁，但气囊压缩后形成的一层空气垫的确很好地保护了我们的身体。而当我们把高度提升到 18 米时，垫子的冲击力明显增大了。

测试完毕后，我打电话给气囊垫子的制造商，向他咨询垫子的原理。他解释一通后我还是没听明白，但有一点我记住了，如果我们需要从更高的地方往下跳，那我们将需要更大的垫子。于是我又加订了一个 15 乘 15 米，充气后高达 2 米的垫子。当这个更大的垫子送到后，我们找到一栋带有室外消防楼梯的老式公寓楼来进行测试，这样我们就可以逐层提高降落高度，最高可达 27 米。新垫子同样好用，我们在降落后完全没有受冲击的窒息感。而这种气囊垫子从那以后替代了传统安全垫，沿用至今。

后来，新一代年轻勇敢的特技演员们在更大的气囊垫子的帮助下，挑战了更高的高度，完成了更完美的高台坠落表演。当我执导《卖命生涯》时，一名特技演员从 75 米高空中的直升机上，往下跳到气囊垫子上，刷新了高台坠落高度的记录。幸好我是该片的导演，对于这些特技不用亲自上阵，毕竟当时的我已经吃不消那样的高度了。

大多数人都恐高，每当我要从高楼或悬崖边的石头往下跳前，我都会让导演助理给我指示起跳位置，因为他是负责和特技演员商谈表演费用的人。我会和他们走到高处的边缘，询问他想要的坠落效果，是面朝下还是背朝下，在空中要模拟哪些被炮火击中后的动作。从他站离边缘的远近，我就可以看出他有多恐高。

从低处往高处看，坠落的距离似乎并不长；但站在高处看低处时，情况就完全不同了。一个身高一米八的人抬头往上看时，总体高度要减去他的身高。而当他在高处往下看时，总体高度就要加上他的身高了。所以让导演助理站在高处边缘一边看着底下，一边与他商讨表演费用再合适不过了。他站得离边缘越远，说明他越恐高，而你的价码可以叫得更高。

还记得我提到过的空气压缩弹簧吗？在过去，如果要拍摄战场中人们被炮火击中，飞到空中的场景，我们需要先在地上埋设一个爆炸装置，等到特技演员靠近爆炸点时，工作人员会按下爆炸开关，而特技演员则同时奋力一跃，模拟被炮火击中的情形，这也是一种长期以来大家惯用的方法。但我的脑筋再次开动起来了。我向我的工程师朋友比尔·弗雷德里克寻求帮助，比尔是个自学成才的高手，每次我有了新的点子总去找他咨询，让他帮我把想法做成实物。这次我让他帮忙设计一种装置，可以把人抛到空中，看起来就像是因为爆炸飞到空中一样。很快，他就做出了一个方形的装置，这个 10 厘米高的小玩意儿就是我说的空气压缩弹簧。由于体积小，所以它能很好地隐藏起来，不容易穿帮。空气压缩弹簧的表面是一块平坦的金属板，金属板的一边用铰链拧起来，上方设有一个触发装置。当人们踩到它的上面时，弹簧内部的压缩空气将通过一个阀门释放出来，推动金属板，将人弹上空中。空气压力越大，推动力越强。

有了空气压缩弹簧后，撞车戏也变得简单了。只要将它放在撞车点的路面上，然后让演员和汽车靠近，在汽车快要碰到演员的时候，演员快速踩到弹簧上，根据空气压力的大小，演员就会被弹到引擎盖或者弹过整辆车了，而且效果非常逼真。

我不确定促使我想出这些发明的是我的聪明才智，还是想减少同行受到伤害的愿望，也许是后者吧。在我的职业生涯中，我经受了56次骨折，背部严重受伤两次，一侧肺部被刺穿过，撞掉了几颗牙齿，而瘀伤、擦伤和扭伤更是数不胜数。我总是想尽办法兼顾特技镜头的客观性和安全性，同时保证获得更大的视觉冲击力。可喜的是，当今特技演员们也都还遵循着这样的工作思路。

我一直孜孜不倦地寻找能提高工作效率、改善工作效果的器材，工欲善其事，必先利其器。后来，我注意到摄影车是非常值得关注的一环。摄影车是用于拍摄外景追逐戏中必须用到的工具，追逐的对象可以是小汽车、摩托车、马匹等任何移动的物体，甚至可以是快速奔跑的人。

过去，摄影车由皮卡改造而成。将车斗的地板掀掉后，架上水平安装上钻石型的金属框架，然后在四周围上金属管制成的栏杆，用于架设拍摄时要用到的各种灯。车上还载有一个小型但噪音很大的发电机，由于噪声的干扰，录音师根本没办法在车上录制同期声。这种设计堪称石器时代的产物，但无奈我们行业要拍摄追逐戏时，就只有这一种工具可供使用。

拍摄外景时通常还会用起重吊车。车上的巨型吊臂可以将摄影机从地面一直吊到12米的高空。凭借它，导演就可以轻松地从高空拍摄全景了。吊臂最多可以旋转350度左右，但不能完全旋转一周。

前面提到的车载发电机也是外景拍摄时必不可少的工具，它的使用非常不便。每次转场时，连接发电机的电缆都要先拆下来，卷好再装箱，去到下一个场地时再重新插上。由于发电机噪声巨大，为了不影响摄影机拍摄时参考声带的录制，发电机需要被放置在离摄影机较远的地方。这就意味着电缆要加长，而更长的电缆意味着更长的拆装时间，但这是行业当时唯一的解决方案。

总的来说，外景拍摄时除了要支付三辆运输上述设备的卡车的租金，还要同时雇上三名跟车司机。我不禁想，到底有没有办法可以将它们合而为一，做出一种更高效、更便捷而且更节省费用的工具呢？经过多次试验后，全能摄影车诞生了。

全能摄影车上装有一个可收合的吊臂。当不需要使用它时，吊臂可以完全收起来。同时，吊臂的旋转范围非常广，能更有效地帮助导演实现多角度拍摄的构想。另外，车上的任何一个位置都能架设摄影机。车斗前方有一个可升降平台，摄影机架设上后，可以从地面上升到4米的高度，这个功能在拍摄追逐戏时尤为有用。摄影全能车上装有发电机，当拍摄不需要录制同期声时，车上可由发电机供电。而当需要录制声音时，车上的大容量电池可以安静地为车上的灯及所有用电器提供稳定电源。为了避免拍摄时摄影机抖动影响拍摄效果，以前所使用的吊臂一般需要非常重的底座来稳定，而且每次拍摄只能以步行的速度移动30米左右的距离。而全能摄影车通过装有多方位感应器避免了移动造成的抖动，移动的速度和距离就不再受限制。

全能摄影车是外景拍摄工具中无可超越的里程碑。我们凭借其非凡的工艺水平，获得了艾美奖和奥斯卡奖。

— 10 —
忙得焦头烂额

随着我的事业风生水起，行业外的人们也开始对我的事迹有所耳闻，而这也为我创造了更多有意思的工作机会。某天，我在派拉蒙参加一个建组会，我接到一个来自好事达保险公司的电话。保险公司的人告诉我，伊顿公司刚发明了一种汽车安全气囊，而好事达公司想将这种安全气囊推广配置到所有汽车上。他们已经用假人做过多次试验，效果非常可靠，但他们觉得用真人来做测试将给人留下更深刻的印象。试验的具体操作是驾驶者以每小时40公里的速度驾驶汽车，并撞上前方的水泥障碍物，其造成的冲击力相当于以时速80公里撞上一辆停驻的汽车。

对方问我是否有兴趣参与这个测试。我回答说自己唯一的担心是安全气囊如果失灵了，他们能不能找到医生把方向盘从我嘴里拔出来，对方没有接我玩笑的话茬。于是我切入正题，问他们找真人做试验的心理价位是多少，他回答我价钱好商量。我答应先考虑一下，过一会儿给他回电话。

挂断电话后，我咨询了一下在座的其他人，有好几位都不太赞同我参加这次试验，但其中一个持赞成态度的家伙提议我使劲往高报价。我问他能高到多少，他回答说："报两万五吧。"听到这个数字之后，我脱口而出："要真能赚这么多，说什么我都去。"于是我给好事达公司的工作人员回了电话，说明了我的报价。他答复有消息后再与我联系。散会回家后，我顺便将安全气囊测试的事情告诉了女朋友拉达·埃德蒙（Lada Edmunel）。为了让她安心，我强调说自己报价太高，对方为了节省预算肯定会继续找假人来做测试。拉达是一名演员，同时是一名专业舞者，体形很矫健。她总是撺掇我让她也参与特技表演，出于安全的考虑，我从来没有答应她这个请求。

第二天上班时，我又接到了好事达那边的电话。他们通过了我的报价，并且问我下周是否能准备好参加测试。同时，他们还希望我能再找一位体重大概 50 千克的人坐在副驾驶的位置，一起参加测试。我想了一会儿，很快就找到了合适的人选，拉达不就刚好符合条件吗？而且她一直以来都想试试特技表演，虽然测试内容风险颇大，但回报也相当丰厚，我认为值得一试。于是我回答说："我觉得比起小个子的男性，体形适中的女性更符合你们的要求。"对方赞同了我的观点。我提出另一名被试需要与我酬劳相同，对方也同意了。于是我让对方按拉达·埃蒙德的名字再订一张机票，下周我们将准时到达。

来到位于底特律的试验中心后，工作人员先让我和拉达观看了不同速度之下，假人撞到安全气囊上的影片。如果他们这样做的目的是让我们对接下来的试验更有信心，我只能说这恰好起了反作用。看完影片后，萦绕在我心中的一个问题是，从试验中心赶到最近的医院或找到脊椎按摩师要多久。由于试验要求我们撞击的速度正好是每小时 40 公里，所以工程师们特意将时速表做得巨大，安装在仪表盘的上方，这样我就能很方便地读到时速了。之后，工作人员又带着我们去看了要撞击的那块硕大无比的水泥障碍物。参观结束后，我和拉达饱餐畅饮，静候第二天的到来。

第二天一早，天空就飘起了雪花。当我们来到试验场地时，一切都已经准备就绪了。现场大概架设了 15 台摄影机，显而易见，工作人员希望能好好拍下整个过程，各个角度都不会遗漏。几分钟后，工作人员上前来询问我们准备好了没有。我回头看看拉达，她回答说："开始吧。"我们坐到车里，扣上安全带。工作人员上前来帮我们做最后的检查，然后示意可以开始试验。随后有人喊道"开机"，我转头看看拉达，她正把眼镜摘下来。我抱怨道："这不公平，不戴眼镜你就看不清那堵水泥墙离我们越来越近了。"这时，我们听到"开拍"的声音。拉达对我说："好啦。司机先生，开车吧。"

我踩下油门，感觉车胎在地面的积雪和冰上打滑，不禁担心起来。时速表上的读数在20到80之间跃变。我尝试将指针稳定在40的读数上，但事与愿违，于是我持续加速，希望车速能逐渐提高，至少要超过时速40公里，不然我们就要再来一次了。最后，我喊了一声："看好了。"同时将油门一踩到底。

砰的一声，车撞上了水泥障碍。就在那一瞬间，试验结束了。

我们后来观看了慢速播放的试验记录视频，我感到大开眼界。从侧面的机位可以看到，撞击的瞬间我和拉达的身体都猛地往前冲，而此时安全气囊膨胀弹出，我们的脸都深陷了进去。然后，我们两个又被安全气囊往后弹，将前座椅背撞倒，整个身体甩到后排车窗的栏杆处。当我们的上身回到前座位置时，拉达两手将垂到眼前的头发使劲往后拨着。让我们心有余悸的是，这次撞击将车身压短了60厘米，而引擎被撞得几乎凹进前排的两个座椅之间。万幸安全气囊发挥功用了，我们不需要紧急送医，也不用求助于脊椎按摩师。我们两人各自拿着两万五，高高兴兴地回家了。

我还凭借自己的专业能力获得了一些参演商业广告的机会。在最初接触广告的那段时期里，我曾经在好事达房屋保险广告中饰演一名飞贼，很显然导演觉得我的个人形象非常吻合人物设定。我们要在一个15层高的阳台上拍摄，摄影机正好可以俯拍洛杉矶全景。开拍前，我先站在画面外。导演一喊"开拍"，我就跳进画面内，鬼鬼祟祟地四处张望，然后打开推拉门进入公寓。我向导演提议，如果我是从16楼的阳台悠到楼下，画面将显得更刺激，而且也更能显示出这名小偷身手敏捷。导演觉得这个提议非常好，但同时也很担心我的人身安全。我让他放心，如果能与楼上的住户协商好，我将先给他演示一次。

获得楼上住户的同意后，我将一条1米长的绳子绑在他们阳台栏杆的底部，翻越栏杆来到阳台的外面。我抓着绳子往下跳，然后借力往前荡到15楼的阳台上。导演看后非常兴奋，赶紧架设好摄影机开始拍摄。这个镜头拍了两条就通过了。

这个广告公司拍摄了各种各样的商业广告。有时候他们还会找我出演一些不包含特技镜头，但编排非常有趣的广告。其中的一则剧情是这样的：我驾着简易的四轮马车，到乡村火车站接一位老奶奶。当我把她的行李一一搬上车时，一卷手纸从她的行李箱中滚了出来，这位老奶奶见状开始盛赞这种手纸。在另一则广告中，我扮演一个手拿大镰刀，辛勤收割小麦的面团宝宝[①]。我还与一名饰演我儿子的小孩在独木舟上拍摄了一条午餐肉广告，这条广告播放了五年之久。另外，我还拍了六个推广汽车安全气囊的广告。在最巅峰的时期里，我参演的十条不同商品的广告都在黄金时段播放。参加家乐氏麦片广告的试镜经历也非常令我难忘。广告创意是这样的：牛仔骑马在玉米地里奔跑，一手高举一根5米长的马鞭，并将马鞭甩得噼啪作响。然后突然勒住缰绳，让马后腿直立，这时手往前一挥，用马鞭将前方离自己4米远、长在玉米秆上的玉米劈成两半。坐在等候室里，我环顾四周，发现候选人里没有一个是牛仔。过了一会儿，轮到我了，坐定之后面试立刻开始。

"你会骑马吗？"

"会。"

---

① 美国品食乐食品公司的吉祥物。

"你知道怎么让马后腿直立吗？"

"知道。"

"你甩得动一根5米长的马鞭吗？"

"没问题。"

"好的，谢谢您，尼达姆先生。我们将于明天通知您面试结果。"

在离开前，我问面试官们对我的回答是否怀疑。他们反问我为什么要怀疑。我回答说："这间办公室里的所有人，包括今天来面试的其他人，没有一个能完成你们提的三个动作的。"

没等他们回应，我继续说道："我来帮你们想一个经济又省时间的方案吧。我自己养了250匹马，包括两匹业内公认的完成后腿直立最好的特技马。话就说到这儿，等你们想清楚广告中最想保留的五项特技之后，列好清单去我的马场找我，到时候我们再接着聊。"

第二天，这些面试官带着他们选中的演员们分别搭乘两辆小货车到达马场。我牵出了等下会用到的马匹，并且备好了两根5米长的马鞭。我提醒他们，要练习很长时间才能自如地使用好马鞭。带头的面试官对我说："那好吧，给我们展示一下你的才能。"我回答："我垫后。"于是他们从带来的"牛仔"当中挑出来一个，让他先来。我把马缰和马鞭交到他手上，面试官们让他从远处直直跑过来，同时一只手高高挥舞马鞭。这个打头炮的"牛仔"一上马就大喊了一声"驾"，马儿立刻快速奔跑起来。他被吓得丢掉了马鞭，两手紧紧抓着马鞍的边缘。但马儿突然急转弯朝马棚跑去，把他从马背上甩了下去。后面的"牛仔"们表现都惨不忍睹，更不用说尝试让马儿完成后腿直立的特技了。

轮到我时，我先骑着马从面试官身边慢慢地跑到出发点处，然后将马鞭举高到头顶位置，甩了一下。到达出发点后，我让马儿后腿直立着转身，同时再甩一次马鞭。等马儿前腿落下后便全速前进。到达终点后，我牵住缰绳，让马儿停住，再次后腿直立，将马鞭甩到离面试官们面前30厘米的地方。完成这些动作后，我从容下马，问他们："面试结果如何？"

我毫无悬念地获得了这次工作机会。拍摄那天，我穿着一身像佐罗那样的黑色戏服，头戴面罩，肩披斗篷，威风凛凛地骑马前行，马鞭一甩，精准地把玉米劈成两半。这个镜头一条就完成了，广告效果非常好。我和阿拉莫不仅在电视广告上露面了，商家还将我们的照片印刷在家乐氏玉米片的包装盒上。

越南战争进行得如火如荼，我与美国军方再次有了交集，但这次他们看中的是我的特技表演技能。美国空军计划拍摄一部撤退逃生的影片，供飞行员们观摩学习，以帮助他们在飞机被击落后更好地逃生。得知他们正在选角，我决定毛遂自荐，于是来到了瞭望山上位于环球公司旁边的美国空军办公室。由于这项任务对身体素质有较高的要求，而导演又觉得我的外形与上校的形象非常符合，所以我当场就被录取了。

很快，我就被送往位于菲律宾的克拉克空军基地。在这部影片中，我将饰演一名被敌方击落、逮捕并审问的空军上校。在敌军将我押送、转移到战俘营的途中，我们一行人遭到了美军战斗机的袭击。我趁机逃脱，并成功获救。斯隆上校是这次拍摄的总负责人，他每天开着军用吉普接送我们往返拍摄现场和军营。斯隆上校开车，导演坐在副驾，我坐在后排。

在拍摄现场我遇到了来自同一部落的尼格利陀人，他们在"二战"期间对日本侵略者多次进行突然袭击的事迹广为流传。据说他们曾偷偷接近站岗的日本士兵，在日本士兵的皮靴脚跟处留下记号而不为人所知；也有人说他们能静悄悄地潜进日军的营房，将里面熟睡的士兵挨个割喉而不被察觉。他们的确是够隐蔽的。

美国空军雇用了这帮尼格利陀人，请他们训练士兵如何有效隐藏痕迹，逃脱敌人的追捕。训练计划是这样的：在美国士兵跳伞降落到丛林里时，尼格利陀人先被聚集在村庄里。这样他们就不知道伞兵降落的位置了。等到夜晚，这些尼格利陀人才出发去丛林里搜捕伞兵。如果伞兵在当天夜晚能想办法隐藏好，到第二天早晨时成功用无线电通知直升机前来将他们接走，那他们的训练就算完成了。军方相信如果飞行员们能逃过尼格利陀人的搜捕，那他们就完全不用惧怕其他地方的敌人了。然而训练结果并不理想，70%的飞行员都被抓到了，而且有些还连着几次被抓。这些飞行员通常采用的隐蔽方式是披上伪装，挨着大树一动不动地坐着。但通常过不了多久，就有人来拍他们的肩膀，同时听到对方说"欠条"的声音。"欠条"是专门发放给飞行员们的代币，当他们被尼格利陀人抓到时，就要将"欠条"交给对方。而尼格利陀人凭借收到的"欠条"到基地的军人服务社兑换现金，这就是他们取得报酬的方式。

作为一个从小在乡下长大的人，我很好奇这些传说中非常敏锐机警的人能否抓得住我，于是对负责安排训练的中士表达了自己的怀疑。中士建议我试一试，结果自有分晓。于是我报告斯隆上校，我想抽出一晚时间参加飞行员逃离尼格利陀人追捕的训练。平时拍摄我就穿着飞行服，手边还有作为影片道具的无线电收发机，而且我还知道他们撤离时呼叫直升机的信号，万事俱备。斯隆上校让我放弃这个想法。我当然没放在心上，暗自下决心要偷偷参加训练。

打定主意后，我计上心头。在回营地的路上，我们的车会经过几条小溪。我计划趁着经过小溪时跳车，并且迅速藏在水里。这样就正好可以隐匿身形。希望坐在前排的斯隆上校和导演不会听到跳车的声响。计划很成功，就这样，我加入了其他受训的飞行员们的行列。

我沿着小溪涉水而上，走了大概500米，选中了一棵离岸边不到30厘米的大树。树身十分粗壮，在离地面3米左右的地方岔开好几条枝丫。我观察了一下，决定晚上就在树杈上过夜了。爬上树后，我将树杈那里稍作整理，就舒服地躺下了。当天出门前，我特地没有使用须后水等任何带有气味或可能暴露我踪迹的日用品，其中最困难的要数我整个白天都没有抽烟。同时我还提醒自己千万不能睡着，因为我睡觉时会打呼噜。长夜漫漫，我尽可能一动不动地待在树上。如果要活动身体，就轻轻地小幅度移动。

尼格利陀人对付日本军队的确很有一套，但他们没能抓住我。那天晚上，我两次听到他们从树下经过的声响。当时我紧张得心脏怦怦乱跳，甚至都怀疑他们能听到我的心跳声了。不过从他们的搜捕习惯来看，我敢肯定他们从来没有在树上抓到过飞行员。而他们想要抓到我的唯一办法就是爬到树上来。但那棵树的枝丫所形成的平台非常宽敞，我可以伸展开来躺在上面，完全不用担心他们在树下能看到我。虽然这仅仅是一个心血来潮的游戏，但我的态度就像我对待人生中其他事情的一样：一定要赢。

漫长黑夜终于结束，我迎来了早晨的曙光。无线电收发机中传来人们对话的声音，于是我向直升机发出了指引方位的信号。过了一会儿，直升机就飞了过来，放下了救生座椅。我爬了上去，系好安全带后示意他们将我拉上去。当我进入机舱后，守在门口的工作人员让我报上名字，好在花名册上将救出的飞行员的名字划掉。我告诉他我是哈尔·尼达姆。他听到后笑了，通过话筒告诉机师通知斯隆上校，他要找的那个人找到了。很快，我的事迹就在基地传了开来。

当我们降落的时候，斯隆上校已经等候多时了。我朝他走过去，他对我说："但愿你昨晚睡得好。"然后我们就坐上吉普车，前往拍摄现场了。前一天晚上非常难熬，那天白天的任务也非常艰巨，但我都一声不吭强忍下来了。后来负责训练的那名中士找到了我，握着我的手说道："上帝保佑，你成功了。"除了早晨那句"问候"外，斯隆上校一整天都对我一言不发。

当我签约这份工作后，我就必须要遵循绝密协议。在工作期间，我受到的是与其他军人同等的待遇，每天我都在军官俱乐部用餐。有一天午饭时，我留意到一名上校正在与管理俱乐部的中士谈话。然后，中士就朝我这边走了过来。我当下就感觉情况不妙。当时我已经五天没有刮胡子了，身上的戏服脏兮兮的，头发也过长了，总之仪容仪表上就不像军官，甚至不像个正经人。当那名中士走过来时，我将自己的合同递给他，并且请他向那边的上校说明，我是来这里参加空军某部电影拍摄的演员。中士拿着我的合同回去了，他与上校简单说了几句后，又走了过来，说上校邀请我共进午餐。过去坐下后，我们互相做了自我介绍。原来他是这个基地的司令官怀特上校。我心想，这太荣幸了。从此以后，我来军官俱乐部用餐再也不怕会受到那个中士的盘问了。要知道，我当兵的时候最高军衔就只到中士，而且从来没有上校邀请我共进午餐。

吃过午饭后，怀特上校告诉我他晚上将在 7 点用餐，如果我没有其他安排，不妨一起吃饭。我接受了他的邀请，而且从那天后我们都约好了：中午 12 点午餐，晚上 7 点晚餐，再喝点鸡尾酒。到了第三天晚上，怀特上校提起今晚他将在自己家里举行个派对，问我是否有兴趣参加。这还用说吗？饭后，我们跳上车，怀特上校亮起车顶的红灯，我们一路畅通无阻穿过基地，来到他家。他家聚集了很多高级军官，几乎一艘军舰都装不下。我惊喜地发现查克·叶格（Chuck Yeager）上校也在现场。叶格上校是空军基地战斗机联队的联队长，同时是世界上驾驶 X-1（原编号 XS-1）战机实现超音速行驶的第一人，他的事迹给我留下了非常深刻的印象。那个晚上，大家欢谈畅饮。等到怀特上校和叶格上校两人在一起聊天的时候，我抓住机会，走上前去。我斗胆问他们，现场不知道哪位军官有足够的权力，能批准我搭乘一次喷气式战机。怀特上校笑了笑，转身问叶格上校，第二天哪个航班有空余位置，可以顺道搭上我。叶格上校回答，第二天早晨8点有两架飞机计划飞往中国台湾。

"你就坐那趟吧。"怀特上校问我，"等得及吧？"

"当然。但我还有一个问题，"我说，"明天早上我有拍摄任务。上回我自作主张参加飞行员丛林逃脱训练已经惹斯隆上校生过一次气了，这次我要是又跑掉了恐怕是火上浇油啊。"怀特上校让我放心，斯隆上校那边他会处理好，并吩咐我第二天早晨7点准时去报到，挑选合身的抗荷服①。

第二天，我穿着抗荷服，在停机坪上与即将要带我飞行的那名年轻机长碰面。当他驾着F-100F喷气式战斗机升空后，机长问我想不想试一下控制飞机，我求之不得。但我才开了几分钟后，僚机驾驶员就抱怨说他根本无法跟上我的动作，请求机长别让我开了。开喷气式战斗机实在不易啊。

当我们飞近中国台湾上空时，僚机驾驶员祝我们飞行愉快，然后就脱离编队了。我们飞过太平洋，然后右转，朝海岸飞去，同时下降了300米的高度。10分钟后，机长告诉我快乐的飞行就要结束了，并向控制塔请求降落。转眼工夫，降落跑道就出现在我们眼前。着陆之后，我立刻明显感到机长在用尽全力减速。尽管减速伞已经弹出，我仍觉得我们马上就要撞到跑道末端的围栏上了。

飞机最终在离围栏不到50米的地方停稳了下来。我心中暗叹，这可比特技表演要惊险多了，这些飞行员的技艺真不是一般高超啊。我

---

① 通过向飞行员腹部和下肢加压以提高抗正过载能力的个体防护装备。

正想着，机长突然说："坏了，这不是我们该降落的空军基地。这是中国大陆的跑道，我们的是在前面16公里处，在岛的另一头。"我惊恐地问："现在怎么办？"

这时，无线电通话器传来一个声音："开飞机的美国佬，你们选错跑道了。"机长赶紧回答说："我方请求即刻起飞。"控制塔回答道："同意。"机长赶紧侧转了一下机身，松脱减速伞，然后打开发动机将减速伞吹开。当飞机在跑道上滑行，调整起飞位置时，他对我说："等下看着我办。这条跑道不是为我们这种飞机而设的，要短于我们常规要求的起飞、降落距离。但我们用了很多燃料，重量减轻了不少，应该没问题。"

准备起飞时，机长踩下刹车，关闭节流阀。当整架飞机抖得像哈雷摩托车那样时，他松开刹车，飞机一下就往前冲去。飞机速度越来越快，跑道的末端就在眼前了。这时，机长立刻抬升机头，我们在距跑道末端安全围栏上方12米的空中飞过。直到这会儿，我才松了一口气。

等飞机飞稳后，机长对我说："哈尔，关于这次降落你一个字也不要透露。"我答应了。当他向位于中国台湾的美国空军基地控制塔发出降落请求时，对方回答："跑道准备就绪。对了，这次是否为无减速伞降落？"唉，他们刚才在雷达上观察到我们的动向了。当我们降落后向飞机库滑行时，那边至少已经有15名飞行员在等着了，他们都"由衷"地赞叹了我们机长"高超"的导航和起降技巧。

午饭后，我们出发返回克拉克空军基地。当我们驶近基地上空时，僚机驾驶员告诉我们的机长："让他开开眼界吧。"怀特上校曾经盼咐我们机长，让他带我领略喷气式战斗机爬升、俯冲、高速转弯、空中翻滚以及超音速飞行等非同一般的性能。我们一一完成了这些项目。怀特上校一定以为我会晕得七荤八素，到时候大家就能看我笑话了。

降落后，怀特上校、叶格上校以及飞行联队的全体成员前来迎接我们，并且给我颁发了音速突破者证书。我高兴得忘乎所以，直到斯隆上校叫我回片场工作才回过神来。

当天的拍摄内容是，我在丛林中叫来救援直升机，飞机放下救生座椅把我带走。当救生座椅放到我跟前时，我爬了上去，然后示意他们往上拉。结果他们只将座椅提高到离地面5米的距离就往前飞去了，林中的树枝不断抽打在我身上，比小时候母亲教育我时有过之而无不及。眼见情况如此不妙，我决定离开直升机自己逃命。于是，当我经过一个大树枝时，我解开救生座椅的安全带，顺着树枝爬到树上去。而这时我离地已经有15米了，很显然，这个镜头搞砸了，我们必须要重拍一次。回到地面时，我才了解刚才到底发生了什么事情。由于丛林海拔很高，再加上高温天气的影响，飞行员在将我拉上飞机时差点失去平衡。为了防止坠机，他只好降低机头，往前飞去。

准备好后，我们重拍了一次，第二次拍摄一切顺利。当直升机将我提高到丛林树冠的上方后，它才往前移动，这时我被吊在机腹下方30米的位置上。飞机接着前行，机上的工作人员继续将我往上拉。当我进入机舱时，守在门口的工作人员告诉我，机长现在心情非常好。第一次拍摄时，在机长不得不降低机头提升飞行速度之前，就已经预料到我会遭遇什么危险了。当飞机飞离树冠后，机长问守门的工作人员我是否还在救生座椅上，结果得到了否定的答案。当时，机长还以为自己害死了我。后来，当他听到地面工作人员传来我还活着的消息时，他很犹豫要不要再来一次。但我的坚持给了他莫大的信心和鼓励。

当天晚上，机长和守门的工作人员邀请我一起去镇上玩耍。机长感激地告诉我，我抓着树枝自救的行为拯救了他的职业生涯。我想，我同时也拯救了自己的职业生涯。

回到好莱坞后，我接到了一份工作。通用汽车公司打算制作一部专门在代理商陈列室里放映给顾客观看的影片，好让他们在填写服务质量评价表或其他问卷时不会无聊，他们让我提供一些好点子，时间要求为15分钟左右。提起有趣，我的第一念头就是大场面的特技镜头，在高潮处戛然而止，然后倒叙特技镜头的前期准备，最后播放片子的尾声。

经过慎重考虑和仔细研究后，我想出了具体方案：将一个6.8吨重的推力火箭安装到一辆皮卡上。然后由火箭提供动力，将皮卡推送横跨过一条宽达40米的河道。前期的所有准备工作都将以视频形式记录下来，包括起降坡道的建设，对过氧化氢火箭原理的说明等等。我觉得他们一定会喜欢这个创意。

比尔·弗雷德里克帮我完成了火箭动力皮卡的制作。接下来我们开始着手建造起降坡道和安装火箭引擎。我们都不能保证这个设想能顺利进行，但有几点是可以确定的：到时候我将坐在一辆时速145公里的卡车里，如果我不能飞达河对岸的降落坡道，那这就将是我人生的告别演出了。

拍摄日终于到来。关于这个火箭推力皮卡的事情传遍了特技演员的圈子，当天有30多名同行和三家媒体来到了现场。摄影机开机了，卡车开到起跳坡道的前沿时，速度达到了每小时90公里。当卡车前轮一碰到起跳坡道，我便开启火箭引擎，速度瞬间提升。随着坡度的提高，我的视线被抬高的皮卡车头挡住，已经无法看见对面的降落坡道或者地面了，只能透过前挡风玻璃欣赏蓝蓝的天空。但不用看我也能感受到自己是什么时候着陆的。卡车的尾部先重重地砸到地面上，巨大的反弹作用几乎将车身拦腰折断，而且将前后挡风玻璃都震碎了。

之后，我被救护车紧急送往医院，并被诊断为脊椎断裂和压缩性骨折。卡车上附带的遥感装置测得，着陆时我承受了29倍于自身的重力。也就是说那一瞬间我的体重超过了 2200 千克，这下我可知道自己的压缩性骨折是怎么来的了。

我这惊人的一跳很快就成了全国性新闻。马文·格拉斯联合玩具公司的经理在电视上看到新闻后，立刻致电与我商谈制作一款哈尔·尼达姆特技人玩偶的事情。要是得克萨斯的乡亲们看到这款玩偶，他们该有多震惊啊。他们公司刚结束了和艾维尔·克尼维尔（Evel Knievel）①的合作，希望我能再做一次公开的惊险特技表演，让我的名字在小男孩们中间广为流传。他们的想法正中我的下怀。男子气概和速度，这正是两个让小男孩们兴奋不已的元素。

比尔·弗雷德里克正在制造一辆超音速汽车，但资金有点短缺。我将马文·格拉斯联合玩具公司与我商谈的事情告诉了他。如果玩具公司可以出资完成汽车的制作和后续运营的话，他很乐意让我驾驶他的发明。同时，我也与哥伦比亚广播公司达成协议，他们将在《运动奇观》这档节目中对我进行报道。如果能成功突破音速，我的知名度将大大提高。最后，我将整个计划告知玩具公司，他们的资金很快就到位了。

挑战音速——超过每小时 1100 公里——地点选在内华达州托诺帕市一个泥塘上。我们先慢速驾驶了几圈，由我负责检查汽车的性能。停在出发线后，我听着倒数，等数到 0 时，我一脚踩下油门。哇！在 5 毫秒内，过氧化氢火箭带来的动力已经让我感到明显的推背感。引擎只发挥了 20% 的效力，但速度已经超过了每小时 400 公里，我有点紧张了。

到了上午 10 点，车子补充好燃料，回到出发线后。下面将进行第二次试验，加大油门，让更多的燃料与催化剂反应，让引擎提供更大

---

① 摩托车惊险特技表演者，拥有"世界头号飞人"之称。

的动力。这次我对出发后的快速提速有了心理准备，脚踩油门，身边景象一闪而过。结束后他们告诉我，这回最高速度记录为每小时575公里。

我自认为离时速1100公里的目标已经越来越近了。但哥伦比亚广播公司的工作人员表示，他们已经开始担心来不及了。如果再看不到实质的进展，他们将撤掉摄影机打道回府。玩具公司的人肯定不会满意这种情况，没有电视节目播报意味着宣传效果不佳。我们必须拿出点真本事了，我过去和比尔商量了一下，他闻言后让我大胆地踩油门就行，给他们点实在的看看。

我听后照做了——这次时速达到了1000公里。然而，车上装载的三个减速伞出现了状况。三个减速伞中，最小的一个是在时速965公里或以上使用的，另外两个分别是速度降到640公里和240公里时使用的。我按下按钮，等待小减速伞打开，但它毫无反应。然后我试图打开时速640公里和时速240公里时使用的减速伞，三个减速伞无一打开，而我正以飞快的速度朝干涸的湖床边缘冲去。

此时此刻，我只能狠狠地踩下刹车了，但情况并无太大变化。车后轮的宽度只有5厘米，是由金属制成的，踩下刹车后，车轮在地面上打滑，但车速完全没有降下来。我已经能看到湖床边缘处的油脂木和小沟壑了，而且我们之间的距离正在急速缩短。

我以560公里每小时的速度冲出了湖床，并且继续往外奔去，驶过丛丛灌木和坑坑洼洼的沟壑。车子还是挺结实的，在压过约300米的油脂木后，它终于停了下来，基本上完好无损。

现场工作人员看出我的减速伞失灵，赶紧开车在我身后追赶，但我离他们得有1公里远，而且被锁在车里。车子停稳后，我坐在车里等候救援，顺道检查一下自己的身体状况——还好，没有缺胳膊少腿。

事后我才查出了减速伞没有打开的原因。有人偷偷将蓄电池酸液淋到减速伞上，想制造意外谋杀我，在这里我就不透露他的姓名了。当时大家都在紧锣密鼓地争当实现超音速驾驶的第一人，作为竞争对手，他采取了这样的手段来阻止我。虽然深知是谁干的，但我一直苦于没有实证来起诉他。而现在回头想想，也许这也是好事，不然我可能会忍不住对他进行打击报复，造成人身伤害，并且因此而入狱。

这是我对超音速驾驶的最后一次尝试，之后这辆汽车就被送返检修了。我实现的最高驾驶速度为每小时997.79公里，从而成为世界上驾驶速度第二快的人，世界纪录为每小时1001.01公里。虽然离世界第一仅仅一步之遥，但这又能怎样呢？马蹄铁要钉得靠近马蹄，手榴弹要扔得靠近敌人，跳舞时两个人要靠近一些紧密一些，但靠近世界纪录却没有意义，这是一个多么让人感到无奈的结果。

虽然车速最终没有突破音速，但当天拍到的素材已经非常惊险刺激了。哥伦比亚广播公司播出了节目，玩具公司也制作了玩偶以及含有相关配件的玩具套装。套装的情景主题是逃脱西部酒馆，当中还包含了摄影机、灯、空气压缩弹簧以及发射开关等模型。玩具的广告词是：哈尔·尼达姆特技人玩偶，让你体验翻滚腾挪、飞檐走壁的乐趣。

我一直觉得环球公司是我的主场。不管他们有没有这样想，反正我就是这样认为的。当我刚入特技演员这一行时，凭借着和龙尼·朗德尔的关系，当然，再加上他的父亲是公司高层的关系，我得以在环球公司制作的每一部电视剧中工作，总数大概有25部。而且我还参演了好些他们制作的大片，因此我有幸凭借《内河船》这部剧认识了伯特·雷诺兹，并且在安迪·麦克拉格伦执导的几部影片，比如《原野豪杰》、《火车大盗》(*One More Train to Rob*，1971)、《烽火田园》等，担任特技统筹。到后来，公司里的每一个人，上至老板，下至场工都认识我了。当环球公司邀请我发挥专业才能，为他们的好莱坞环球影城设计一个西部特技现场表演时，我倍感荣幸。

这个设计是个不小的挑战。首先，特技场面不能太大。由于每个特技演员一天有七八场演出，场面过大将导致人手不足。我提议，演出中可以加入大量的喜剧桥段和特效。我的第一个想法是制造一个视觉特效：整面墙倒在特技演员身上（但不会压到他）。这面墙是由液压杆控制的，当墙倒下时，牛仔看起来就像是要被压倒在地似的，但当墙真的砸到地面时，原本被困的那名牛仔突然出现在二楼的窗户旁边，向观众们展示他已经成功逃脱，然后他再若无其事地走到一旁去。这个桥段在观众间引起了巨大的反响。

同时，我还设计了一个用彩旗围起来的小舞台。实际上，这是一个供特技演员做高台坠落的地方。它由10个宽30厘米，高4米的锯木架组成，上面再铺上一个30厘米厚的垫子，作为高台坠落的着陆垫。这种设计的垫子，不仅可以保证特技演员的着陆安全，同时能为观众提供惊险刺激的视觉效果。当演员落在垫子上时，一般能将四到五个锯木架砸烂，而压碎锯木架产生的声音会让观众产生一种特技演员身受重伤的错觉，担心他是否还能站起来。除了上述桥段，还包含了击落骑手的表演，一些有趣的杂技骑行，以及风趣的小段子等。这些设计元素让表演非常受欢迎，时至今日，表演还在继续。

环球影城的执行总裁非常喜欢我设计的西部特技演出，于是他们邀请我再为位于佛罗里达州的公园设计一个水上特技表演。这个表演的地点是在公园的一个湖上的，他们要求表演包含飞艇追逐、撞击、爆炸以及枪战等一切我能想到的刺激元素，越天马行空越好。于是我就启程前往佛罗里达州了。我按照他们的要求，大胆设想，想出了一个非常符合飞艇追逐场景的剧情：联邦调查局探员在禁酒期间追逐酒类走私商，炮火四起，枪声不断。为了让场景更加刺激，我还设计了让飞机将其中一艘船轰沉的段落。当然，这艘船实际上是由机关控制沉没的，等下场演出开始前它又能回到湖面上了。有环球公司丰厚资金的支持，实现这些设想应该不成问题。如果能够实现的话，这将是一场多么壮观的演出啊。看了我的提案，他们肯定会觉得我是个天才，而且绝对会惊叹于这些前无古人后无来者的新奇想法。

回到好莱坞后，我与公司的高层们碰面，提交了我的方案。在我解释这个特技表演流程的时候，大家都一言不发。甚至在我展示完毕后，诸位领导陷入了长达5分钟的沉默当中。他们用异样的目光看着我，似乎我是个天外来客。我略微感觉到事情不太对劲了。之后，他们说出了各自的意见，达成了共识——实施这个提案肯定会让环球公司破产的，而我将为此承担所有责任。如你所见，我的这个提案从来没有实现过，而他们再也没有让我做现场特技表演设计。想到那么多极有创意的想法都付诸东流，我至今惋惜不已。

11

优秀的从业者们

在我、龙尼·朗德尔和格伦·怀尔德脱离当时电影圈中唯一的特技演员组织——特技演员联合会（Stuntmen's Association）时，我们开始寻找一些优秀的从业者加入我们，并在1970年时成立了无限特技队（Stunts Unlimited）。

以前，大约有15个特技统筹把控着整个行业的命脉，他们手头掌握了绝大多数故事片和电视剧的资源。有工作机会时，他们会先雇用各自的手下，如果人手不足，接下来他们会考虑自己伙伴的手下们。而为了在他们手里获得异常紧俏的工作机会，你要做的就是低声下气地拍他们马屁。

龙尼、格伦和我好好地探讨了这种现象。我们认为凭借自身的能力和资源，为15个左右的特技演员提供稳定的工作机会还是没有问题的。龙尼当时身兼三四部电视剧的特技统筹，格伦的电视剧和电影片约不断。而多亏了安迪·麦克拉格伦一部又一部地开拍动作大片，伯特·雷诺兹逐渐成为世界票房第一的明星，我的工作也陆续有来。于是我们决定公开退出特技演员联合会，成立自己的无限特技队。

下定决心后，龙尼在之后的特技演员联合会会议上对与会全员说："怀尔德、尼达姆和我都决定退会了，我们将重新成立一个属于特技演员的组织。"

全场一下陷入了沉寂。我站起来，补充道："如果在座与我合作过的同僚有想加入我们的，请跟我们一起走出这个大门。"说完后，我、龙尼和格伦就走了出去。当时有 15 名特技演员跟了出来，无限特技队由此诞生了。

这次的发声，我们掀起了业内的轩然大波。很多认识多年的好友因为这件事情形同陌路，绝不为对方提供任何工作机会。特技演员联合会盼着我们一败涂地，但事实证明他们大错特错。

在无限特技队成立之前，我就开始留意身边优秀的特技演员们，人才是我们的组织得以成功的主要原因。当约翰·韦恩让我担任《绿色贝雷帽》一片的特技统筹时，他提出将同时招募无限特技队的所有新人，尽管这些新人名不见经传。而且每当我接到新的工作，去和制片人或导演碰面时，他们总让我带上组织里的所有人手一起参演，因为他们都深信我会为他们找到最合适的演员。

在《魔鬼军团》一片中，除了常规的动作场面，如爆炸、高台坠落和翻车撞车等外，我还需要一些专业人手来完成一些特别的特技动作。这部影片讲述的是"二战"期间，一支美国和加拿大联合特别行动队的故事。影片有一系列复杂的动作场面需要在盐湖城附近的一片崎岖的山坡上完成。美国士兵的任务是攻破德军设在山顶的要塞，但德军居高临下，能将上山的唯一一条通道上发生的所有事情一览无遗。当美军往上进攻时，德军将用火炮对他们进行轰炸。由于火力的压制和陡峭的山路，美军迟迟不能正面突破。联合队的指挥官想出一个对策，让他的部下带上全副登山装备，攀上 150 米高的几乎垂直的山壁，从要塞的背面对德军进行突然袭击。我的工作就是在保证安全的前提下确保拍摄顺利。为了完成这次工作，我特意找来了杰里·加特林。他曾当过兵，是一名专业登山运动员。这次他将负责登山培训，而他的学员是一帮不畏高，并且具备基础登山知识的特技演员。

在现实情况中，为了避免产生噪音引起德军的注意，军人在登山时不会将岩钉凿进山壁里，因此他们的安全绳也就无处固定了。为了尽量贴近真实，我们在拍摄时也不会用到安全绳。所以拍摄前的我们就必须仔细计量，排除任何安全隐患。

首先，我带着四名特技演员先攀上岩壁。在距离峰顶 1.5 米的地方有一块突出的岩石，我们无从绕开它。这块突出来的岩石上有一条七八厘米宽的裂缝，我将手塞进裂缝中，尽可能地转动手腕，然后握拳，以塞进裂缝中的拳头作为着力点，我将另一只手也塞到上方裂缝中。重复着刚才的动作，我一点一点、有惊无险地往上爬到顶峰。上山前我曾告诉另一名特技演员，等我爬上山顶绑好安全绳后，他们就能沿着绳子爬上去了。然而，登顶后，我发现周围没有任何能够固定安全绳的物体。于是我便将安全绳在身上缠了两圈，坐在地上，双脚分别抵住两块部分埋在土里的小岩石，然后放下绳子，示意其余的人往上爬。加特林是余下四名特技演员里第一个爬上山顶的，当他看到我一个人抓着悬着三个人体重的绳子时，几乎被吓出心脏病来。他往前跑了 45 米，找到一棵适合的树，将自己携带的安全绳绑到树上，然后将绳子抛下山崖，并告诉其他人，出于安全考虑，还是用他那根绳子为妙。

后续上山的特技演员们带来了更长的安全绳，等固定完毕后，山下的其他特技演员就能顺着绳子连人带上装备爬上来。我们还雇了一些当地的专业登山运动员作为临时特技演员，他们都认为第一个不用安全绳爬上山的人脑子有问题，毕竟山壁险峻，危险重重。

在正式拍摄开始之前，特技演员们系着安全绳，沿山壁一处一处地排查所有安全隐患，寻找最安全的攀山路径。这样既可以保证爬山的特技演员能顺利表演，又可以避免爬山时石头掉落，砸到山脚的工作人员。但是拍摄时还是发生了一起意外。一位特技演员身上背着的步枪，不慎掉落到下方另一位特技演员的身上，导致下方那名演员摔下了山。万幸的是，当时他离地面高度不高，及时送医院治疗后，他没几天就康复了。

周密的前期准备使得正式拍摄非常顺利，这一系列的特技镜头提高了整部电影的观赏度。与优秀的人合作，他们会让你的工作成果更出色。

优秀体现在多个方面，能力是最重要的一环。当然还有一些其他因素也值得关注：比方说，临危不乱。尤其是两个人共同完成非常危险的特技时，你的生命安全都取决于他的现场表现。此外，如果特技表演中出现了一个小纰漏，能注意到并且及时将其更正的人，就成了现场的救星，我们行内用"核心人物"来形容那些有胆识的人。

我们行内的另一个俗语"斗牛犬"，来源于马术竞技。在马术竞技中，"斗牛犬"是指牛仔从一匹快速奔跑的马背上跳下，抓住阉牛的两角并将它拖倒在地的动作。而我们所说的"斗牛犬"，是指一名演员从阳台、石头、马背或飞机上跳下来，砸到另外一个人身上，从而呈现出追赶抓捕效果的特技表演。这种表演通常包括两个人，从高处跳下来的和被砸中的。而完成这种表演通常有两种方式：常规模式和尼达姆模式。一般情况下，特技演员脚朝下跳下来，踢到下方演员的肩膀上，然后两人都滚落在地。而在我负责的特技镜头中，这样的做法是不合要求的。所谓尼达姆模式是这样的：特技演员头朝下从高处跳下来，撞到下方演员的身上，顺势翻转身体，脚部着地。通过这一连串的动作，正面人物会显得更加有英雄气概。演员也更喜欢这样演出，因为这样做，整个场面将愈发惊心动魄，更能调动观众情绪。

而这样的安排恰恰需要有胆识的人来协助。当演员头朝下跳到半空时，被砸的那名演员能从地面看到影子，他的本能反应是往旁边躲开。而这对跳落的那名演员来说是有致命危险的，因为他将头朝下直接落地。所以，我们要求被砸中的那名演员是一个有胆识的人，尽管二人相撞造成的冲击力很强，他也必须毫不闪躲。因此，通常我们会选择瘦小一点的演员来往下跳，而被砸的演员则越强壮越好。

沃尔特·怀亚特就是一位饰演被砸角色的理想演员。他身高一米九，体重110千克，体格像公牛一样强壮，胆子像水桶一样大。在表演过程中，他从来不关注地上的影子，也从不躲闪。他凭借自己的勇气接了很多工作，赚了一大笔钱，而和他搭戏的演员总能放心往下跳。只要可能，我总要瞄准他，往他身上跳。有一次，我们要为电影《疯狂大赛车》（*The Great Race*，1965）编排一场酒吧打斗戏。我饰演的角色将从栏杆上翻过，落到打斗人群当中。当我越过栏杆后，我离地面的高度有五六米左右。由于在这部戏中我没有出任特技统筹，所以我对于雇用哪些特技演员没有话语权。特技统筹选了十名演员来负责接住我，虽然那些人我都认识，但我确信最多只有四个能保我安全。所以沃尔特是我跳落的首要目标，而另外三个人则作为备选。

当我从栏杆上跳下后，我狠狠地砸到了沃尔特的身上。但现场的十名演员都倒在地上了，看起来就好像他们都被我跳下来的冲击力撞倒了似的。他们这样做的原因很简单：当与制片方协商危险动作补贴时，在现场处于同等状况的演员价码相同。虽然这种做法对真正出力的演员很不公平，但有很多没有职业道德的特技演员，就是凭着和特技统筹的关系和自己的厚脸皮赚了不少。这些家伙深谙此道，他们从来不会站在承受主要冲击的位置上，但他们的站位又足够靠近撞击地点，能保证他们获得危险动作补贴。有一点显而易见，我从来不会雇这种人。

在"马匹'斗牛犬'"的表演中，通常是让一匹马追逐另一匹马。当正面人物快马加鞭追上反派时，他将抓住反派的肩膀，然后两人同时滚落在地。为了保证拍摄效果和安全，正面人物将脚先着地，同时牢牢抓住反派的肩膀，防止对方撞到地面上。但如果饰演正面人物的演员只顾自己的安全，那拍摄起来情况就全然不同了。有一次，我接到一个西部电视剧的拍摄邀约，他们需要我去完成"马匹'斗牛犬'"表演，但这次我将担任反派人物的替身。我对正面人物的替身有一定了解，因而对自己的人身安全还比较放心。但我又转念一想，情况应该不会太糟糕吧。而后来，我亲身体验了到底有多糟糕。

拍摄当天，对方箍着我的脖子，让我头朝下砸到地上，而且拿我当垫底，倒在我身上。落地的一瞬间我就被撞懵了。当我眼前的重影消失时，我发现他正脸朝下看着我，问我说："伙计，抱歉，你还好吧？"我没管他，站起来找到一把椅子坐下，然后让现场驻守的护士来检查身体状况，顺便看看能不能开点药解决我的耳鸣。过后，他解释自己从马背上跳下时马儿突然跳开了，因此他没办法控制好自己的动作。当电视剧播出后，我才知道他满口谎言。片段清晰地显示他骑的那匹马并没有跳开。而他不顾我的安危，只关心自己的身上不要有半点擦伤。整个人落到了我的头上。因此我决定那是我们最后一次合作了。

在拍摄汽车特技场景时，过快或过慢的车速都会造成危险，下面我说的一个意外就是由于车速过慢导致的。在那次拍摄中，我需要在汽车时速95公里时完成翻车动作。在拍摄前，我告诉导演，翻车后汽车将翻滚三到四周，而另一名特技演员将在我驶上翻车坡道前，开车在我面前经过。我们按各自设定的速度彩排了几次，我叮嘱他，快一点总比慢了好，等他安全经过后，我就可以按原定速度冲上坡道。他同意了。

导演喊"开拍"后，我逐渐加速到95公里每小时。我往左一瞥，心知他来晚了。我减慢速度，但他的车速还是没有上来。我再次降低车速，在离他车尾仅仅一两米的地方通过，然后将油门踩到底。这种状况下，拍摄效果肯定不如预期了。车子朝右翻了半圈，又往前滑了一段距离就停下来了。我下车后朝导演走过去，导演问我是否还好。我回答说："不好，我尴尬死了。我想再来一次，不付我钱也行，但千万让另一辆车闪开。"幸好摄影机架设的机位在车身的左边，也就是没有损坏的那一边，而车子的右边早已被路面磨花了。

第二次拍摄如果不成功，我就无人可怪了，我的名誉悬于一线。我祈祷这次拍摄能一举成功，准备就绪后，我看见摄影机旁边的绿旗挥舞，示意开拍。于是我猛踩油门，将速度提升到时速110公里。撞上翻车坡道的那一瞬间，我心知自己的名誉保住了。我全然不知车身翻滚了几次，事后现场工作人员告诉我，总共翻了七次。导演对第二次拍摄非常满意，为重拍所做的一切准备工作都非常值得。自此以后，那名演员再也不是我合作伙伴的首选了。

特技演员和牛仔都是很有幽默感的人，但他们都不喜欢自吹自擂的人。有一次，我们大概30人左右去迪士尼录制电视剧《佐罗》（Zorro），扮演片中的墨西哥士兵。这群人里有一个新人，好像生怕大家不知道他是个多厉害的牛仔，吹嘘自己凡是四蹄动物都能骑得很好，我们私下都叫他"大嘴巴"。当天，我们的任务是骑马追逐扮演佐罗的演员，每个人手底下有两到三匹马可供使用。这样在马休息时，拍摄也不需要中断。现场一切准备就绪，我们准备拍摄的是扮演佐罗的替身演员在前方骑马奔跑，而饰演墨西哥军队中士和中尉的替身演员，将带领其他特技演员在他后方约150米左右的地方追赶。

在去片场的大巴车上，"大嘴巴"继续吹嘘，一路不停，我们好不容易挨到了现场。这时，对讲机传来"准备开拍"的指示。现场参加过拍摄的马匹都听懂了，于是它们开始后腿直立，原地转圈，表现得跃跃欲试，期待着对讲机接下来传来"开拍"的声音。其中一名牛仔把一匹马的缰绳解下来，把那匹马带到"大嘴巴"面前，说："让我们看看你有多厉害。"开拍后，饰演佐罗的替身演员出发了。过了几秒钟后，饰演墨西哥士兵的我们也追了出去。但不久后就出问题了。由于"大嘴巴"没办法控制自己那匹马的速度，所以他只能一直往前冲，很快就超过了身边的人，紧接着，他就超过了中士和中尉的位置。如果我们再往前跑50米，估计他就要追上佐罗了。他一边骑马大叫着"驾"，一边冲工作人员嚷着"借过"。

导演被气疯了。他让工作人员赶紧把"大嘴巴"这个混蛋送出片场，然后让演员中不会骑马的人主动站出来，并保证不会解雇这些人。显然，我们都不需要站出来。"大嘴巴"灰溜溜地走了，由于他的夸夸其谈，他的从业年限屈指可数。其实说实话，他还是个不错的牛仔，就是太管不住自己的嘴了。

特技演员们的幽默并不是简单地说说俏皮话或者开开玩笑，有时候我们还会乘机对朋友进行"打击报复"。有一次沙漠摩托车比赛结束后，我和艾伦·吉布斯一起开车回家。在路上的时候，他管我借火机。我就把自己那个价值一美元的芝宝（Zippo）[①]给他了。他拿过去后打了好几次都没打着火，于是摇下车窗把火机扔出了窗外。我一句话也没说。过了几公里后，我们在一个加油站停下。他走进商店买了好几盒火柴，把它们放进我的手套箱里，告诉我说这些应该够我们周末用了。几个月后，我们又一同坐在车上时，我管他借打火机。他把自己纯金的、价值上百美元的登喜路（Dunhill）[②]拿了出来。没错，这次轮到他的打火机打不着火了。于是我摇下车窗，把火机扔了出去。沉默了几秒钟后，艾伦开口说："等我们到下一个加油站时你去买些火柴回来吧。"

---

① 美国实用型打火机品牌。
② 英国奢侈品品牌。

我再举一个有意思的例子。我、比利·伯顿以及另外14个特技演员，我们一同去图森参加由弗兰克·西纳特拉（Frank Sinatra）主演的《鬼马大盗》（*Dirty Dingus Magee*，1970）的拍摄。伯顿也是一个喜欢恶作剧的人。有一天，当我们在一个巨型停车场练习特技驾驶时，我突然想起把钱包忘在酒店了，于是管比利借车回去取，比利二话不说就把车钥匙扔给了我。我快速回去拿上钱包，又立即返回停车场。但是我并没有乖乖把车停好，再好好地把钥匙还给比利。我把车开进停车场，然后180度急转弯，开始原地转圈，直到其中一个后轮被磨破才停下来。我把车开到大伙跟前，停稳，并把钥匙扔回给比利，说了句谢谢，比利回答说不客气。大伙又回到原位继续练习了。

当天练习结束后，比利单独留下来换车胎。我问他是否需要帮忙，他回答说自己能搞定。

《鬼马大盗》杀青后，我们一伙回到了我家的马棚附近继续训练。那天，我们在一个多沙的河床上进行马匹摔倒的练习。伯顿想回去换一套马缰，于是管我借车。我把钥匙扔给了他，当钥匙飞在半空时，我突然想起了自己在图森的恶作剧，心中暗暗祈祷比利已经忘记那件事情了。当比利开着车从马棚回来时，他开始转圈、飞速前进，以及做着一些我前所未见的汽车特技。随着隆隆的引擎轰鸣声，地面扬起了厚厚的沙尘，大家都自动退让到远远的地方。虽然在泥地上车胎不会轻易被磨破，但听着声响我就知道他正以低挡高速驾驶，我开始担心自己汽车的引擎能否撑得住了。好不容易车子终于停了下来，等烟尘散去后，比利从车里走出来，对我表示感谢，告诉我车钥匙还插在车里。

加里·麦克拉蒂也是个幽默感十足的家伙，在拍摄《火爆三兄弟》的时候发生了一件趣事。有一天，我在做特技表演前特意把照相机交给他，让他等会儿帮我拍点照片。等我演完后，我问他拍得如何。他回答说我肯定会喜欢他的大作的。当我把底片冲印出来后，我发现第一张照片是加里的大头照，他是把照相机举到一臂距离然后自拍的。后面连着好几张照片是他让旁人把一匹马的马尾提起来，然后拍的全景、中景和特写。加里拍了很多有意思的照片，但没有一张是我表演的情景。我问他怎么不拍我，他回答说因为胶卷用完了。

当拍摄《小巨人》的时候，罗伊·克拉克是饰演卡斯特的演员——理查德·马利根的替身。克拉克从来不自己买香烟或者糖果，在现场候场时，如果有人聚在一起聊天，罗伊就会走上前去，从他们衣服兜里掏出香烟，自己点着，然后把香烟盒放回他们的口袋里，非常自然地加入他们的聊天当中。如果有人在吃糖果，那他就会过去把糖果掰下来一块，好像大家都会这样做似的。有一天，大家终于忍不住了，决定"教训"一下他。几个演员先聚在一起，其中一个拆开了一块巧克力。罗伊安静地走过去，从对方手里掰走了一大块巧克力，又若无其事地走开了。但这次他搞错啦，他没有看清楚包装纸就把战利品塞进嘴里，那可是一大块泻药啊。这次以后他就长记性了。

不管男人年龄多大都是玩心不止，我们这帮特技演员也不例外。有一次，我们一行12人打扮成印第安人，带着全套弓箭，在环球公司的露天片场参加拍摄。片场面积很大，整个场景包括四五条西部样式的街道、一个欧式小镇、不同时代的城市大街、一个停着内河船的巨型湖泊、连绵的丘陵、巍巍的高山以及一些乡村小路。由于要先拍摄对白场景，所以我们这些特技演员们就有几个小时的自由活动时间。我们在其中一条西部街道上闲逛，这条街上酒吧、旅馆、干货店、监狱和五金店一应俱全，是非常典型的西部小镇风光。我们开始讨论怎样才是跟踪与偷袭的最佳方法，而这场讨论逐渐发展成了一场游戏。这种成人版的捉迷藏，更准确的名称大概是"被抓到就完蛋"吧。

我们6人一组，总共两个小组，开始了游戏。第一组由我带队。我们先来到两条街外的地方，在第二组找地方隐蔽的10分钟里保证不偷看。10分钟后，我们回到第二组躲藏的街道上，想办法把对手找出来，找到后双方用道具弓箭进行对战。我们认为这个游戏非常安全。道具弓的射程只有20米左右，而且道具箭的箭头是由橡胶制成，罗宾汉也不能用那样的弓击中敌人，即使击中了也不会造成实际伤害。但我们之前没考虑到这是近距离袭击，第二组可以以逸待劳，这是他们的先天优势。当第一组展开寻找时，隐藏身形非常困难。由于地板老化，我们每踏一步都会让脚下的木头发出声音。而门上的合页也锈得厉害，门一推开就咯吱咯吱地响。

我是我们小组里第一个中箭的。我刚走进旅馆门，冲到大堂的中间，就听到"喂"的一声。我赶紧四处张望，但什么也没发现。这时一个声音传来："在上面呢，哈尔。"我抬头看向橡子，只见一支箭迎面飞来。我赶紧转过身去，箭射到了背上，我疼得叫了出来。橡子仅高1.5米，坐在上面的那个人笑得前仰后合。

第一组以0:6输掉了这次游戏。每个人中埋伏的方式和中箭部位各不相同，但无一例外都挂了彩。然而我们都玩得很高兴——我们发明了一个新的游戏。在那之后，人们常常会见到拿着道具弓箭的特技演员，蹑手蹑脚地穿行于拍摄现场的西部街区或者丛林里。而大家也可以清楚知道什么时候有人被击中了：因为在间或的求饶声后，必然会响起中箭后的惨叫声。

有时候，在拍摄现场仅是提起我的名字，就能引起特技演员之间的纷争。一次，我参加一个西部电视剧的拍摄。我负责担任客串嘉宾的替身，与担任明星主演的替身演员搭戏。当天拍摄的内容是我们二人共同追逐一辆公共马车。主演的替身需要先从自己的马上转移到马车上，再爬到驾驶座，然后我来重复相同的动作。主演的替身先骑马尽可能靠近马车，接着伸手抓住马车上部的栏杆，顺势爬到马车上，等稳住身体后再向驾驶座爬过去。等他完成这些动作后，轮到我了。我骑着马与马车齐头并进，距离马车大约有一两米的距离，然后从马上一跃而起，在空中伸展身体，刚刚好够到马车上部的栏杆。双手把着栏杆，我顺势将脚从窗户那里伸进马车，然后爬到驾驶座上，和主演替身一起调转车头，朝摄影机那边驶去。

主演看到我们的表演后非常生气。他认为自己的替身让人物显得胆小又笨拙，而我则让客串嘉宾饰演的角色勇敢而敏捷。两天后，我又接到了这个剧组同一场的拍摄任务单，唯一的不同是这次我将担任主演的替身。他们只需要我表演主角从马上转移到马车上的这一段，而我上回担任嘉宾演员替身演的那一段他们也将保留，所以我不需要与另一名特技演员搭戏。

在担任替身时，我们必须想办法让演员的银幕形象高大起来，否则他将找一些专业能力更胜一筹的特技演员把你替换掉——就像我在《携枪走天涯》里的经历那样。上面我提到的那名替身演员不是我合作的首选，就连备选或备备选都谈不上。反正他永远成为不了"哈尔的伙伴们"。

除了胆识和天赋，勤学苦练也是很重要的一个特质，特技表演是没办法在镜头前速成的。如果我连着拍了一个月的汽车特技戏，第二天马上要接手马的特技戏，那么，就算我之前已经重复练习了数百次马的特技表演，我仍会在开拍前选好第二天要用的马，和它一起到沙地里去复习功课。因为马儿也好几个月没有练习了，它也需要热热身，做好工作准备。而且几乎无一例外，间隔数月后的第一次特技动作，马儿总不能顺利完成。要么是我的问题，要么是马儿动作不够标准。但我总希望在第二天正式拍摄时能一条通过，所以头一天的练习必不可少。

在我开始担任特技统筹和 B 组导演后，我仍会接到很多电视剧和电影的特技表演工作。我渐渐感到分身乏术了。

我和另一名特技演员罗伯特·亨利（Robert 'Buzz' Henry）曾经连续工作五天五夜没有回家。当时，我们正在环球公司参加由弗兰克·西纳特拉和查尔斯·布朗森主演的《得州四杰》（*Four for Texas*，1963）一片的拍摄。我担任布朗森的替身，而罗伯特则担任西纳特拉的替身。通宵拍摄结束后，我和罗伯特马上开车赶往米高梅（MGM）①。我负责开车，罗伯特抓紧时间在车上打了个盹。到场后我们一刻没有停歇，立即投入了由格伦·福特主演的西部喜剧《老爷兵》（*Advance to the Rear*，1964）的拍摄当中。罗伯特担任福特的替身，我则负责多项特技表演。等太阳落山时，我们又匆忙赶回环球公司。这次由罗伯特开车，我乘机补上一觉。在那几天里，只要片场中午放饭，我们就赶紧找个地方见缝插针睡上一会儿，让其他特技演员帮忙带个三明治果腹。就这样，我们熬过了一周。当我终于回到家时，我敢肯定我的床想死我了。

凭借自己多方面的才能，我跻身全球薪水最高的特技演员的行列。我的名声广为传播，而制片公司知道，不管是什么样的特技表演，汽车特技、马匹特技、高台坠落或火场逃生等等，凡是他们能想到的我都有办法解决，而且我从来不拒绝工作邀约。如果我的日程实在安排不下了，我也能为他们找到由我训练的、合适且可靠的年轻特技演员来负责。

而真正让我成为一流特技演员的原因是，几乎每个特技镜头我都能保证一条通过。假设你是某部片子的制片人，需要找人来演翻车特技。于是你先找来三到四名特技演员，让他们分别报价。头三名特技演员要价都是拍一条3000，而我的报价是一条5000。也许出于省钱

---

① 美国好莱坞八大影业公司之一。

的考虑，你觉得制片人应该在前三名特技演员里面挑选，但你还要考虑到一点：道具车的成本是 25 000 美元。如果报价较低的演员第一条演砸了，而且把车也损毁了，那你不仅要支付演员拍摄第二条的费用，还要增加道具和置景等其他开销，浪费的时间更是追不回来。当我的特技表演总能一条通过的名声传开后，制片人做决定时就轻松多了。

无限特技队自成立起就不断寻找并训练有才华的新人。不到两年，我们的队伍就壮大到 25 人，而且每人都在多部电影和电视剧中工作。在我们组织成立的头几年里，我们和特技演员联合会的敌对关系非常尖锐。我一直非常欣赏杰里·加特林，但他没有加入我们的队伍。虽然我们之前合作过很多次，私交甚笃，但自无限特技队另起炉灶后，我们就没有说过话。我们是第一批脱离特技演员联合会的成员，也是业内首次接收女性特技演员和少数族裔特技演员的队伍。时至今日，各种特技演员组织如雨后春笋般涌现，组织高层掌控成员工作权利的现象再也没有出现过了。

在我的职业生涯当中，我努力训练，勤恳工作，赢得了优秀特技统筹的口碑。但其实说到底，是我的合作伙伴——那些优秀的特技演员们——成就了我的名声。很多特技统筹害怕自己被比过去，所以从来不敢雇用比自己优秀的特技演员。但我恰恰相反，我不断寻求和最优秀的特技演员的合作机会，因为这样做最终是对我有利的。

我训练的那些特技演员们最终都成了业内的佼佼者，有的继续从事特技表演，有的成了特技统筹或 B 组导演，有的甚至成为导演。我总相信自己比其他人更能开发新人的潜质，不是因为我总对他们施加很大的压力，而是他们知道我"做到最好"的信条。

— 12 —
来自《盗毒》的一炮

在处理爆炸物时，如果不清楚它威力如何，那你就不该以身犯险。我曾经去西雅图参加由约翰·韦恩主演的电影《盗毒》（McQ，1974）的拍摄。龙尼·朗德尔在片中担任特技统筹，而我则是其中一名特技演员。我们在筹备一个特技镜头的时候遇到了困难。在这个场景中，公爵驾驶汽车沿着海滩疾驰，被好几辆重型机车追赶。当双方驳火时，公爵的MAC-10冲锋枪击中了一辆重型机车以及车上的司机，机车中弹后翻倒过来。但问题就出现在这里：汽车怎么在平坦的沙滩上翻滚过来呢？我们在设计翻车场景时，通常需要先在地上铺设一个坡道。当一侧车轮压上坡道后，汽车将失去平衡，侧翻在地。但是一般我们会用灌木丛、另一辆车或是其他物品来掩盖住坡道，防止穿帮。可在平坦的沙滩上，坡道根本无所遁形，朗德尔让我们都好好帮他想一想。

几天后，我想出了一个主意，告诉了朗德尔。他听后觉得太复杂了，其实我对方案能否顺利实施也不太有把握。朗德尔认为在拍摄当天再作尝试过于冒险，于是我就叫上麦克拉蒂和其他几名年轻的特技演员先进行演练。我让麦克拉蒂到我家那边准备好演练要用的道具：先找一辆报废的破车，不需要能开，车轮能转动就行，因为我们可以用另外一辆车推着它走。再准备一个小型加农炮，炮筒厚度必须在2.5厘米以上，防止爆炸时炮筒被炸碎。接着，在破车的后座地板上切割出一个洞，将加农炮炮管朝下装在洞里，炮口离地7.5厘米，并将加农炮与车架牢牢焊接在一起。然后，将三根1米长的水泥柱竖直放到加农炮的炮筒里。最后，备上钢丝、电池盒以及点火按钮，加上五枚各含110克黑火药的炮弹，一切准备就绪。

到了周六那天，我一回家就召集麦克拉蒂和其他人准备演练。第二天一早，带上所有道具，我们一行五人开车拖着那辆破车来到洛杉矶一个干枯的湖床上，这里就是我们的试验场地。我们先讨论了多少颗炮弹的火力才能让车翻过来，我想了想，决定先用一枚试试。

我们在炮筒里放进一枚炮弹，然后再塞进一块水泥柱，最后用钢丝将水泥柱固定在炮筒内。加农炮装填好后，我们接上长长的引线，站到远处，随时准备按下点火按钮。然而，第一次试验的结果让我们都失望了，爆炸只让汽车离开了地面15厘米。这就给我们出了个难题，一枚炮弹显然是远远不够的，如果下一次我们用上两枚还是不够，那我们最后一次试验时手头也就只剩下两枚炮弹了。我们五个上学的年头加起来都不超过10年，这可难倒我们了。冥思苦想之后，我们最终决定把剩下的四枚炮弹一股脑放进去。我们摆好阵势，殊不知炸药也准备给我们点颜色看看了。

我们把四枚炮弹填进加农炮，再塞进一根水泥柱，用钢丝固定好。我们是这样设想的：炮弹爆炸后产生强大的冲击力将把水泥柱往外推，水泥柱往下冲击8厘米的距离后碰到地面，然后像杠杆那样把汽车支起来。

我坐上那辆道具破车，绑好已经破得不成样子的安全带。这辆车并没有安装防滚架[①]，我让其余的人开车在后面推动这辆车，等车速到达时速90公里时，鸣笛示意。这时，其他车闪避到一旁去，然后我将急转弯，完成漂移动作，按下点火按钮。麦克拉蒂负责驾驶后车，我准备好后示意他开始。汽车慢慢加速，过了一会儿他开车转向一旁，

---

① 焊接在正副驾驶座上的碳钢支架。在车辆发生碰撞和翻滚时，保护车内人员安全。

紧接着传来鸣笛声。我急转向左，汽车在地上打滑一圈后，我按下了点火按钮。

爆炸的冲击力让破车飞到了10米的高空中。我在空中时睁开眼睛，发现自己正头朝下往地面坠落。这可跟计划的不一样啊，等下汽车肯定会摔得很惨。汽车车顶朝下砸到地上，深深凹了进去，把车门都堵住了，但更大的问题是我无法呼吸了。幸好后挡风玻璃在落地时被撞破，我急忙从那里逃生。我手脚并用地从被撞扁的车壳下爬出，奋力张开口想呼吸空气。这时，另外四人冲了过来，在我跟前刹住脚步。其中一个人惊叫道："天呐，他还活着。"

他们将我翻过来，仰面平放在地面上。我仍然无法呼吸，只能指着自己的嘴。麦克拉蒂明白过来，给我进行人工呼吸。在他的帮助下，我的呼吸终于恢复过来，肺部重新充入了空气。一个特技演员赶紧将他的皮卡开过来，让大家把我抬上车，立刻送往医院，另一个特技演员随即也跟上车去。

我们一路风驰电掣，来到医院后，麦克拉蒂从里面飞速推出来一张轮床，并带来了一名医生。我们穿过急诊室，径直来到X光室。操作技师身形瘦小，估计还不到40千克重，她只能像推一袋土豆那样勉强地把我翻过来翻过去。我感觉她每推一下都像把我往死亡的深渊再推一步。后来我实在忍不住了，让她别再碰我了："如果你要移动我的话，让陪我来医院的那些人帮忙吧。"她告诉我那样做是不合规矩的。我说："那你把我放上轮床，安排救护车送我转院。"

她同意了我第一个请求，让其他特技演员进去帮忙。后来我才知道自己断了六根肋骨，断骨插进了肺部。当时我只感到异常疼痛。

在病房里，医生详细地向我描述了病情：脊椎骨裂、六根肋骨骨折并且有气胸。我自己数了数掉了几颗牙：一、二、三，三颗。医生让我好好在医院养上一段日子，看来约翰·韦恩这次要找别人帮他了。

医生走后，我的伙伴们围了过来。之前坐在后车的几个特技演员说，刚才我的车飞得太高了，他们透过前车窗看了一会儿，视线就被车顶挡住了。麦克拉蒂嘲笑我的吻技非常一般，下次我怎么求他他也不会亲我了。我警告他们谁要再逗我笑我就让他们坐上一段时间的冷板凳，要知道每笑一次肋骨就要疼上一阵子。我问麦克拉蒂，当时情况是不是看起来很可怕。麦克拉蒂脱口而出，恐怖程度达到满分10分。我问他，如果危险程度降为5，他是否愿意一试。他说如果车上装了防滚架，又有五点式安全带和头盔保护的话，他还是可以试一下的。我当即说："就这么说定了。现在赶紧飞去西雅图，告诉朗德尔你去替换我。"临出发前，我叮嘱他要大大减少火药的剂量。后来拍摄顺利进行，当天总共用了225克的黑火药。麦克拉蒂的汽车行驶速度保持在时速90公里，爆炸后他的车翻了12圈。除了短暂耳鸣外，他一切无恙，最重要的是拍摄效果非常好。就算仅为了这个镜头，租一次《盗毒》的录像带也非常值得。

住院的第二天早晨，我感到全身酸痛，呼吸困难，同时非常迫切地想要上洗手间。我按响了呼叫铃，一位25岁上下的漂亮护士走进病房。我向她解释了自己的需求，她问是小号还是大号，我回答说是大号。于是她让我稍等片刻，她马上去取了个便盆回来。我着急了，说："不，我坚决不用便盆。你扶我到洗手间去就行了。"她摇头拒绝了我的请求。我们僵持了一会儿后，她转身出门了。走到门口时，她回头对我说："等你做好用便盆的心理准备时再按铃叫我吧。"

过了一个小时，我越发憋不住了。这时医生进来对我做了简单的复查。他告诉我说脊椎的骨裂应该康复得比较快，但肋骨就只能慢慢等它们长好了，所以我要多忍着点。然后他补充说："由于你的肺部被刺穿了，里面聚集了不少血液和体液，如果不及时抽出来的话可能会引起肺炎，肺炎的后果将非常严重。"

我非常同意医生的说法，目前肋骨的疼痛已经让我几乎无法呼吸了。万一真咳嗽起来，我估计会疼晕过去。"的确如此。"医生点了点头。我提议说："那我们现在就开始抽取肺部积液吧。"于是医生向我说明了等下会发生的情况："我将给你打足够剂量的吗啡，你可能会因此有飘飘欲仙的感觉。然后我们会让你贴墙站立，让积液流到肺部的底部，我们再将它们抽取出来。"

"医生，我们开始吧。"我想，等他们把我搀起来后，我还能乘机上个洗手间。我可不想让一个漂亮的护士帮我清理用完的便盆，我也是要面子的。

医生给我注射完吗啡后，我全身都轻飘飘的，几乎感觉不到疼痛了。我盘算了一下，觉得时间差不多了，于是按下了呼叫铃。过了一会儿，医生带着那名漂亮护士和另一位护士走了进来。新来的这名护士两臂架在我的腋下，试图搀着我坐到床沿上。结果她脚下一滑，手上一松，我整个人摔到了床上。而正是在这个瞬间，我感觉已经来不及去洗手间了。

我感到非常尴尬，挣扎着自己爬了起来。在医生和护士的帮助下，我贴墙站好。然后医生将一根针头在我的肋骨之间的位置扎了进去，穿进肺部。那一下的疼痛真是让人永生难忘，吗啡也全不管用了。针头的另一端连着一个真空瓶子，在负压下积液很快就被抽完了。然后护士开始帮我擦洗，不知是出于破罐破摔的心理还是吗啡的影响，我竟对着正在帮我清理的漂亮护士说："等我出院后，我们一定要安排一次约会。"她笑了笑，没有接话。当时我已经恢复单身了，所以我将朋友们送来慰问的花全部转送给了护士们。公爵甚至派来一辆由六匹马拉着的马车，车上装满了鲜花，我特意将这份礼物转送给了那位漂亮护士。

住院 11 天后，我逐渐能在走廊上活动一下了，但步行速度非常缓慢。由于断裂的肋骨两端还没有愈合，每次伸直背部都会造成难以忍受的疼痛，所以我只能弓着背走，就像巴黎圣母院里的钟楼怪人卡西莫多那样。这种情况下我也不讲究形象了，每天扶着那种挂点滴瓶的三脚支架，驼着背走来走去。尽管如此，我还是想办法偷跑到医院外抽烟。

当我在医院养伤正无聊的时候，我接到了在《携枪走天涯》和《小巨人》里合作过的老朋友鲍勃·罗森的电话。我心想，真好啊，他肯定是打电话来慰问我的。我接电话后欢快地说道："鲍勃你好。最近干吗呢？"他告诉我自己正在得克萨斯拍一部名为《兄弟追凶》(*Together Brothers*, 1974)的电影，需要一帮年轻的特技演员去演一场打斗戏。他非常希望我能过去帮他训练新人，编排打斗套路。他问我说："最近能抽出时间来吗？"我知道他并没有得到我受伤住院的消息，于是告诉他自己最近就是躺着休息，没什么特别的事情做，并再问了一次任务详情和工作日程。他复述了一次，让我最好星期天的时候赶到。我盘算了一下，当天是星期四。等到星期六的时候我就办理出院手续，星期天早晨出发，刚好来得及。于是我答应了鲍勃。

等到周五时，我告诉医生想第二天就出院了。医生听后非常震惊，告诉我不该这个时候出院，然后抛出了一堆理由想说服我。我回答说他讲得很有道理，但自己已经答应朋友星期天的时候要去得克萨斯与他会面。医生说既然如此，估计他需要在我出院前再给我抽一次肺部积液。我提出最好星期六进行，医生见我主意已定，只好同意了。他告诉我制片方的保险公司将替我报销医药费，然后交给我一名得克萨斯那边的医生的地址和电话，让我抵达后尽快去找他复查。

与医生商量好后，我打电话给前妻艾琳，请她接我出院。周六下午，她将我送到伯特·雷诺兹的家里，当时我又搬回那里住了。当我驼着背走进房子里时，伯特正在和其他人开会。我跟大家打了声招呼，然后准备上楼平躺休息一会儿。伯特也是个爱开玩笑的人,他见到我这种情况,故意说道:"不管你是要爬上楼梯还是爬上职业生涯巅峰,你都得直起腰杆啊。"尽管稍微一动肋骨就会非常疼,我还是忍不住笑了出来。我向他竖了竖中指以表达谢意,转身上楼去了。

第二天我的飞机是七点半起飞。想到下飞机后任务艰巨,我决定在晚上提前打包好行李,然后电召了五点半的出租车。我将细软放进折叠旅行箱里,然后将它推到楼梯口处。早起肯定是不成问题的,我甚至觉得晚上都会继续疼得难以入睡。但为了保证万无一失,我还是让电话公司定时叫早,然后设好闹钟时间才上床休息。

我想的果然没错。晚上我睡了短短几个小时就醒来了,离闹铃响还有很长一段时间。为了不吵醒同一屋檐下的伯特,我将闹钟关掉,打电话取消了叫早服务。接下来,我强忍着疼痛洗了个澡,好好刮了刮胡子。

一切就绪,我准备出门了。看了看放在楼梯顶的行李箱,我十分肯定自己是没有办法把它搬到楼下去的,于是我脚下一踢,看着它沿着楼梯翻滚到楼下去,这也是没有办法的办法。我的剃须膏是装在一个玻璃罐子里的。但愿罐子能经受得住这样的折腾,不然泡沫就要撒满我一箱衣服了。等出租车来到后,我就将搬箱子的任务交给司机了。

好不容易来到机场,结果将旅客送往登机口的电瓶车还没开始运营。尽管路途遥远,我也只能硬着头皮慢慢往前走了。每走50米左右我就得停下来靠着墙休息,给自己鼓鼓劲,恢复恢复体力再继续走。过了不久,一位身着我从前服役部队的年轻空降兵走了过来,询问我的情况。我向他说明后,他决定要帮我一把。他一手拉着我的手臂搭到他的肩膀上,一手从身后拽住我的皮带,说了一句"走吧",就把我整个人提起来,送到了登机口。到达登机口后,地勤人员推来一辆轮椅,供我坐着上飞机。我告诉他们这会儿已经不需要了,这短短的距离我还应付得来。登机后，想到倚着垂直的座椅靠背颠簸四个小时将非常折磨人，我让空乘提前把轮椅准备好，供我下飞机时使用。

下了飞机，我就在取行李处附近看到举着我名牌的接机司机了。碰头后，我们决定我先在原地等候行李，他去停车场把车开过来接我。等上车后，我突然意识到一件事情——罗森肯定告诉了他我是一名特技车手，因为他开始用实际行动向我证明马里奥·安德烈蒂（Mario Andretti）[①]在他眼里也只是浮云。连续几个快速转弯下来，我深感自己像布娃娃一样在车里被甩来甩去。好不容易恢复正常呼吸后，我让他立刻靠边停下。等车停稳后，我严肃地跟他讲，如果等下他还开得这么快，我就自己打车走了。他感到非常不好意思，道歉说之前并不知道我身体那么不适。我反问他说："难道你以为我总是这样驼着背走吗？"

在酒店登记入住后，一位年轻的执行制片接待了我。我问她罗森哪里去了。她告诉我说罗森正在和导演看样片，然后把我领到放映厅去了。进入放映厅后，等眼睛适应了黑暗的环境，我就自己找个座位坐下了。

放映结束后，灯又亮起来了。罗森站起来寻找刚才中途进入的人，于是我站了起来，尽量站直身子，向他打了招呼。罗森看到后，问我怎么回事。我简单地向他说明了自己的伤势和受伤原因，然后张开嘴巴让他看看我缺牙的豁口。

罗森瞬间无语了，沉默了一会儿，他说："看来你做不了任何特技表演了。"我回答说："你上回说我的任务是来设计动作套路和训练演员的。"他笑了笑，说如果我能走得动路就更好了。

跟罗森打完招呼后，我准备遵照医嘱去找当地的医生复查。罗森

[①] 美国汽车运动史上最出色的车手之一。

担心保险公司不会同意他们剧组雇用一个身体受伤的人，不管是作为特技演员还是一般工作人员。我告诉他能不能在组里工作主要看我，我是以朋友，而不是雇员的身份来的。

得克萨斯这边的医生仔细看了看我带来的 X 光片。我打趣说，那看起来就像洛杉矶市中心的 101 高速立交桥那样错综复杂。他让我再拍一次片子，好检查我身体的最新状况。复查结果是我的肺部没有重新积液，但仍要谨慎对待，每三四天进行一次复查。医生提醒我要想办法多出汗，这样可以降低肺部积液的可能。在湿度几乎高达 98% 的得克萨斯的加尔维斯顿市，出汗并不是什么难事。

每天早晨，我都去片场训练那帮年轻的特技演员。最开始的时候，我向他们口述应该怎么出拳，但效果并不理想，于是我决定亲自上阵，向他们进行动作演示。每挥一次拳，我都感到像被冰锥刺中那么疼。在片场工作四个小时后，罗森都会督促我回酒店午休，等到下午我再回去继续工作。一周后，训练已经完成了一半了。那群新人练习得相当不错，而医生也说我的康复速度大大超过他的预期。

在那场大规模打斗戏的拍摄当天，我早早来到了现场，当天的拍摄是在一个码头上进行。先是一辆鸣笛亮灯的警车驶入画面内，在规定的位置上停好后，警察下车，说上几句简短的台词。在这场戏中，驾驶警车的司机和对话的队长、小队长均是真正的警察。拍摄时，汽车驶入的速度仅为时速 30 公里。第一条的拍摄场面毫无张力可言，我大感不满意，于是提议罗森让我来开车，稍微提高车速，增加画面节奏。罗森提醒我并不是剧组工作人员，不用去操这份心。我告诉罗森只管给我找来一顶警帽和一件警察衬衣，裤子就不用了，反正镜头只会拍到司机的上半身。没等他同意，我就开着警车躲开现场众人，到一旁练习去了。由于码头是用木头搭建而成，表面比较湿滑，我需要调整出合适的车速和刹车时间。试了几次后，我就练习完毕回到现场，换好戏服准备开拍。

　　我把车停在离码头 300 米的出发点处，等候开拍的指示。导演一声令下，我踩下油门，以每小时 100 公里的速度朝摄影机方向开去。我瞥了一眼坐在副驾驶的警察队长，他紧张得一手抓住门边的扶手，一手扶住仪表盘。在离摄影机 30 米的地方时，我踩下刹车进行漂移，警察队长吓得大叫"小心别撞上了"。当我把车稳稳停到离摄影机 3 米的位置上时，警察小队长吓得全身都僵住了。接下来就等两位乘客下车，走到设计的位置上了。几秒后，他们才回过神来，打开车门下车，但不幸的是他们忘记台词了。于是我们重来了一次。结果第二条时，他们还是没记住台词，两人胡编乱造演完了。导演指示再来一次，第三条拍摄终于通过了，尽管我觉得他们的声音听起来像是高了三个八度。这个镜头拍摄了三次，我每次都把停车位置控制在离设定位置 15 厘米以内。拍摄结束后，罗森把我拉到一旁，教育我不该如此捉弄那两位警察。

　　警察队长没能体会我的幽默，拍摄后全然不理我。而小队长则说他从来没有见过车技如此高超的人，问我是如何做到的。我回答说："手熟而已。"

　　当天晚上拍摄的是那群新人演出的枪战戏。他们一个个都架势十足，达到了专业水准。听到我的夸奖，他们都开心地笑了。我在这个剧组的工作也告一段落。罗森评价我是个十足的疯子，但正是这种与生俱来的疯劲成就了我的事业。在回家的航班上，我静下来想，这到底算疯狂还是敬业呢？不管答案如何，我能底气十足地说一句，我从业以来从没有因为头疼发热而请病假。

— 13 —
车船特技

20世纪70年代，伯特·雷诺兹成了世界票房第一的演员。我也凭借着担任伯特的替身，以及在他主演的片子里担任特技统筹和B组导演，工作不断，收入丰厚。

伯特曾在两部反映典型的乡下男孩形象的电影中饰演烈酒走私商，这两部电影分别是《白色闪电》(*White Lightning*，1973）及其续集《短吻鳄》(*Gator*，1976）。在这两部片子中，伯特一直饰演一个逃避警察追捕的角色。接手《白色闪电》是所有特技统筹梦寐以求的工作，因为剧本的每一页都包含一场汽车追逐戏。一般在这种情况下，我会让制片组提前准备好大马力的汽车。但在拍《白色闪电》时情况并非如此。我们得到的是两辆史蒂夫·麦奎恩剧组淘汰下来的汽车。所谓"淘汰"是指它们真的几乎无法使用了：减震器几乎报废，引擎马力严重不足，连车轮都难以驱动。我估计要喷上WD-40万能防锈润滑剂把轮胎好好处理一番，才能将车子开动。

对于专业赛车手而言，通过弯道最快的方法是避免后轮高速运转，以致与地面摩擦到冒烟，滑行而过。这也就意味着我们要尽可能降低车轮与地面的摩擦力。但在电影中，车轮运转得越快，冒出的烟越浓，车辆受损情况越严重，画面就越有看头。在《白色闪电》一片里，用那两辆车实现这种画面效果的唯一方法是，加大转弯前的行驶距离，逐渐提高速度，然后急转弯，同时继续踩住油门。接下来我要通过调节油门和离合控制好车速。如果你看过越野赛车，你应该可以想象那种场景——不同的是，我是在人行道上驾驶的。我和另外四名特技演员参演了这部戏。他们找到的车也没比我的好，但我们在有限的条件里创造了惊心动魄的特技场面。

电影里用于特技拍摄的车都是经过改装的，这点很多人都不知道。至于如何改装则取决于具体的特技场景需求，或是画面预期效果。如果要拍摄翻车特技，我们就要先在车上安装防滚架，还要保证防滚架在拍摄时不会穿帮。如果汽车需要疾驰、旋转或滑行，那我们就要在车上装好弹簧和减震器，还要调整好车胎胎压。你想要一个爆胎的场面吗？没问题，特技组的工作人员在防滚架内部装上一个对准轮胎的锥形炸药①，在恰当时机按下炸药引爆按钮，车胎也就随之爆炸了。

有一回，我要在一场汽车追逐戏中驾驶一辆救护车。你知道吗，其实救护车是一种重型车辆。开拍前，我要求先将车轮加固。救护车车队的队长让我放心，他说车轮足够牢固，结果并非如此。当我开着救护车滑行通过一个转弯时，左前轮飞了出去。由于之前车速很快，车轮飞出去后撞到了后勤人员放置剧组午餐的地方。幸好之后它撞到了前方停靠的警察摩托上，终于停了下来，没有造成人员受伤，制片公司不得不买下了那辆被撞毁的摩托车，而第二天，我终于开上了车轮加固过的救护车。

《白色闪电》中的一场特技表演几乎要了我的命。剧本要求伯特（也就是我）开着车从河堤上飞跃到正在离岸的运沙驳船上。我希望在保证安全的前提下，尽可能远地让车飞上船。根据以往的经验，如果我要飞跃18到20米的距离，那车开上飞车坡道时，速度将需要达到每小时120公里。

我叫上驳船船长一起先进行彩排。一名特技演员站在驳船的船尾，

---

① 滚架内部装上一个对准轮胎的锥形炸药，是反装甲弹药中一种常见的炸药。

负责抓着一根绳子的末端,绳子在 18 米处打了一个结。我则站在紧挨岸边的飞车坡道的末端,抓着同一根绳子。准备完毕后,我举手示意船长开船,同时开始计时,看绳结要多久之后才能经过我的手心,这个时间就是驳船驶离飞车坡道末端 18 米所用的时间。

第一次彩排时,我举手示意,船长立刻快速发动引擎。但 30 秒过去了,驳船一动不动。好不容易看它终于缓慢地往前开去,当我摸到绳结时,我看了下手表,总共用了 1 分 50 秒,看来控制时间不容易啊。船长驶回起点后,我问他刚才船速是否正常。他说下次可以开得更快一点,刚才起航时船底陷在岸边的泥地里了。如果下次慢速启动引擎,他有信心可以提高船速。我们又来了一次,这次行驶 18 米的时间为 40 秒。

于是我决定用第二次测得的时间和车速来计算起跑位置。但为了保险起见,我想再排练一次。船长按要求再次出发,这次也刚好花了 40 秒。接下来,我们又进行了数次练习,算出了开船后到我发动车子之间的时间间隔。但这时我发现了另一个问题:由于坡道很高,我把车开上去后将无法见到驳船的位置。于是我让另一名特技演员举着一面红旗站在一旁,如果他发现驳船起航时出了问题,就随时向我挥旗示意。

一切准备就绪,我们也各就各位。我坐上车,用对讲机询问船长是否可以出发,他回答没有问题。我嘱咐船长,只要一收到我给他发出的起航信号就全速前进,他说记住了。然而,这句话几乎要了我的命。

接着,我用无线电告诉摄影师可以开拍了。对方回答摄影机已开机,"哈尔,就看你的了。"我又问道:"船长,准备好了吗?"船长回答:"好了。"为了让他不要紧张,我告诉他听我的倒数。从 10 数到 1,我喊道:"出发。"

我盯着手表上的秒针,当时间一到,我立刻将油门踩到底,一鼓作气冲上坡道。举旗的那名特技演员没有任何动作示意我停下，根据预测，这时驳船应该已经距离坡道末端远于25米了，要顺利飞车到上面的机会非常渺茫，所以我决定要动真格了。当时速到达120公里时，我抵住油门，从坡道上飞了出去。在半空中，我惊讶地发现驳船驶出的距离要比排练时远多了，我极有可能无法落到船上。如果是这样的话我就死定了，河水如此湍急，河床积满淤泥，要真掉下去我就要命休于路易斯安那州了。

汽车撞上了前保险杠和前轮之间的驳船尾部，车头略往下倾斜，这导致汽车向前蹦了一下，骤然停止。汽车在船尾随着驳船上下晃动，我从车窗向外望去，下方就是汹涌的湍流，估计胡迪尼（Houdini）[①]表演逃脱魔术时的速度都赶不上我。我急忙钻出车窗，跳到驳船上，随即晕了过去。船靠岸后，剧组工作人员一刻不停抬起我送到了医院去。万幸我只受了点皮外伤，并无大碍。

回到剧组下榻的旅店后，我向其他特技演员询问事情经过。我感觉自己在空中飞了30米才落到驳船上。他们事后询问了船长把船开到那么远的原因，船长回答说平常排练时他只踩四分之三的油门，但这次听到我说"全速前进"，于是他就按照嘱咐开足了马力。百密一疏，我从来没能想到他在排练时只用了75%的马力。

其实我早该意识到这个问题的。当与行外人合作的时候，他们一般不了解我们行话的意思，这就引发了双方的误解。而且，他们临场时总是比较紧张，更想加把劲表现得更好，这不怪他们。有时候，这种卖力表现的行为会导致迥然不同的结果。如果当时我没有将油门踩到底一路驶上坡道，组里的工作人员可能就要到湍急浑浊的河水里去打捞我了。

---

① 美国魔术师，被称为史上最伟大的魔术师、逃脱术师及特技表演者。

《白色闪电》在全国范围内取得了巨额票房，于是制片公司乘胜追击，开拍了续集《短吻鳄》。在续集里，伯特饰演的角色刚刚刑满出狱，住到了佐治亚州的沼泽区里。开场的快船追逐戏就发生在那里，税务官员们追着伯特查缴私酒，而伯特则驾船逃逸。我们为这场戏专门定制了 15 艘木船，当我的船撞上另一艘船的舷侧时，被撞的船将从中间开裂成两半。这场戏中，15 艘船将全部被毁掉。

　　当我们拍摄汽车追逐戏时，道具总是越精良越好。但《白色闪电》的先例也让我们知道，愿望很美好，现实很残酷。幸运的是，在拍摄《短吻鳄》时我获得了令人满意的道具。伯特作为片子的导演兼主演，想办法帮我搞到了"火箭推进道具船"。在这之前，我就已经将火箭推进器引到了我们行业中。以前在拍摄一则广告时，我将火箭推进器安装到一辆皮卡上，让它能飞跃峡谷。从那以后，每当我们需要有无穷动力的运输工具时，大家都懂得该用火箭推进器了。

　　我将一个 1500 马力的火箭安装到一艘 5 米长的道具船上，接下来就是大开眼界的时候了。但有一点我要提醒大家，我们在拍摄时一般不会用尽全部马力。当船飞起来时，它曾达到了创纪录的 42 米的高度。可想如果竭尽全力，这个记录还要往上提。

　　有一次，当我全速开着那艘船调头的时候，螺旋桨在水面上冲出了一个大漩涡，船陷到了水中的凹洞处。为了不陷进沼泽里，我将马力调小，但这时水面形成了一个斜坡，在火箭推动的作用下，船沿着水面坡道直冲上 15 到 18 米的空中。此刻，饰演联邦调查局探员的演员们都已在各自的木船上就位，我乘着"火箭船"越过他们的头顶，落下时砸沉了好几艘船，然后继续开着船在他们周围绕圈圈，这实在有趣极了。

　　在影片的后半段有这么一场戏：杰里·里德（Jerry Reed）饰演的反派角色开着一辆皮卡逃跑，而这时伯特跳上了车斗。在皮卡疾驰的过程中，伯特爬上驾驶座旁边的脚踏板，从车窗那里探进身体，与里德打斗，争夺方向盘的控制权。接下来就轮到伯特的替身——我上场了。当皮卡开上路堤的时候，车头上扬，开始往一侧倾倒。就在这会儿，我从皮卡上跳下，并要尽可能跳得远。由于我的初始速度与皮卡相同，所以落地时我离车身只有十几厘米的距离。当我跳到空中时，我就大概猜到我跟车之间的距离不够远，而且万一皮卡落在我身上，我必死无疑。万幸的是，当皮卡翻倒砸到地上时，右前挡泥板陷入了沙地里，车速因此慢了下来，而惯性使我得以将将超过了车身。

在《白色闪电》和《短吻鳄》之间，我和伯特还合作了一部叫《幸运女士》（Lucky Lady，1975）的电影，片子是在墨西哥的瓜伊马斯市拍摄的。这件事情有好有坏：好的是我得到了一份不错的工作，坏的是我赚钱的速度赶不上我花钱的速度。造成这种结果的原因有几点：首先我不是这部片子的特技统筹。尽管和莉萨·明奈利（Liza Minnelli）、吉恩·哈克曼一样，伯特也是这部片子的大牌之一，但无奈片子的特技统筹不重视我，我也看不上他。要不是伯特是这部片子的主演，估计我也没机会在这个组里工作了。

我深知在这部戏中，如果伯特不需要替身，我就没有上场的机会。而偏偏在这部片子里，伯特很少有需要替身的时候，只有在他需要做一些危险系数较高的表演时我才会去拍摄现场。有一天，我在拍摄任务单上看到当天有这么一场戏，伯特和吉恩·哈克曼正站在一辆卡车旁边，然后油箱突然发生爆炸。尽管那天没有接到拍摄通知，但我还是决定去现场看看特效组的工作人员是怎么设计装置的。我好好观察了一番，问了几个问题，没想到特效组的工作人员因此非常生气，讥讽我对炸药的相关知识一无所知。我告诉他们，以我现有的知识足以做个炸弹将他们炸到太空去了。他们让我别多管闲事，然后就转身走了。自多年前《牧羊孤儿从军记》的经历后，我已经很久没有被人这样威胁了。我从业多年，自认为有一定经验，当然不愿看到我的长期饭票伯特有任何闪失。

伯特和吉恩比我更说得上话，于是我把自己对爆炸装置的担忧告诉了他们，并建议他们提前先看一遍爆炸演习。听完之后，伯特不露声色地向导演斯坦利·多南（Stanley Donen）走去，问他在爆炸戏中自己和吉恩的站位，多南指了指离炸弹一到两米左右的一个地方。然后伯特提出想先看看炸弹的效果，让自己有心理准备，好在正式拍摄时不会因担心安全问题而分心。多南认为很合理，毕竟他也不希望正式拍摄时出什么岔子，那就麻烦大了。于是他叫来特技组的工作人员，让他先来一次。那位工作人员的目光穿过人群，落在了我的身上。我直视他的眼睛，朝他微微一笑。

工作人员走到卡车前，接上引爆线。当他准备好后，我提议让他站到正式拍摄时演员的站位上，好给演员们一点信心。他听后一言不发地看着我，往后退了几步，拉大了自己和卡车的距离。说了句"小心炮火"后，他按下了引爆按钮。刚才那句话并不是随口一说的：爆炸引起的炮火覆盖了整辆卡车，还蔓延到伯特和吉恩正式拍摄时的站位处。伯特见状后开口道："我敢肯定你黑火药用过量了，更不用说汽油了。你再给我们演示一次吧。"

第二次的爆炸范围有所缩小，但仍然波及演员的站位处。我告诉了伯特自己的担忧，但伯特认为没有问题可以开拍了，他不想被特技组的工作人员当作是胆小鬼。于是爆炸场景正式开拍，一切正常。拍完后，伯特悄悄告诉我爆炸的火焰实在太烫了。

第二天我又去了片场，自己找点事情做，顺便蹭下剧组的午饭。当时一群特技演员正在讨论如何从桅杆瞭望台上完成高台坠落动作，我隐约听到导演的意思是，想让他们利用瞭望台旁边的绳梯来减缓坠落的速度，好让摄影机能捕捉到他们从顶上落到12米下方甲板上的全过程。这就意味着拍摄时无法使用着陆垫，否则就会在镜头前穿帮了。哇，要是演员没能抓到绳梯上的任一根横档，他都将伤得不轻。多南还有另一个听起来很吸引人的主意：演员在坠落过程中要在绳梯上滚落下来，而非滑落。

特技统筹让随便一名特技演员自告奋勇，先试一下这个场景，但无人请缨，他自己肯定也是不愿意上场的。我想了想，试试又何妨？于是我举起了手，说：“今天我没有收到正式通知，我猜你肯定是不小心把我的名字漏掉了，所以我为了免费的午餐自觉来了。既然我来了，如果没人觉得自己能比我做得更好的话，我愿意上去试一试。"

他沉默了几秒，可能在盘算万一我因此受伤或发生更糟的情况时，得将我这个口无遮拦的人迅速遣走。过了一会儿，他告诉我说这个特技场景的演员还没定下来，如果我想接也没问题，然后他就让我去换服装了。我换好坏蛋的戏服，回到原处等候指令。拍摄准备就绪后，他们让我就位。我沿着绳梯爬到了瞭望台，往下看了看甲板，这可比在下面看的时候高多了。但这时我已经没有退路了，不然尼达姆是个胆小鬼的消息将在一夜间传遍整个好莱坞。要知道，这些都不是我平常合作的特技演员们，他们都不喜欢我，我也谈不上和他们有私交，因此他们肯定非常乐于散播我的坏话。

尽管不太完美，我还是完成了这个特技动作，然而没有一个人上前对我表示赞赏。但谁管他们呢，我早就料到如此，而且我也猜到他们没一个敢做这个动作。这个动作确实非常棘手，幸好我足够小心，避免了受伤。而特技统筹要将我遣送回家的想法也就烟消云散了。

拍摄《幸运女士》的过程中，伯特要抽空去图森市参加一个记者招待会，宣传自己最新的一部影片，制片公司派了一架私人飞机到片

◀与车手哈里·甘特庆祝"干杯-强盗"队赢得纳斯卡比赛(大卫·卓贝特(David Chobat)摄影,赛车历史时刻责任有限公司供图)

▶著名的33号赛车"干杯-强盗"号(大卫·卓贝特摄影,赛车历史时刻责任有限公司供图)

◀获得奥斯卡金像奖的全能摄影车(个人收藏)

◀ "你的警号是什么？"与小萨米·戴维斯在电影《炮弹飞车》现场（©1993星空传媒［香港］有限公司。版权所有）

▶ "不是我说你们，警察肯定不会相信你俩是神父。"从左至右：伯特·雷诺兹、迪安·马丁及小萨米·戴维斯在《炮弹飞车》现场（©1993星空传媒［香港］有限公司。版权所有）

◀ 在将"百威火箭"号汽车捐赠给华盛顿特区的史密森尼博物馆国家航空航天展馆的捐赠仪式上（个人收藏）

◀从左至右：柯克·道格拉斯、安－玛格丽特及后来的加州州长阿诺德·施瓦辛格在电影《疯狂大镖客》中（©1979疯狂大镖客公司。版权所有。哥伦比亚影业供图）

▶与弗兰克·西纳特拉同游（个人收藏）

◀慧眼识英的我在电影中扮演自己！与多姆·德路易斯及伯特·雷诺兹在电影《炮弹飞车》片场合影（©1993星空传媒［香港］有限公司。版权所有）

于通用汽车广告中驾驶火箭动力卡车飞越运河,创下纪录,同时经受第一次脊椎骨折
(个人收藏)

哈尔·尼达姆特技人玩偶包装盒正面(个人收藏)

在电影《幸运女士》中完成从瞭望台到甲板的无着陆垫高台坠落特技（©1975 20世纪福斯。版权所有）

在《短吻鳄》中担任伯特·雷诺兹替身，完成图中的特技动作差点要了我的命（©1976米高梅制片厂。版权所有。米高梅传媒授权管理分公司供图）

一次飞行高度创世界纪录的飞艇表演。在《短吻鳄》中担任伯特·雷诺兹替身（©1976米高梅制片厂。摄于1976年，版权所有。米高梅传媒授权管理分公司供图）

▲在电影《雷玛根大桥》拍摄期间，透过我车上的挡风玻璃向外看到的情景。摄于苏联入侵布拉格期间。这是真实的战争，并非战争片（个人收藏）

▶在电影《白色闪电》中担任伯特·雷诺兹替身，飞车冲上行驶中的驳船，差点坠河（个人收藏）

场接他。由于他不在组里时，我和他的私人化妆师汤姆都没有任务，于是他就问我们有没有兴趣和他一起去图森玩一天，第二天再回来。我和汤姆都觉得这个主意不错。

到达酒店后，伯特就去房间休息了，我和汤姆直奔酒吧。畅饮之际，几位女士走了过来，我们就聚在一起聊天。闲聊一会儿后，她们问我们是做什么的，汤姆说他是公共卫生部门的职工，具体工作是开垃圾车的。为了不被比下去，我说容易的活儿都被他占了，我负责将垃圾扔上车斗，可比他的工作繁重多了。

我琢磨了一下，觉得是时候让大人物出场了。和大家打了声招呼后，我走到一旁给伯特打电话，问他能不能假装经过酒吧，和我们打招呼后再若无其事地走开。几分钟后，伯特来到我们的桌子旁，邀请我们等下共进晚餐。我与汤姆和他约定在大堂碰面，然后伯特就走开了。那些女士难以相信眼前看到的一切，陷入了困惑中：那位男士看起来像伯特·雷诺兹，听起来也是伯特·雷诺兹的声音，但堂堂大明星为什么会那么自然地和两个清洁工说话呢。

于是她们问："刚才那个乔装打扮的人是谁啊？"我们回答说他是我们的同事，我们三个一起收垃圾的。其中一位女士说："我看不对。他就是伯特·雷诺兹。"她笑我和汤姆两个人实在太顽皮了，看到被揭穿，我们只好坦诚了刚才的玩笑。接下来她们就抓着我们问各种问题，一直持续到晚上才罢休。伯特是一位很有风度的人，谁有需要他都会及时伸出援手。

电影拍摄缓慢进行，过了好长一段时间我都没有接到演出通知了。于是我决定自己找点乐子做。我跟着伯特住在一个有 14 间屋子的独栋房屋里，离制片公司给其他工作人员订的酒店一个街区。酒店配有一个巨大的餐厅和一个豪华的酒吧，我在那里消磨了大量时间。我在当地认识了来自卡罗拉多州格里利市的地产商鲍勃，和来自墨西哥的一名富翁胡安。他们也都颇好杯中之物，我们很快就成了酒吧的"夜间三剑客"，并且每天早晨都约着共进早餐。下午稍作休息后，我们晚上又到酒吧碰面了。

某天早餐的时候，鲍勃提议我们坐飞机去加利福尼亚州的卡波圣卢卡斯市吃午饭，胡安和我都觉得主意不错。这时我才知道原来我这位来自格里利市的朋友有一架双引擎客机。跳上飞机，扣好安全带，我们朝着卡波圣卢卡斯出发。当地的所有高级酒店都备有土质飞机起降跑道，在降落前20分钟致电酒店，他们就会派专车将旅客接到大堂，服务非常优质。我们降落后搭车来到酒店，喝了几杯血腥玛丽①，用过午餐，就回到跑道上准备返航。

在飞回去的途中，鲍勃突然告诉我们飞机正在失重。他将飞机上能抛起来的东西在机舱内乱扔，营造失重的感觉。一时间，杂志、银餐具、杯子和盘子飞来飞去，我觉得非常有意思。过了几分钟，鲍勃瞄准了海面上漂浮着的一艘渔船，降下机头，朝它俯冲了过去，一边飞近，他一边发出机枪扫射的声音。鲍勃握着手杖，模拟机枪扫射时的震动，大叫"我是神风特攻队②"。噢，是的，都是血腥玛丽闹的。

之后，我们飞到了路堤的上空。鲍勃又说要让我们开开眼界。这会儿飞机正飞行在离树冠四五米的上空。飞过树林后，我们看到了下方几十米处一座建在沙滩上的村庄。鲍勃又开始了机关枪扫射的戏码。令我们感到惊讶的是，地面上的人们都向我们挥手致意。但鲍勃说在他刚开始"扫射"的几分钟里，那些人都仓皇逃跑，寻找掩护。这会儿我的酒劲已经完全过去了，而我决定再来一杯。要是鲍勃这个蠢货还不赶紧降落，那我的名字可能就要出现在报纸新闻里了。当然，我

---

① 一种高度鸡尾酒。
② "二战"末期，日本为挽救其战败的局面，向美军发起的自杀式袭击的特别攻击队。

们后来还是安全着陆了。如你所想，我们又直奔酒吧，继续用畅饮结束了愉快的一天。

有一天，鲍勃说他要飞回卡罗拉多州的格里利市谈生意，问我是否有兴趣同行。为什么不呢，毕竟到当时为止，我只有做高台坠落的那一天有工作，其余时间就去了几次现场杀杀时间，蹭了几顿午饭。鲍勃说我们第二天就能返程飞回来了，于是我将鲍勃的电话留给了伯特的化妆师汤姆，如果剧组要找我的话随时给我打电话。

交待好后，我们就出发前往格里利了。到达后，你们猜得没错，鲍勃带着我直奔他最爱的一家酒吧。我们刚大喝了几杯，他的电话就响了。来电的是伯特的化妆师，他告诉我第二天的演员名单上有我的名字，早晨7点就开始了。我让他稍等片刻，然后回头向鲍勃说明了我的情况。尽管鲍勃已经喝到大舌头了，他还是含糊地说赶回去没有问题。于是我对化妆师说："我猜我能赶回去的。"

我们赶到机场时，机场已经关闭了，全部灯都关了，天空还下着雨，四周漆黑一片。

"你说现在怎么办？"我问鲍勃。

"没事，我的飞机上有着陆灯呢。"鲍勃自信满满地回答："我这样解决过很多次了。"

"是在你喝醉的情况下吗？"我又问道。

鲍勃哈哈一笑，没有回答。我们登上了飞机，鲍勃启动引擎，调转机身，朝起飞跑道驶去。开始时情况还好，但随着我们慢慢加速，雨势也大了起来，视线已经很模糊了，前方可视范围只有不到50米。我们只能全速前进，最后终于成功起飞。我紧张得整整沉默了5分钟。鲍勃转过头来对我说："你可以开口说话了，我们已经度过了最危险的时期。"飞行了一个小时后，鲍勃决定打个盹，于是开启了自动飞行系统。我提议当他休息的时候，我来盯着各个仪表，只要告诉我哪个最需要注意就好了。他让我放轻松，他已经这样做过很多次了，什么问题也没发生过。不过如果我看到城市的景观越来越清晰，我就该叫醒他了。说完他的头往后一靠，昏昏沉沉地睡去了。我的眼睛立刻睁得像夜间寻找猎物的猫头鹰那样，谨慎地扫视着地平线和各个仪表。按照原定的航程时间，我准时看到了城市的灯光。我把鲍勃摇醒，指了指给他看。他抬头往前一瞥，嘟囔了一句"一切正常"，又睡过去了。

一个小时后，鲍勃醒了。他到客舱喝了口水，清醒了一下，然后回到驾驶座坐好。鲍勃说："我们快到了。"当我们降落时，太阳正从地平线上冉冉升起。我们下机后立刻坐上鲍勃的轿车，直奔片场。结果，当天的拍摄的内容是伯特一拳打到另一名特技演员的身上，特技统筹让我在一旁随时准备好，以防伯特需要我讲解。我简直无法相信他对我说的一切，因为他已经看过很多次伯特的打斗动作，应该知道我不在现场也不成问题。

后来我才知道，原来那个特技统筹知道我去格里利了，于是就盘算着我第二天很有可能不能按时回到片场，那样的话他就能向制片公司告发我，让我难堪，幸好我和鲍勃克服重重困难按时回来了。但后话就让人非常难过了，三年后，鲍勃在同一条航线上坠机身亡了。

特技演员虽然不是保镖，但他们在现场时都会保护好自己替身的那名演员，让他们免遭惹是生非的人的干扰。他们还会留意片场中的任何危险因素，如伯特和吉恩在《幸运女士》爆炸场面里那辆被炸飞的卡车。奇怪的是，像伯特·雷诺兹这样男子气概十足的硬汉演员，更容易招来一些小混混，似乎跟这样的人找茬能让他们产生"混出点名堂"的优越感。30岁或以上的混混们，在找茬前通常会喝点酒壮壮胆，或是由他们那些醉酒的损友们怂恿一把。

这点我早在亚利桑那州拍《携枪走天涯》的时候就领教过了。有一天收工后，理查德·布恩和我们几位工作人员在回酒店休息的路上途经一家酒吧，进去小酌润润喉。当时布恩站在酒吧门口，一个瘦高的、看起来30来岁的亚利桑那州本地人走到他跟前。这个家伙说自己看过几集《携枪走天涯》，记得在其中一集里帕拉丁（布恩饰演的角色）在一家酒吧打败了五个对手，他很好奇布恩是怎么完成这么惊人的表演的。尽管这个男人是一名很不错的拳击手，但他自认为还没有帕拉丁的本事。

布恩说自己也没有帕拉丁的本事。他承认说即使在片子里，那场打斗戏也不是他亲自上场。布恩指了指我，说："是那位坐在桌子旁边的年轻人完成了帕拉丁所有的打斗戏。"这个亚利桑那州人没想到自己的找茬就被如此轻描淡写地化解了，他惊讶地转头看着我。为了证明自己的实力，他转身朝我走来，站在我面前，我拿着一瓶啤酒站了起来。说实话，当时我完全不觉得担心，与我同桌的还有三名特技演员。我告诉他，刚才他和布恩的对话我都听到了，现在有两个方案：要么他好好坐下来，我请他喝一杯；要么我就把手里的啤酒瓶拍到他头上去。他迟疑了一会儿，笑着回答说："我知道你是说到做到的人，我还是和大伙一起喝一杯吧。"

他坐下后喝了好几杯，我们的话题也打开了。他再没提到过切磋的事情，倒是一直询问关于电影行业的相关信息，我渐渐觉得他还挺好的。过了一会儿，我告诉他自己必须回酒店洗个澡，因为等下还约了人吃晚饭。于是，他就约我们第二天继续来此处聊天。第二天晚上时，他的态度完全不一样了。他先向我们道了歉，对自己头一天晚上的失态深感抱歉，然后邀请我们几个在周日时去他的农场烧烤，我们接受了邀请。周日时，我们在他广阔的农场那儿打猎野猪。深入接触后，我们发现他是个很不错的人。我们交上了朋友，在那之后保持了好几年的联系。

我总能一眼识破那些来找麻烦的人。在《幸运女士》拍摄期间的一个晚上，我在酒店大堂等我的两个酒友，无意中听到旁边几个小年轻的对话。其中一个20来岁的小孩对自己的女朋友和另外一对情侣吹嘘说，自己能搞到伯特·雷诺兹的亲笔签名或其他东西。过了一会儿，他们就朝酒店餐厅走了过去。当时伯特·雷诺兹、吉恩·哈克曼、莉萨·明奈利以及导演斯坦利·多南正在餐厅吃饭。我快步追上那个小年轻，把他拉到一旁，告诉他想要拿签名没有问题，但如果为了向自己的朋友炫耀，做出什么出格的事情，弄得自己被保安拎走就没有必要了，而我会一直盯着他。他一头雾水，非常惊讶地看着我，似乎在问："这人到底是谁啊？"当他一路朝伯特他们那一桌走过去时，他回头看了我两三回。而我则保持微笑，一路跟着他们。当他们走到时，这位"世上最有礼貌"的年轻人先向在座的人道了歉，然后说明因为自己的女朋友非常希望能得到他们的签名，所以不得不来打扰了。伯特先在那位女孩的签名本上签了名，然后依次传给吉恩和莉萨。从莉萨手上接过本子后，这位年轻人恭恭敬敬向大家致谢。当他转身离开时，回头瞥了我一眼。我对他眨了眨眼，他对我报以一笑，开开心心地和朋友们走开了。

但是，这次经历和我帮助伯特逃过一起涉嫌谋杀罪比起来，根本不算什么。当时我们正在《猫舞》（剧组里，我兼任特技统筹和伯特的替身。片子的女主演是萨拉·迈尔斯。她嫁给了《日月精忠》的编剧罗伯特·博尔特。当电影拍摄完成了一半时，萨拉的经纪人戴维·怀庭来到位于亚利桑那州的希拉本德镇探望她。当时快到伯特的生日了，我打算在当地租一个礼堂举行一个烧烤餐会，让大家聚在一块听听歌，喝喝酒，为伯特庆祝一下。星期天早晨，我正在布置生日会现场时，一位工作人员告诉我头天晚上，戴维的尸体面朝下躺在血泊中，是在萨拉·迈尔斯的房间里被发现的。

当伯特来到礼堂时，我向他转述了早晨听到的消息。伯特问我生日会还办不办。我想了想，回答说："那死了的人肯定就不在邀请名单上了。"不管应不应该，我还是照计划举行了派对。但不出所料，派对效果并不理想。大家都三五成群站着，边喝酒边议论戴维的死究竟是自杀还是谋杀。

第二天早晨，片场疑云密布。我难得放假一天，坐在泳池边休息，结果听到了伯特由于涉嫌谋杀将被逮捕的传言，动机据说是三角恋情纠葛。我赶紧跑了出去，找到伯特和导演理查德·萨拉菲安，把听到的消息告诉了他们。当时他们正在伯特的野营车上，伯特听说自己有可能被全面通缉时震惊了。萨拉菲安不知自己的主演会出什么问题，手足无措。我建议伯特先到剧组的下一个外景地犹他州去，以免被关进监狱，并在亚利桑那州尝试将他引渡时争取时间寻求法律援助，伯特赞同了我的计划。那他该怎么去犹他州呢？我让他安心躺在野营车上，我来开车载他去犹他州。

伯特后来收到了法医的传召，要求他去作证，并顺利洗脱了嫌疑。法医后来发现，怀庭死于药物过量，因此裁定他的死为自杀。调查报告显示，有证据指明怀庭患有躁狂抑郁症，并且在之前就曾经通过威胁或自杀等行为来达到控制迈尔斯和她的编剧丈夫的目的。

这件事情刚过去，伯特又遇到麻烦了。当时我们正在一个30米深的小峡谷拍摄《猫舞》的最后一场戏，所有要用到的器材都必须由剧组员工一件一件沿着山间的小径抬到谷底去。在这场戏中，伯特饰演的角色将受到袭击。他需要沿着峡谷奔跑，跳过山石，钻到一根原木后面掩蔽。当他翻过原木，转面看向摄影机时，突然露出疼痛不已的表情，我和其他工作人员赶紧跑上去看怎么回事。伯特捂着自己的腹股沟，极度痛苦地咬紧牙关，当天的拍摄只好到此结束。驻场的护士让我们赶紧将伯特送往医院,这时我们才意识到遇到大问题了:怎么将伯特从峡谷底抬出去?制片方联系到了救伤直升机,对方说没有合适的器材能将伯特从峡谷底部搬出来,但等伯特撤出峡谷后将立刻把他转移到医院去。

我抬头看了看谷底通往山顶的路,告诉伯特,如果他还能忍着痛并且抓着我不松手,我就能将他抬上去。伯特回答说:"我忍得住。"我让工作人员从山顶上抛下来一根绳子,然后让他们将我们拉上去。借着这根绳子,我背着伯特沿山路一步一步往上走,向救伤直升机靠近。在登山的过程中,我的腿越来越乏力,伯特绕在我脖子上的手也慢慢松脱,我开始有点担心。等我们好不容易到达山顶,工作人员和医护人员赶紧将伯特放到担架上,快速送上救伤直升机。伯特被送往医院了,而我则仰面瘫软在地上,气喘吁吁。后来赶到医院时,我才知道伯特得了疝气。

我们在这个外景地的拍摄还剩下最后一天。伯特受伤后,我偶然听到制片公司的高层计划用特写拍摄伯特的对话,然后由我代替伯特完成跑跑跳跳的镜头。这样剧组既能按时转移到下一个外景地,不耽误时间,又能让伯特好好休息几天。我觉得这件事该和伯特商量一下,于是我来到他的病房,请其他人先离开一会儿,让我和他单独说说话。

我将制片公司的安排转告了伯特,他听后问我有何想法。我告诉他,当时趴在我身上爬上山顶的疼痛他都忍得了,后面的拍摄他肯定也能坚持下来。但是何必呢,制片公司买的保险能补偿这一部分的损失。另一方面,我听说如果不好好治疗,疝气也不是小毛病,我建议伯特回家找熟识的医生医治,伯特听从了我的建议。制片公司对伯特的决定甚是不满,而且也知道那是我帮伯特出的主意。伯特在洛杉矶进行了手术,不久后就回到片场完成了剩余的戏份。我敢肯定,《猫舞》杀青的那一刻是伯特人生中最高兴的时刻之一。

14

从简陋小屋到豪华大宅

我和艾琳刚离婚那会儿，有一天在片场我告诉伯特，等我从组里回家时，估计要找个简易小屋或者帐篷住了。伯特让我先去他家住上几周缓一缓，同时找找合适的房子。于是我搬进了他家，一个人住在他家的楼顶。搬进去后，我立刻着手找房源，但要在深夜2点到6点之间约上中介真是一件无比困难的事情（酒吧深夜2点打烊，而我早晨7点就要上班了）。不管如何，事情总是要分轻重缓急的，而我在伯特家住得也颇为舒适。

当时伯特正在追黛娜·肖尔，我有好几次看见她来片场探望伯特。由于现在我住在伯特家里了，和她接触的机会就多了起来。她真是一位淑女，是一位让人愉快、关心他人又真诚的南方女士。有时候伯特会告诉我，黛娜邀请大家周末一起去打网球，问我想不想一起去。尽管我不会打网球，但我想认识新的朋友，而且还想尝一尝黛娜的好厨艺，于是我就答应了。过了一段时间后，我感觉和黛娜已经是老相识了。

当时我正需要进行一次外科手术。医生将摘除我的一部分眼皮，让我看起来不会总是没睡醒的样子。我问医生术后是否需要专人送我回家，医生说问题不大，自己打车就可以了。手术当天，我搭出租车去诊所，医生切掉了我大概200克的眼皮后，让我在恢复室休息，然后他就离开了。等医生回来后，他告诉我可以走了。我问能否让他的秘书帮我电召一辆出租车，医生说没必要。而当我们一起走到候诊室时，我看到黛娜·肖尔正站在那里，准备接我回家——我猜是这样的。我问她怎么会在这里，她回答说伯特告诉她我来做手术的事情了，猜想我应该需要人接回家去。在回去的路上，我发现她转错弯了。我告诉了她，结果她说没有错，提醒我司机自有到达目的地的最佳路径。于是我安安静静坐着，暗自猜测她打什么主意。过了一会儿，我发现我们正在去她家的路上。

停好车后，黛娜带着我往她住的家庭旅馆走去。原来她已经帮我把衣服、剃须套装以及家居鞋等生活用品搬过来了，她让我在这里一直待到完全康复，而且她和房东太太会给我做饭，保证我饿不着。听到后，我开始悄悄希望自己会伤口感染，这样我就能在那里多待一段日子了。

等眼皮的瘀青和肿胀消退后，我又搬回了伯特家，随时准备开工。那天我的工作时间比较晚，所以我就多睡了一会儿。当我起床下楼时，我听到了黛娜和我打招呼的声音。她问我想不想用点早餐。听到后我口水直流，愉快地接受了她的邀请。吃过早餐后，我上楼洗澡准备出门。当我在换衣服时，我还听到了黛娜在楼下哼歌的声音。去到片场后，我向自己的伙伴们炫耀黛娜给我做了早餐，还唱歌给我听，他们听后都起哄不已。

在某个周日，我的一些伙伴来伯特家的露台聚会喝酒。从我们家沿着山坡往上还有几栋房子，一个伙伴突然指着其中一间房子，说我们被监视了。我看过去，发现有几个女孩站在那间房子的露台边缘，拿着双筒望远镜正往这边看过来。为了不被比下去，我走进屋里也找出了自己的望远镜。当我把视野对上那群女孩时，我发现她们正在往这边招手，于是我们也朝她们招手。然后我举起了电话，通过手势告诉她们我的电话号码。其中一个女孩看见后走回室内，一分钟后，我的电话响了，正是对面房子里的女孩打过来的。寒暄了几句后，我邀请她们来家里坐坐喝一杯。她问了我家地址，说片刻就来。

我的伙伴们都说这比在酒吧里把女孩约出来容易多了。女孩们到了之后，我们做了自我介绍，然后我问她们想喝点什么，记下之后我就去酒吧那儿取酒了。我发现红酒已经喝完了，但伯特好像在另一个房间的酒架上还存了一些红酒。由于平时不怎么喝红酒，我就随便抓上几瓶回去了。女孩们都很健谈，不一会儿酒就喝完了，我又回去拿了两瓶，我们相谈甚欢。过了几个小时，女孩们说她们该回家了。我们约好下次再聚，互相留下电话号码后就分别了。由于我的伙伴们第二天都要上班，他们也走了。我打扫完露台，把空酒瓶放到吧台上，打算第二天再出门扔掉。

第二天我醒来时，伯特已经回家了。他问我昨天晚上玩得开不开心，我就把事情向他复述了一遍。他又问我们酒够不够喝，我说酒吧那里的喝完了，所以就从他的酒架上拿了几瓶，希望他不要介意。伯特回答说没有问题，但希望我能去买几瓶回来填充一下空缺。他还建议我买酒时把瓶子带上，免得买错了。于是我就拿上酒瓶出门了。那天我跑了好多家卖酒的商店，没有一家有出售那种酒的。最后有一个店主建议我去他说的一家店看看，说那里肯定有卖的。

我开车来到那家商店，将酒瓶交给店员，询问他们是否有那种酒出售。店员看了一会儿瓶子，回答说有的，问我是否要来一瓶，我让他给我拿四瓶来，他听后就去门店后面的仓库取酒了。回来后，我见他用泡泡纸把四瓶酒包装起来，仔细地放进袋子里。还用上了泡泡纸？看来情况不妙。我问他总共多少钱，他走到收银台前，在收款机上按了几下，回答说总共1400多。我的腿瞬间软了，心想伯特这会儿肯定在得意地大笑。无可奈何，我将信用卡交给了店员。

我拎着酒回到家里，看见伯特后假装漫不经心地说："酒我就放到架子上啦。"等我从房间里出来，伯特笑着问我："真是昂贵的一夜啊，对吧？但愿你春宵一度。"我回答说："昨晚没有，我只留了她的电话。不过现在看来我们也不会再约了，她肯定以为我们拿了一些便宜货来招待她。"但这也无所谓，因为我们再也没见过了。

听到这里，你也许会以为我和伯特两个痞子天天就凑到一起举行派对，找来附近的女士们夜夜笙歌，但我必须说你猜错了，我和伯特在片场碰面的次数比在家碰上的多得多。当时他在追黛娜，很少回家过夜。而我则属于能约上谁就约谁的那种，偶尔也不回家。

有一天晚上，我和一位女士约会，午夜时才一起回到家里。作为一个从来不错过任何酒吧的人，我们在楼下喝了几杯后才上楼去。大概两个小时后，我听到很近处传来一个声音问"有人在家吗？"我好像从来不把回家后锁好门当一回事，打开灯后，我发现一个全身赤裸的男人站在走廊处，身上被刺了14个伤口，血流不止。我的女伴也起来了，这会儿有三个全身赤裸的人站着，茫然地相互对望。

过了一会儿，这位不速之客就躺倒在地了，我赶紧把枕头垫在他的头下。他说想喝点水，我回答以他目前的状况，最好不要摄入任何液体了（他看起来就像个不断喷水的喷泉）。我让女伴赶紧打电话叫救护车，然后去大门那里引导救护车进来。伯特的房子位于街尾深处，不太好找。女伴套上连衣裙，回答说："没门，你去等救护车，我在这里陪着他。"

当时我非常担心受伤者的情况，并没过多思考他受伤的原因。女伴打电话叫了救护车，等了几分钟后我朝大门跑去。打开屋门后，我听到沿山而上的车道旁灌木丛里传来了明显的沙沙声，紧接着一个人影从灌木丛里滚了出来。那个人爬起来后迅速朝我这边跑来，当时他离我仅仅不到半米的距离。我转身拔腿就跑，跳回房子里立刻把门锁上。我大声呼喊，让女伴打电话叫警察，然后拿上个空酒瓶走到窗户前守着，防止屋外的人破窗而入。听到窗前灌木丛传来了动静，我走过去一探究竟。那个人正跑向山下，冲向我们房子下方一位医生的家里。

过了不久，门铃响了。我去应门，发现是警察来了，于是按下门闸按钮让他们进来。来的是一男一女两位警察，那位女警察问我是否遇见了什么不寻常的事情。

"你在开玩笑吧。"我诧异地回答道，"我楼上的房间里正躺着一个血流不止的裸男，他快死了。"

女警听后对同伴说："找到他了。"

我打断了她："不，我想你们要找的人跑到山脚去了。"

女警听后拔出了枪，朝我指的方向冲进了灌木丛里，我心想她胆子可真大。另外一名警官让我带他去看伤者，我领着他上楼，警官看到人后用无线电传召救护车，我告诉他我们已经打过电话了。过了一会儿，门铃又响了，这回是救护车来了。我去门口迎接医务人员，把他们带到楼上。当他们将伤者抬上救护车时，屋门外已经聚集了20多名警察了。听着警察们讨论案情，我慢慢把刚才发生的所有事情组织到了一起。

事情比较复杂，我尽量简单地复述。在伯特家上方的一户人家住了两个男士，那天晚上有一个歹徒破门而入，用刀袭击了他们。其中一个人被刺中六刀后，全身赤裸跑到街上，尖叫着喊救命，一位邻居听到后报了警。警察叫来了救护车，将他送到医院救治。然后警察挨个房间按门铃，在附近排查那名歹徒，并不知道另一名伤者逃到了我的房间。

然后警察开始问我的相关信息，我把自己知道的都告诉了他们，并请求警官能否让我的女伴先走，免得她卷入这件事中，情况会非常难堪。警官听后明白了，猜到那位女士很可能是已婚的，于是故意问："哪位女士？"然后我的女伴就顺势离开了，另一名警察开车将她送到出租车站去。她的确是已婚人士，如果当时那位警官没有那么善解人意先让她离开，那我们两个都会惹上不小的麻烦。不久后，各报纸杂志都大肆报道当天晚上发生的事情。我时常想，她虽然知道事情的真相，但也只能对某些不实报道三缄其口。

警官让我指认歹徒从灌木丛里滚到车道上的位置。我领他走到屋外，指明了当时歹徒出现的地方。警官拿起手电筒在灌木丛里搜索着，找到了一个钱包。钱包里放着一张身份证，上面印有照片、姓名和地址。我认出照片上的人就是那名歹徒，于是那名警官找来同事，安排他们去监视歹徒的房子。

询问一直持续到天亮。当天我和伯特原计划要前往田纳西州，伯特昨晚在黛娜家过夜，于是我打电话去黛娜家，把事情都告诉了他。由于家门口的街道上挤满了媒体记者，我建议伯特直接出发，何必把伯特也卷进这件事里呢。我跟他说自己会晚点到，随时打电话告诉他事情最新进展。然后我告诉那名警官自己需要赶去坐飞机了，但我会将家门钥匙留给他，等我回来时再找他取。我还留了他的电话，以便及时获得案件的最新进展情况，等歹徒被抓到后再回家。

我到达田纳西州与伯特汇合。当时他正在进行电影宣传，但我们主要的对话内容都是围绕着头天晚上发生在家门口的案件。晚上回到酒店后，我打电话给那位拿着家门钥匙的警官。他告诉了我一个好消息："你们现在可以安全回家了，我们抓到他了。"然后他将事情的经过详细告诉了我：第二天早晨8点左右，住在伯特房子下方的那位医生休完假回到家里，当他打开衣柜门放衣服时，被一个人撞倒在地。那个人急急忙忙跑出门口，医生立刻报了警，告诉警察那个人冲过了日落大道，往圣塔莫尼卡大道跑去，他的逃逸方向正是他家的方向。

如警察们所料，歹徒逃了回家。警察包围了他家，歹徒见状试图逃跑，但终因寡不敌众而束手就擒。

警官告诉我，歹徒被捕时佩戴的手表上面刻着字，显示那是伯特赠予我的，身上还穿着带有"专为伯特·雷诺兹设计"标签的夹克衫。他说我真是走了狗屎运了，因为很明显歹徒曾经到过我们家。歹徒的作案手法是潜进一间房子，在牛奶、冰茶以及果汁里放入镇静剂，等房主回家，喝了被下药的饮料陷入沉睡后谋财害命。警官补充说，当我和女伴回家时，歹徒很有可能就藏在楼上。但我们没有打开冰箱喝饮料，而是喝了几杯酒，这超出了他的计划。于是听到我们的动静后，他决定去找更容易下手的对象。我们大概凌晨1点才睡，山上的两个受害者在两点左右被刺，所以他从山上滚下来，很可能是想回到我家躲藏起来。第二天早晨，我将警官的话转述给伯特。他很庆幸我们不用在那个疯子还逍遥法外的时候回家。

当我回到洛杉矶时，之前与我联系的那位警官通知我出席庭审去作证。能帮助警方将那样的罪犯绳之以法，我非常乐意效劳。警官还告诉了我更多关于那名罪犯的信息。这个人是个惯犯，一直没被抓到。由于早期他的作案对象为贫民窟的流浪汉，所以媒体给他取了个"贫民窟屠夫"的称号。后来，警察就发现他流窜到好莱坞和贝弗利山作案了。

在参加庭审的过程中，我和参与这起案件的刑警们越来越熟悉。在审讯当天，我站在听证席上，他们详细地问了我的名字、职业以及社保号码。当我回答时，"贫民窟屠夫"聚精会神地听着。这让我很是担心，尽管他要在监狱里待上很多年，不可能亲自报复我，但他可能会找他的朋友来向我报复。我将自己的担忧告诉了刑警们。他们表示了理解。我觉得他们不能无时无刻地保护我，所以我应该采取一些自保的手段，警察们也认同了我的看法。第二天，我就申请购买一把9

毫米口径的瓦尔特刑警用枪。

　　下班后，这些刑警们经常会聚在我办公室旁边的酒吧喝酒，我每周都会和他们聚上几次。由于我随身配枪，每次我一进酒吧，其中一个警察就会上前来搜我身，然后告诉他的同伴们大家很安全。在后来的三四年里，我和他们越来越熟。而且通过他们，我认识了很多洛杉矶当地的警察部门的头头。

　　"贫民窟屠夫"的阴影很长一段时间都笼罩着我。伯特家对面住着一位女士，我敢肯定她是为某家小报工作的，因为她天天像老鹰一样监视着我们的房子。每天出门时我都会故意挥手和她打招呼，但我知道她的监视对象肯定不是我，她一定是在观察伯特都和谁一起，在几点进出家门。

　　有一天晚上大概 1 点左右，我听到有人在敲我的卧室门。在经历了"屠夫事件"后，我警惕地拿起了枪——不是那把刑警手枪，而是一把锯断了的双枪管 12 毫米口径散弹猎枪。我拿着枪，上好膛，走到门旁静静等着。

　　过了一会儿，我听到门廊处传来一个声音："里面的人听着，我是洛杉矶警察。你能听到我说话吗？"我回答说："能。"听到我的回答后，他让我把灯打开，他将给我看他的警徽。向我展示警徽后，他问我是否拿着武器。我回答说："是的。"他让我保持冷静，不要开枪。由于没有穿制服，所以他将空着双手走出来，他再次叮嘱我不要开枪。我告诉他自己没有紧张，也不害怕，让他放心走出来。他慢慢走了出来，我看到他后心里怀疑了一会儿，因为他看起来就像个嬉皮士。然后他告诉我他的同事也会慢慢走到我能看到的地方，噢他的同事更糟，看起来就像个毒贩。我问他们搞什么，怎么这么晚还敲我的门。像嬉皮士的那位警察说，住在街对面的邻居报了警，说看到有人翻过我们家的大门，朝房子这边跑来。他们听说过上回发生在这里的"屠夫事件",所以来察看一下情况。他们猜我应该有配枪,所以就小心翼翼地上前来敲门了。

"好吧,现在我也完全清醒了。要不一起来喝杯咖啡吧?"我对他们说,他们高兴地接受了我的邀请。在接下来的几个小时里,我们谈论了对面街上的那位女士,但话题主要还是围绕着"贫民窟屠夫"。

有天伯特回家时跟我说:"嘿,室友,和我开车出去一趟,我给你看样东西。"我们开了一小段距离,从好莱坞山庄的房子来到了贝弗利山一个叫荷尔贝山的地方。我们在一栋电影巨星们拥有的特别漂亮的宅邸前停下,伯特按了下手上的遥控器,大铁门很快就打开了。我们沿着私家车道开进车库,右手边是一个巨大的游泳池,游泳池旁边还有一个网球场。

伯特站在游泳池边上,指着旁边一栋门口朝着泳池的房屋对我说:"从今天起那就是你的新家了。"

"从阿肯色州的棉花田一路搬到贝弗利山的豪宅,你知道吗伯特,我终于熬到这一天了。"我高兴地说。

伯特听后笑了,说:"我们来参观一下房子吧。"

我们穿过厨房,来到正式的餐厅,继续参观宽敞的客厅、多媒体室以及一层的卧室。然后伯特领我上楼,二楼是伯特的休息处。眼前的一切实在是太让人难以置信了,我对伯特说这也是他应得的。适应贝弗利山的生活对我而言轻而易举,为了更好地融入新生活和新环境,我当机立断出门给自己买了一辆法拉利。

搬家后不久,我有一次从纽约坐飞机回家,这次我才知道头等舱配有五位像电影明星一样漂亮的空姐。在闲聊的时候,我问其中一名空姐晚上是否有安排,如果她们有兴趣与我共进晚餐的话我将非常荣幸。她问道:"你是指我们五个吗?"我回答说:"当然,多几个人你们也自在一点，地点就由你们选吧。"她说要问问另外几个人，然后与其他几个空姐边审视我边商量。几分钟后，她告诉我大家都答应了，但下机后她们要先去圣塔莫尼卡的酒店那里把制服换下来。我说去我家换也没问题，晚饭后我再送她们回酒店就可以了。我们约好了在航站楼的前面见，其中一个空姐问我怎么把她们所有人都带到我家去，我告诉她不用担心，交给我就好。

空姐们拉着行李箱与我碰面，我将她们送上了加长豪华轿车，车上已经准备好了我们回家路上要喝的饮料，她们上车后不久就都开始好奇我是做什么的。由于经常租用豪华轿车，司机知道我家怎么走。当他开到大门前时，我按下公文包里的开门遥控，铁门就打开了。司机将车停到车库前，我们下车，搬下了各自的行李。我领着那五位空姐往房子方向走去，当时伯特和他的女朋友萨莉·菲尔德正在游泳池旁休息。我经过他们身边时，对伯特说："你好，室友。"萨莉回答："你好，哈尔。"

我向萨莉问好，然后继续往前走，那五位空姐看到后都感到非常惊讶。进屋后，她们跑到窗户旁往外看，想要证实自己的怀疑。其中一个转身问我："那是伯特·雷诺兹和萨莉·菲尔德吗？"我假装惊讶地走到窗前，看了一下，然后对她们说："哇，我猜就是他们。"好吧，她们转而就问我到底是谁，为什么会和伯特·雷诺兹一起住。在晚饭的三个小时期间，我几乎要招架不住她们连珠炮似的问题。饭后我送她们回下榻的酒店，她们都夸我人很好，而且表示当天晚上过得很愉快。我约她们有时间再一起吃晚饭，并把自己的电话号码留给了她们，让她们下回来时给我打电话。第二天，伯特笑话我说下次从机场回来，我估计要租一辆四十座的大巴车才够将飞机上的所有空姐都请上。

如果你在好莱坞赚得不错，通常情况下你需要一位理财顾问帮你理财，对我而言尤其如此。在我看来，投资就意味着买一辆法拉利。尽管当时我赚钱很快，但花钱速度更快。就在这时，我认识了劳拉·利兹，一位美貌与智慧并重的女士。她当时在一家为很多明星、编剧、制片人以及导演服务的大型理财公司工作。我碰巧和她的丈夫租用了同一间套房作为办公室，当她出来自立门户时，她将办公地点也选在了我和她丈夫的公司处。

后来我成了劳拉的第一位顾客。当我们第一次进行客户业务会议时，她竟敢给我的收支做预算，这让我非常恼怒。劳拉接管了我的银行账户，负责从账户提钱缴纳各种账单，只给我留下了几张信用卡和几块钱现金，并且警告我她将监控我的信用卡的使用状况。当然，这样做的好处是在短时间内我的资产净值将有很大的改善。

过了不久，劳拉建议我做一些固定资产投资。我提出了经营酒吧的想法，这遭到了她的否定。她给出的理由是，开酒吧后我将慷慨地款待朋友，最终颗粒无收。她物色了一栋四层公寓作为我初次投资的对象，这个选择很明智。我付好首期后，每月的按揭以及公寓的维修管理费用将由承租人交的租金抵扣。后来，随着我赚的钱越多，她就帮我购置更多的物业。而劳拉的分红方式很简单：买到的物业我和她一人一栋。每回我收到一张数额可观的薪酬支票后，我们都会讨论这次轮到谁来买点什么。但一般她都会事先准备好一叠文件给我签署，我问她都买了什么，她通常会回答"一栋位于拉斯维加斯的公寓楼"或者是"犹他州的几块地皮"。每一次，劳拉都会用自己的方式处理我的资产，而我在签署文件前一无所知。

要是没有劳拉·利兹的帮助，我都不知道自己会欠下多少债务。但有一点可以肯定，我的财产状况肯定不如现在这般有保障，更不用说自己和家人都能过上不用为钱发愁的日子。当我第一次收到分红支票时，我简直无法相信，支票上的数字是我这个种棉花的佃农一辈子都无法想象得到的。后来我想到一个绝妙的主意,我在伯特家住了很长一段时间,一直没有付过房租,也到了该搬出去的时候了。我让劳拉·利兹帮我取了 2.5 万块现金,全部要面额 100 的钞票,把捆着钱的带子拆掉,放在公文包里给我送来。

  当天晚上回到家后,我让管家斯科蒂去找房主,也就是伯特,看看他是否在家,如果在的话是否有空。当时伯特正躺在床上无聊地盯着鱼缸和电视,看到我后,他说:"嗨,室友,怎么了?"我说:"伯特,接下来我要做的事情是你的经纪人和政府都不知道的。"他问:"什么事情?"我告诉他说我是来交房租的,然后我打开公文包,把现金倒在他的床上,说了声晚安就离开了。走到房间门口时,我转身看了一眼伯特,他正开心地将钞票抛着玩。伯特赚的钱比我多多了,但他从来没有见过自己的酬劳以现金或支票的形式出现,因为他也有理财顾问帮他处理这一项事务。和很多明星一样,他从没有见过 2.5 万块现金这么真实直白地出现在自己面前。

15

《警察与卡车强盗》的诞生

当我们在佐治亚州拍摄《短吻鳄》的时候，一件小事改变了我的一生。有一天在片场时，电影中的车队队长找到我，说自己从加利福尼亚州买来了一批库尔斯啤酒，等收工后送几箱到我的房间。在当时，库尔斯啤酒还没有在密西西比河以东的地区出售。我感谢了他的好意，但没告诉他其实自己不怎么喝啤酒。车队队长送了两箱啤酒给我，我开箱后随手放了几瓶进冰箱里，很快就忘记了这回事。过了几天，我发现冰箱空了，于是又放了几瓶啤酒进去。又过了几天，啤酒再次消失了。尽管我不是一名侦探，但我也能猜出某个配有万能钥匙的人来"抢劫"我的冰箱存货了。作案者很有可能是酒店员工，更确切地说，是房间清洁工。

于是，某个休息日，我在房间设了个陷阱。我先清点了冰箱里啤酒的瓶数，就出门吃早餐去了，心里想着等回去时应该可以将清洁工抓个现行。当我回到房间时，清洁工正在打扫房间。我先走开了几分钟，然后回房间验证我的推想。数了数，果然少了两瓶。我开始猜测她的作案动机：难道库尔斯啤酒那么重要，值得她去偷吗？之前报纸上曾经有过空军一号运输库尔斯啤酒的报道，车队队长偷运了好几箱到佐治亚州，而清洁工每次偷走两瓶。看来库尔斯啤酒的确是很重要的东西。我想，偷运库尔斯啤酒将是一个很不错的电影桥段。

在接下来的几周里，我勾勒出一个名为《警察与卡车强盗》的剧本。尽管最后成片与剧本相差十万八千里，但基本情节还是保持不变：

强盗被雇去将一货车库尔斯啤酒偷运到不能合法销售的地区，结果被执法部门穷追不舍。我计划用100万的低成本完成拍摄，并邀请在《短吻鳄》中饰演反派角色的杰里·里德出演。我的秘书凯西·谢伊将剧本打了出来，我把剧本带回家让伯特看看给点建议。伯特认为剧本点子不错，但对话写得太差劲了。如果我能找到一位编剧帮忙润色一下对话，并且找到制片公司投资，那他就可以利用日程表上6周的空档参与拍摄，而我则担任片子的导演。当时伯特已经是全球票房第一的电影明星了，有他参与，找到投资就容易很多了，毕竟各个制片公司都期盼着和伯特·雷诺兹合作。

我找了我的朋友詹姆斯·李·巴雷特（James Lee Barrett）帮忙修改剧本。他是业内的佼佼者，曾经写过《绿色贝雷帽》《毕氏二虎》以及《无懈可击》等大片的剧本，如果他能在剧本上署名，那么我就算胜券在握了。伯特·雷诺兹出演詹姆斯·李·巴雷特的剧本，这已经是票房的保证，肯定能拉到投资的。然而我错了。当我向制片公司推销他们两个联袂合作的电影时，制片公司的人总是一口答应。但当我进一步说明导演是我，也就是哈尔·尼达姆时，他们就开始打哈哈，支支吾吾地应对了，我要是再坚持下去，他们就请人送我出去了。尽管如此，我屡败屡战，敲开了一家又一家制片公司的大门。

我想我手握伯特档期，同时拥有一个巴雷特撰写的剧本，正在筹钱投拍摄的消息肯定传开了。不久，我就接到了一位叫莫特·恩格尔伯格（Mort Engelberg）的制片人的电话，他当时在《往日情怀》（*The Way We Were*，1973）一片的制片人雷·斯塔克（Ray Stark）的公司工作。他们拥有一间工作室，能帮我实现我的愿望。我去到他们的工作室，和恩格尔伯格以及斯塔克碰面聊了一下。知道我将执导这部片子后，他们并没有像其他制片人那样漫不经心地应付我，而是直接与我谈论细节：伯特是否为这部片子的主演，编剧费用是否已经结清，片子成本预算是多少？我一一回答了这些问题。他们听完说考虑后将与我联系。我深知如果斯塔克要真有意愿，那这部片子就成了。我对这次会议结果甚为满意。

第二天我接到他们的答复：策划通过了。环球公司将投资530万。尽管这部片子是由我执导，但投资方仍认为非常值得一试。毕竟伯特是我的好朋友，他已经执导过两部由自己主演的电影，应该能帮助我避免一些弯路。

当导演有不少额外的福利。当我以特技演员的身份参与剧组工作时，一般要将车停到离片场一个街区以外的地方，步行前往片场。而现在作为一名导演，我可以将车直接开进片场的停车场，停到自己办公室门口的固定车位上。

但就在我当上导演的第二周，我吃完午饭回来，发现自己的车位被占了。为了防止对方再犯，我将自己的车挡着对方的车，然后在他的挡风玻璃上留下了一张写有我办公室地址的纸条。大约过了一个小时，我的秘书告诉我外面来了一位先生想见我。当秘书告诉我对方的名字时，我一下子就记起来我参演过很多部他执导的电视剧，于是让秘书赶紧请他进来。对方进来后向我伸出手，恭喜我当上了导演，并对我曾经在他的片子中出色的特技表演表示感谢。然后他问我能不能再帮他一个忙，我回答说当然没问题。他微笑着说："快把你那该死的车挪走，我要回家。"当他从车位倒出来时，还对我竖了竖大拇指。

伯特和环球公司想让对白更有喜剧感，于是他们找来了几个喜剧编剧负责修改。由于编剧的票房分成比例是根据他们在成片剧本中所占字数来决定的，所以每个编剧都想尽办法多修改，好获得更多的收入。

我与编剧们的第一次会议情况大概是这样的。我先向他们提出一些要求:"不要改片名,不要改角色的名字,不要改已经写好的动作戏,加上一些笑话让节奏更活泼就好了。"他们全都打包票说:"好的,没问题。"一周后,他们带上修改好的剧本来找我。我看了一眼封面,发现片名被改了;再看一眼剧本第一行,发现伯特饰演的角色名字被换了。当时我正含着一根牙签,出于愤怒,我猛地把牙签连带门牙上的牙套拔了下来,扔了出去。我甩手将剧本摔进垃圾桶里,然后把牙套捡了起来。我准备去看牙医,出门前解雇了那帮编剧。

原本我的薪酬是工资加片子利润的7%,当环球公司和演员以及制片人谈好薪酬分成后,他们想找我重新谈谈。目前看来,环球公司只能获得比他们原计划要更少的票房分成,因为《警察与卡车强盗》是我导演生涯的处女作,我在导演行列中属于最没话语权的新人,所以每回制片公司在票房分成上要做出让步时,我的分成也随之减少。不过就像俗话说的,苍蝇再小也是肉啊。当时我没有签任何经纪公司,所以劳拉·利兹代表我与制片方协商我的酬劳,我让她在确保合作不告吹的前提下尽量保持强硬。当尘埃落定,我最终拿到的利润分成从7%降为了3%,我觉得劳拉已经非常尽力了。而我和伯特的关系也是我讨价还价的筹码之一,要知道很多一线导演都拿不到利润分成。

在挑选演员的时候,我们选定了杰基·格黎森饰演追捕大盗的警长一角。在那期间,杰基的片约不多,我们想也许他有空接这个戏,于是就将剧本寄给了他。过了几天,我接到他的电话,他问我为什么觉得他会接这部戏。我告诉他这部戏是我自编自导的,所有事情都不是板上钉钉,但我觉得如果由他来饰演警长一角将为人物增添不少喜剧色彩。他听后说过几天再答复我,后面的事情大家就都知道了。

我们还需要找一位女主演。恩格尔伯格、斯塔克以及环球公司的人都希望女主角由萨莉·菲尔德出演。她最为人所熟知的电影是《修女飞飞》(*The Flying Nun*, 1967)。我和萨莉在《西部新天地》中合作过，她是一名可爱又活泼的好演员。我同意了他们的提议，而且如果由我来邀请她的话应该能成功。这部电影成了伯特和萨莉恋情的开端，观众将在银幕上看到他们二人坠入爱河。而片里的一个镜头尤其显示了他们二人的化学反应：在逃离追捕的过程中，大盗将自己驾驶的特兰斯艾姆汽车停到一座廊桥处休息，女主角上前问他说："你有没有把帽子摘下来过？"大盗凝视着她的眼睛，慢慢靠近，回答说："只在一种情况下。"女主角听后说："把帽子摘下来。"

另一位主角雪人的扮演者是最后定下来的，雪人是大盗的共犯。当时伯特和杰里·里德合作过两部电影，分别是《侠盗与乐队》(*W.W. and the Dixie Dancekings*, 1975)和《短吻鳄》，他深谙如何演好喜剧片，并且非常擅长乡村音乐和西部音乐。所以毫无疑问，杰里就演片里的雪人了，而不是我们之前谈过的大盗。但实际上，杰里并不是我们定下来的最后一名演员，我们到最后定下来的角色是片中与杰里同车的一只叫弗雷德的巴吉度犬。完成所有前期筹备后，我们便前往亚特兰大。尽管之前已经找好了饰演弗雷德的小狗和训练师，但在我们正式开拍前，公关部门想出了一个扩大宣传的主意：举行一个选角比赛，让当地的居民在周日时带上自己的小狗来参加，由伯特来担任评委选出弗雷德的演员。所以这位小狗演员最后才定下来。

在选角比赛当天，大概有六七百位女士带着自己的小狗来了（我们后来才发现，她们当中的很多人是直接从宠物收容所将小狗带来的）。伯特看了一会儿，决定由现场观众来当评委。我们每次让10只小狗上台。伯特则把手依次放在小狗身上，获得最多观众掌声的小狗将晋级下一轮比赛。比赛持续了好几个小时，最终选出了一只人气最高的巴吉度犬，比赛也随之结束。伯特对我说："哈尔，不管你怎么处理在好莱坞找到的那只小狗和那名训练师，反正你得用这只来演弗雷德。"这只小狗深得女性观众欢迎，在它出现的每一个镜头里都抢尽了伯特的风头。

和其他人不同，第一次导演一部戏的我心情并不紧张。万一这部戏非常糟糕，我还能退一步回去当特技演员或 B 组导演谋生。但我还需要克服一个之前没有预料到的困难。我在 530 万预算的前提下定好了所有的拍摄地和拍摄计划，就在开机的前两天，环球公司派了一个跑腿的人到亚特兰大来，通知我说预算缩减了 100 万。天啊，真是个沉重的打击。伯特的片酬就占去了 100 万，我就剩下 330 万来拍电影了。

在接到通知后的 30 个小时里，我和导演助理通宵修改了拍摄计划。预算的缩减意味着我们每天需要多拍一页剧本，而新的拍摄计划看起来几乎无法完成。要知道，当你被短吻鳄咬到屁股时，还能记住自己本来的任务是要抽干沼泽的水，这是非常困难的。我当时的境地差不多就是这样，但我还是奋力抽干了沼泽的水。

在开机前的星期天，剧组的部分工作人员和演员正在游泳池旁休息，我经过时迎面遇上了杰里·里德。之前我们说好片头曲由杰里作曲、演唱。我对他说："嘿，杰里，剧本到手那么久了，对主题曲有什么想法没？"他说自己已经着手在做了。

就在那天，杰基打电话来说自己有一些关于这部片子的问题想不明白，问我能不能去他住的酒店那儿讨论讨论。挂了电话的一个小时后，我按响了他房间的门铃，想着该怎么应对才好。过了一会儿，与我素未谋面的杰基·格黎森过来开了门。当时他穿着宽松长裤和运动外套，并在翻领上别了一朵红色康乃馨。我一边向他伸出了右手，一边做自我介绍。

他请我进去。我坐下后与他寒暄了一会儿。然后我告诉他自己已经工作了一整天了，提议一起喝一杯。他为自己欠缺考虑而道歉，然后和我一起往吧台走去。他调好酒后，我们碰杯畅饮。我向他表达了自己对《蜜月期》一片里他的表演的喜爱，他听后对每一个情节都讲解一番，每讲一个我们就碰一杯，那部片子里经典情节可不少。由于第二天开机我要早起，所以我不得不起身告辞了。当我往门口走过去时，他在我身后对我说："你可别迟到啊。"我承诺一定不会迟到，向他道了晚安。在我走回自己住的酒店的路上，我开始思考他到底想和我讨论什么问题，因为我们刚才说的话里没一个字是关于《警察与卡车强盗》的。

第二天早晨我到达片场时，杰基已经跷着腿坐在自己的椅子上了。他还是穿着昨天晚上的那套衣服，可能并没有脱下来过，但鞋子应该是脱过的，因为现在它们被左右穿反了。当我走上前去时，他举起咖啡杯向我致意："亲爱的，早上好。"说完就将咖啡往后倒掉了。他笑着站起来，说自己该去化妆换衣服了。后来和他熟悉之后，我才知道他所谓的问问题只是找人陪他喝酒的借口。

我在《警察与卡车强盗》以及续集两部片子里都和杰基合作过，他可能直到去世时都没能记住我的名字。当一切顺利时，他会叫我"亲爱的"；当他心情不好时，他就叫我"导演先生"。他告诉我自己能准时到片场，但不喜欢无所事事地在现场坐着等开拍。于是我总是想办法安排好他的拍摄任务，避免他候场。但在拍摄《警察与卡车强盗》的时候有一天出了点状况，当天杰基的通告是上午11点，他准时来到现场，化好妆换好衣服等在一旁，但拍摄准备还未就绪。看到这种情况，杰基打了一下响指，他的助手"星期五"就到他的野营车上取来了一杯威士忌苏打。好吧，他开始独酌了。拍摄技术问题越来越糟，杰基也如是。等到问题终于解决后，他已经喝得微醺了，但还是如往常般准备上场。

这场戏讲的是杰基扮演的角色在一辆野营车上抓到地方官和几名

妓女在一起的现行。由于杰基台词记得不太熟悉，所以我只能从多个角度进行拍摄。如果之前你看过成片，肯定看不出来当时杰基喝过酒。而现在我说了之后你再去看，应该可以看出他不止喝了一两杯。

我的母亲是一名南方浸信会①教徒，非常热衷于在各种途径传播福音。在当导演时，得到越多帮助越好，所以我觉得让母亲在开拍前帮我祈祷上帝保佑也是一个不错的主意，于是我让母亲也加入了。在第一镜拍摄前，我聚集了全体演员和工作人员，在母亲的带领下低头祈祷全员安全，影片大卖。后来，这种仪式成了我拍摄每一部影片时的惯例。

母亲祈祷完毕后，我们开始在第一个场景布灯。这时，杰里拿着吉他走了过来。他坐下后对我说："来听一听，看你喜不喜欢。"然后他演唱了《一路向东》(*East Bound and Down*)，等着我的反馈。作为一位乡村音乐和西部音乐的爱好者，我被这首歌深深打动了，一个字也说不出来。这首歌里包含了电影里的所有元素，伴随着乡村音乐开车上路，歌词完整地讲述了全部故事，非常完美。我的沉默让杰里涨红了脸。"看来你不喜欢啊。那我回去再写一首吧。"我赶紧说："别，一个字都别改。"在正式录制时，杰里没有改动歌词，但增加了五弦班卓琴作为配器，让旋律更有力度和动感。后来我们还把班卓琴加到电影原声里，效果我很喜欢。

拍摄进行几天后，我们碰到了坏运气。伯特生病了，我们不得不重新调整了拍摄计划。我很熟悉伯特的性格，他每天仍强忍着带病工作四到五个小时。每天他都坚持去到片场，能撑得住时就拍他的戏。我们根据伯特的身体状况每天调整拍摄计划，亏得环球公司之前还指望伯特能帮着监督我的工作。

---

① 美国最大的一个基督教新教教派。

而杰基·格黎森就为我们剧组增添了一些诙谐色彩。之前我告诉过他，没有事情是板上钉钉的，于是他就把这句话当作这次工作的信条了。每次他的台词都需要我提示四分之三，然后接上他自己编造的四分之一。而且他每说一句话都以"混蛋"开头，这也是他叫大家的方式。当他的儿子把车弄坏时，他骂自己的儿子是"蝉虫粪"；当他的儿子犯了错误时，他会说："你绝对不可能是我亲生的，我回家要做的第一件事情就是一拳打到你妈的嘴上。"

有一天，当我们要拍一场伯特和杰基在咖啡馆里的戏时，杰基走上前来，说："亲爱的，我帮你想了个好桥段。"为了避免和他的争吵，我表示愿闻其详。

"当我和伯特在收银台处分别后，我将走到洗手间去。"他讲解道："摄影机跟拍我从洗手间出来，一路走到咖啡馆外面去，我将在这里给你一个惊喜。还有，安排一位笑容满面的女服务员跟我走到外面去。"

尽管不知道他有什么想法，我还是遵照了老大的吩咐，安排一辆移动摄影车跟拍他从洗手间走到停车场。我喊开拍后，杰基从洗手间走了出来，用厕纸擦拭自己的眼镜。当他擦完眼镜戴上后，厕纸还粘在眼镜上。随着他往前走，厕纸越拖越长，一直拉了有12米的距离。这时，满脸笑容的女服务员出场跟上他，当杰基来到停车场时，女服务员喊了一声"警长"，杰基听到后停下脚步。女服务员见状上前，将杰基眼镜上的厕纸取下来，转身回到咖啡厅里。

杰基让我在他说台词时给他一个特写。影片上映后，我和很多人提到过这个镜头，但很少有人能听清楚杰基说了什么，因为观众们都笑得太大声了。其实当杰基转身看向那位女服务员时，他说了一句"好翘的屁股"——这句话也就只有他才说得出口。

《警察与卡车强盗》杀青后，环球公司派我去全国巡回宣传。在回程的路上，他们通知我再去看一次成片。我问为什么，他们回答说配乐作了修改，现在更有甜美的感觉。在放映室里看了一会儿我就无语了，旋律增加了大量铜管乐器的音色，使《一路向东》原来的感觉荡然无存。我大声喊道："快停下。"然后问他们为什么要这样做，环球公司的人认为这样修改后音乐更好听了。因为我有伯特撑腰，所以我在这个问题上毫不退让，故意大声又专横地说："改回来。"他们说我这个决定不太明智。

要是杰里·里德听到了新版本也会支持我的决定的。当时里德最火的歌叫《目空一切》（When You're Hot, You're Hot），这是他演唱会的主题歌。在《警察与卡车强盗》上映后，《一路向东》成了他最新的主题曲，而且还登榜"乡村-西部"音乐排行榜的第一名长达16周之久。

片子上映后，我搭飞机去纳什维尔探望杰里。他和自己的乐队将要去肯塔基州举行一次演唱会，问我有没有兴趣一起搭三个小时的大巴同行。为什么不呢？这可是个旅游外加看他们有多么受欢迎的好机会。演唱会上，杰里把我安排到前排的座位上。当乐队上台时，全场响起了震耳欲聋的掌声。观众们都大叫"一路向东"，杰里答应大家等下再唱，然后从常规曲目开始。现场没有人认识我，直到杰里介绍说当天观众中来了一位他的朋友——电影《警察与卡车强盗》的导演，我瞬间成了全场关注的对象。然后他开始演唱《一路向东》，全场气氛瞬间高涨。好好看看吧，环球公司。

经历伯特生病、预算缩减以及制片公司擅自改动主题曲等重重难关后，我在发行《警察与卡车强盗》的过程中又新学了一课。环球公司想让片子一炮打响，于是和无线电城音乐厅[①]签订了独家合作协议。

[①] 位于纽约曼哈顿区，世界上最大的剧场之一。

我听到这个消息后心想你们又在开玩笑吧,要知道《警察与卡车强盗》的目标市场并不是纽约、费城或者旧金山等大城市,而是辽阔的南方、中西部和西北部地区。但他们一意孤行,和无线电城音乐厅定好了首映时间,结果一败涂地。当天的票房收入还不够支付音乐厅舞团的费用。

音乐厅中止了《警察与卡车强盗》的放映,于是公司增加部分投入,在南部进行宣发的计划被放上日程。瞧吧,电影在南部市场大卖。我们乘胜追击,利用票房收入的优势,将《警察与卡车强盗》在全国范围内发行。而出乎我意料的是,片子后来在纽约、费城和旧金山等大城市都获得了很可观的票房收入,也许这说明了我们的片子老少咸宜吧。

环球公司的高层预计《警察与卡车强盗》的总票房为 5000 万,而我则认为能超过这个数字。于是他们说如果票房超过 5000 万,每次我去环球公司时他们都会铺上红地毯迎接我。迄今为止,《警察与卡车强盗》获得了 3 亿的总票房。尽管他们说过的红地毯待遇我一直没有享受到,但 3% 的票房分成让我狠赚了一笔。要是当时我和劳拉都坚持维持原定的 7% 分成,那这部片子就拍不成了。在《警察与卡车强盗》获得成功后,我在导演其他片子时获得的票房分成份额也步步提升了。

在这部影片筹拍过程中,有一天我在杂志上看到了一张庞蒂克公司的特兰斯艾姆汽车的照片,于是我想到了一个产品植入的点子:可以拍一个伯特·雷诺兹驾驶着汽车,而杰基·格黎森在后面追赶的镜头。于是我打电话给庞蒂克公司,问他们是否有意愿赞助片中使用的汽车。对方问我需要多少辆。考虑到特兰斯艾姆汽车将在片中进行各种冲撞,损耗较大,我回答说 6 辆。最后我们协商了一下,将数量调整为 4 辆。同时,我提出他们再提供 4 辆博纳维尔汽车的要求,供片中格黎森饰演的警长使用，最终数量定为2辆。

剧中汽车跳桥的镜头报废了一辆特兰斯艾姆，冲过球场护栏的镜头又报废了第二辆。冲上马路牙子，驶过坑坑洼洼的路面然后冲上河堤的镜头让最后两辆濒临寿终正寝。我们把报废车上的零件拆下来，替换到还能开得动的车上，勉强撑到杀青。但我们准备拍摄最后一个镜头时，四号车的生命走到了尽头，再也发动不了了，我们只好用另一辆车把它推到镜内。想到这些车在拍摄期间承受的种种撞击，它们能撑到现在已经大出我所料了。后来，随着《警察与卡车强盗》票房大卖，特兰斯艾姆的销量也节节攀升。在那段时间里，如果你想买一辆黑色的特兰斯艾姆，起码得等上六个月才能提到现车。

当我们筹拍续集时，我和庞蒂克公司的关系已经非同一般了，需要多少辆车尽管开口就行。于是我让他们提供10辆特兰斯艾姆和55辆博纳维尔：5辆给格黎森饰演的警长使用，另外50辆分配给从加拿大执法部门前来协助警长追捕强盗的其他警员们。庞蒂克公司二话不说答应了，只问了什么时候要车，送到哪里。我告诉他们开机日期，让他们将车送到拉斯维加斯的外景地去。他们爽快地回答："没问题。"然后将所有汽车通过铁路运输到目的地。他们唯一的条件是拍摄结束后将所有汽车归还，交由他们来压扁报废。为了避免承担法律责任，他们需要规避道具车被出售给电影粉丝的风险。万一外流的车辆导致任何人出了车祸，那巧言善辩的律师将会抓着这些车曾经被用为道具车，已经难以保证道路安全行驶这一点来状告庞蒂克公司。

经常有人问我这个问题："在《警察与卡车强盗》里你们撞毁了多少辆车？"答案是在第一部里撞毁了25辆，在续集里撞毁了70辆。

当时，我因为在影片中植入了非虚构品牌的商品而受到指责。而现如今，电影中的商品植入已经成长为一个产值达数百万的产业了。

《警察与卡车强盗》并不是靠恶评引起话题而取得高票房的。但是尽管片子在全国各地都很受欢迎，各种批评还是层出不穷：片子很无聊；格黎森自毁形象演了个丑角；伯特在整部片子中都演得马马虎虎等。而对初次执导的我，他们说尼达姆一败涂地。有一位得克萨斯的评论家写道，当他看完电影走到影院大厅时，听到身后有个人说："这是我看过的最棒的片子。"他回头一看，发现说话的是一个9岁左右的小男孩。末了，他补充一句："这也是我对此片的评价。"我特意把这篇报道保存了下来。

而到了续集上映后，那位得克萨斯的评论家这回又写道：续集失去了首集的灵气。唉，评论家们真是一群奇怪的人。他们自以为是地迎合读者的趣味，但为如《警察与卡车强盗》那样的卖座电影写一篇热情洋溢的评论似乎天理难容，生怕读者会觉得他们不够深沉或艺术造诣太浅。

不管怎么说，有些评论真的让我感到很生气。我想向大家证明这些所谓的评论家对大众喜欢什么样的电影一无所知。我知道他们都有订阅被视为行业圣经的好莱坞业内报纸，如《每日综艺》和《好莱坞报道》。于是我在这两份报纸上都刊登了一则跨页广告。其中一页，在标题"评论家们对《警察与卡车强盗》续集的评论"下方，刊登了我特意摘录下来的来自评论家们的负面评价；另一页则印有我坐在一辆装满钞票的滚轮手推车上的照片。手推车停在富国银行门口，我的衬衣和皮带处塞满了百元大钞。同时，我伸出双手，似乎在说："看看谁笑到最后。"跨页的大标题为：你听，大家都说这是电影史上首周票房最高的片子。

我并不担心会因此和评论家们结下梁子。反正我拍的每一部片子他们都给了差评。（但来自《华盛顿邮报》的评论家加里·阿诺德对《警察与卡车强盗》给出了正面的评价，还拿我和弗兰克·卡普拉［Frank

Capra]① 相比！）在我的职业生涯中，我总共导演了 10 部长片，全部成本加起来为 1.1 亿，到目前为止获得了 14 亿的票房，这个数字仍在增长当中。而当年唯一一部票房超过《警察与卡车强盗》的电影是《星球大战》(*Star War*，1977)。

如果评论家们真有那么聪明，能摸清观众们的喜好，为什么他们不去当制片人、编剧或者导演呢？如果真的要知道一部电影好不好，我们应该听取看过那部片子的观众们的评价，而不该受影评人的影响。在评论家把《警察与卡车强盗》作为抨击对象前，他们曾经采访过阿尔弗雷德·希区柯克（Alfred Hitchcock）。后来他的女儿证实，当被问到自己最喜欢的电影时，希区柯克回答说是《警察与卡车强盗》。

---

① 意裔美国导演，曾获第 11 届奥斯卡金像奖最佳导演奖。

— 16 —

《卖命生涯》中
无人能敌的飞车特技

在《警察与卡车强盗》获得票房成功后，好莱坞的制片公司都认为我知道怎么当一名好导演了，而伯特又是一位极有票房号召力的明星，所以他们觉得我们两个合作肯定能再拍一部卖座电影。拍完《警察与卡车强盗》，在想好下一步拍什么电影之前，我导演了一部名为《疯狂大镖客》(The Villain，1979)的小电影。评论家称这部片子是一部西部喜剧，是对经典西部电影的致敬之作。而我觉得这部片子更像卡通《BB鸟与歪心狼》(Wile E. Coyote & Road Runner)①的真人版。柯克·道格拉斯饰演"歪心狼"，而安–玛格丽特和阿诺德·施瓦辛格(Arnold Schwarzenegger)两人则饰演"BB鸟"。

安–玛格丽特在影片中饰演的是一名俊俏的乡村姑娘琼斯小姐，她独自一人去隔壁小镇帮父亲取钱。她的父亲安排了自己的一位朋友，也就是由阿诺德·施瓦辛格饰演的英俊牛仔保护女儿人身和财物安全。在开场时，女儿轻浮地在火车上与人调情，但当她遇到牛仔后，她的目标就变为想尽一切办法把牛仔搞上床。可惜牛仔不解风情，只是一心一意地完成她父亲嘱托的任务。而柯克·道格拉斯饰演的大盗"仙人掌杰克"一路上虎视眈眈，想人财两得。

有一天，柯克和我谈到已经拍完的一场戏，他觉得自己当时做得并不完美，希望可以重拍一次。我听后对他说："要不你来看看样片试

---

① 一部由华纳兄弟公司发行的动画连续剧，在剧中歪心狼对跑得很快的BB鸟穷追不舍，想将其吃掉，但从来没有成功。

映，看完后我们再做决定。"

柯克问道："你不介意演员也去看样片吗？"我回答说不介意，心想当他走进放映室发现里面还坐着其他演员和工作人员时肯定会更加惊讶了。

样片的试映在一间小剧场举行。我坐在靠过道的位置上，然后在身旁给柯克留了个座位。看到他进来后我叫了他一声，他就一路穿过其他座位向我走来，他肯定一边走一边猜其他观众都是谁。他过来后，坐到了我身边的过道台阶上，而没有坐在我给他预留的座椅上。柯克终于发现其他观众都是剧组的工作人员，他问我是不是总是允许大家来看样片。我回答说："那当然啦。"

当样片放映到柯克上回提到的那个场景时，全场爆笑。放映结束，剧场的灯又重新亮了起来。柯克笑着对我说："看来演得还行。"从那天开始，样片试映他一次不落，他觉得让工作人员也看到样片的主意很好。之后柯克给我写来一封信，信里说《疯狂大镖客》是他工作以来参加的最有趣的剧组。

阿诺德饰演的是一位全心全意做好事的英俊牛仔，后来我们成了好朋友，但我人生中犯下的最大的错误也是与他有关的。《疯狂大镖客》杀青后，阿诺德寄给我一个他将担任主角的剧本，邀请我来执导。读完后我觉得剧本没有打动我的地方，于是让阿诺德去找别人导演。这部片子的名字叫《野蛮人柯南》（*Conan the Barbarian*，1982），阿诺德的职业生涯由此腾飞的事情大家都有目共睹了。

当我和伯特还在拍摄《幸运女士》的时候，华纳兄弟公司交给伯特一个名为《特技演员》（*The Stuntman*）的剧本。伯特把剧本交给了我，让我看完后给点意见。由于片子是关于特技演员的，伯特认为我应该有比编剧眼光更独到的地方。读完后，我跟伯特说，如果他真演了这部戏，那以后好莱坞所有的特技演员都不会再理他了，说不定还会揍他一顿。片中的主角是我在剧本里见过的最让人讨厌、自吹自擂且毫无本事的特技演员。尽管我的意见不足以冷藏这个剧本，但直到《警察与卡车强盗》一片完成后我才再次听说了它。我想华纳兄弟公司可能觉得如果将剧本按伯特的喜好来修改，并且请我来导演，这个片子应该能投拍。他们向我提出了这个主意，并将影片名字由《特技演员》改为了《卖命生涯》，于是我们就开工了。

尽管没有指定剧本如何修改，但我和伯特对这部片子是全身心投入的。饰演特技演员为伯特带来了做各种各样特技表演的机会，今天他演西部剧里的牛仔，第二天就能演潜入外国的间谍。在主角是特技演员的设定下，人物在剧中进行花样层出的特技表演，不连贯却也合乎逻辑。《卖命生涯》包含了所有我梦寐以求的特技场景——摩托车滑过行驶中的半挂车车底、飞车、打斗、爆炸以及高台坠落等。

伯特决定以我为蓝本设定人物形象。他的戏服按我的日常衣服来设计，并在人物台词中融入了很多我的口头禅，比如说"如果你在等我，那你就在旁边候着吧"。在一个酒吧的场景中，伯特借鉴了我跟他讲过的军旅生涯中的一段经典对白。在那场戏中，伯特与特里·布拉德肖及他带着的喽啰即将开打，布拉德肖说："我这边有14个人，你那边只有6个。"伯特回答说："那我就等你去再叫几个人过来吧。"

在这部片子里我拍了不少刺激的特技场景。包括巴库纳斯（A. J. Bakunas）从破世界纪录的75米高空中的直升机上，做高台坠落动作，落到地上的气囊垫上。我还穿越半个亚拉巴马州，沿路设计爆炸镜头。此外，我们为《卖命生涯》特别改装了一辆皮卡。当一位警察将伯特拦下来时，伯特准备倒车，将车斗上的啤酒转移到另一辆车上去。为了让倒车的速度尽可能快，我们重装了卡车，以让后轮获得足够强的控制力，同时将前轮固定，防止倒车时轮胎左右转动。我们还在离车斗十几厘米高的地方水平安装了一个方向盘，这样，当皮卡在高速公路上倒车时，另一位司机就可以卧在车斗里，透过安装在后挡板上的玻璃观察车后情况，控制方向。

在拍摄这组镜头的早晨，我看到了改装好的皮卡，正式拍摄之前我想先测试一下倒车的性能。当天我们在华纳兄弟公司的露天片场进行拍摄，要是能躲开警卫室的监控，偷偷开车溜出院子应该会很有意思，于是我就这样做了。很快我就将车开到城里的街道上去了，正当我要找个地方调头的时候，我看到对面街上停了一辆警用摩托。从警察身边经过后，我就听到他骑上摩托鸣着笛追上来了。于是我靠着马路牙子停下来，当他过来，关掉引擎，我赶紧大声喊道："警官，我在车斗里呢（车斗上装了个车篷）。你放下后挡板就能看到我了。"

警官解开锁扣，放下了后挡板。我慢慢爬了出来，结果抬头一看对方竟然是我认识的人。警官和我照面后说："天啊，是你啊尼达姆。你在搞什么？"我赶紧对他说："帮我开路送我回华纳兄弟片场我就告诉你。"于是他打开警灯，我们就出发了。他领着我回到片场，全场都安静了。警官退后几步，让我下车，交代其他工作人员好好看着我，不要让我乱来，然后又骑上车离开了。

后来，这位警官对我说，当他看到倒着开的皮卡出现在街道上时，根本不知道发生了什么事情。我开到路边停下来后，他还以为是电视台的隐藏拍摄整人节目。我告诉他，片场的工作人员发现是一位警察护送我回去，而且还没有开罚单时，他们都震惊了。当然，我没有透露我俩是朋友。除了幸运我还能说什么呢，洛杉矶有7 000多名警察，而我恰好被我认识的一位截停了。

我们选了亚拉巴马州的一处综合建筑群作为片子的外景地之一。这些建筑在"二战"期间被作为战俘营，后来被改造为大学宿舍，当时即将被拆除。这正合我们心意，就由我们帮忙拆掉吧。当时每栋建筑的残值是 1 万元，如果补足价钱，我们就可以买下这些楼房。

我带着特技组工作人员克里夫·万格（Cliff Wanger）来到现场，将那些我想炸毁的楼房指给他看。由于这一群建筑都密集在同一条街道上，所以克里夫将这次爆炸命名为"万劫不复"。在这个场景中，伯特和冉-迈克尔·文森特开车经过街道，两旁的建筑爆炸不断。为了防止被爆炸产生的碎片伤到，特技组的工作人员将不会站在街上引爆炸弹。克里夫将炸弹触发引线跨街设置——当汽车前行碰上引线后，炸弹被触发，将两三栋大楼炸倒。这样就算有一枚炸弹失灵了，观众也看不出来，因为炸弹的量是绝对够的。这场戏将成为经典中的经典。13 台摄影机围绕着这个街区架设，每一个机位前都安排了一场重场特技。在这些特技表演完成的同时，背景处的大楼依次被炸毁，而我则将坐在直升机上，用第 14 台摄影机俯拍全景。

我们计划下午 2 点开拍。为了完成这场如此精心设计的戏，准备工作必须万无一失，但当天现场各种问题层出不穷。很快就到了晚上，我们不能将炸弹不管不顾地留在大楼里一整晚。找人看守倒是一个解决方案，可惜我们人手不足。所以，我们不得不连夜拍摄了。我坐着直升机升空，等候一切就绪的消息传来。我向下看去，道具管理员正骑着自行车进入排布了引线的街道。在我能找到人将他拦下来之前，他就已经撞上了一根引线，一栋大楼随之被炸得灰飞烟灭。他被爆炸冲击波撞得从自行车上摔了下来，但他马上爬了起来，四处张望看有没有人看到他闯祸了，然后把自行车往楼底下一扔，拼命跑开了。

当前期准备都完成时，天色已经很晚了。摄影机开机，我喊"开拍"后，一切就按部就班进行了。尽管对各个镜头顺序已经烂熟于心，但内容实在是太多了，我竟感到目不暇接。但当伯特驾车来到飞越大桥的起始点时，我知道这个场景的拍摄就告一段落了。

我喊"停"后，周围的一切就像是刚经受过空袭的柏林一样，数不清的大楼在熊熊火焰中燃烧。我用无线电对讲机与各个机位前的工作人员联系，检查拍摄是否顺利。每一个机位都传来了肯定的答复，于是我让助手通知当天拍摄结束。直升机机师问我停到哪里。看这个架势，要将火场收拾好估计得花两个小时，而我也不是消防员，不会灭火。所以我让他直接停到我们住的宾馆的停车场去。

我找了个地方等工作人员收工回来。你猜得没错，这个地方就是酒吧。当他们跌跌撞撞地走进门时，一个个累得都好像刚灭完一场森林大火。那个炸倒了一栋大楼的道具管理员最后进来，找了个我旁边桌子的位置坐下。我问他结束后有没有去把自行车取回来，他回答说："什么都瞒不过你啊尼达姆，我还以为自己完成了一次完美犯罪。你是怎么知道的？"我告诉他我是在天上看到的。然后我将他的事情告诉了其他工作人员，大家都笑成一团。等酒吧打烊时，我支付了一张犒劳所有员工辛勤工作的巨额账单。

这部戏中，有一场特技表演要求伯特骑着摩托车从一辆行驶中的半挂车拖车车轮之间穿过，然后抬起摩托车车身，撞上马路牙子，整个人翻过把手。斯坦·巴雷特将代替伯特完成这个镜头。斯坦是一名专业摩托车手，要完成滑过半挂车车底的动作当然没有问题，但撞上马路牙子然后翻过车把这个动作就让他有点心里没底了。万一在翻越的过程中脚或小腿绊到把手，他就很可能脸朝下撞到地上，而飞起来的摩托车也极有可能砸到他身上。现场的所有特技演员都对这个特技的设计提出了自己的想法，斯坦一一听完后问我有没有做过类似的表演。我说当然有，我在安-玛格丽特和乔·纳马思（Joe Namath）主演的电影《烈火战车之英雄救美》（*C. C. and Company*，1970）里就做过。

在那场戏中，坏人骑着摩托车撞上了停着的敞篷车。冲击力将我（担任饰演坏人的演员替身）从敞篷车上方甩过，摔到地面上。与此同时，摩托车车头朝下翻过来，落在敞篷车的前座，引起了爆炸。在开拍前，我在靠着敞篷车车门的地方设置了一个翻车坡道，并在坡道上方安装了一个长宽均为 1 米的空气压缩弹簧。当摩托车到达坡道上方时，弹簧就将摩托车的车头向上弹。摩托车的前轴上连了一根缆绳，能在摩托车往前飞时将其拽住，并把前轮向下拉，造成摩托车车头朝下翻倒落在敞篷车前座上的效果。与此同时，特效组的工作人员将按下按钮引爆炸弹。当时我也是第一次碰到那样的特技表演，和特效组的工作人员讨论过后，我们觉得方案应该是可行的。当摩托车前轮撞上空气压缩弹簧时，车头猛然被弹到空中。缆绳一拉，摩托车的车尾翻到上方，车座撞到我的背上，我因此往前扑了 12 米之远。

斯坦听后让我布置好现场，他先去换戏服。当他换好回来后，我向他展示了特效机关的设置，并让他不用担心会被把手绊到。斯坦听完二话不说就骑上摩托车，告诉我自己准备好了。拍摄非常顺利，而且效果惊险刺激，非常吸引眼球。

在《卖命生涯》里，我故意以彼得·波格丹诺维奇（Peter Bogdanorich）为原型设计了片中导演一角。我在波格丹诺维奇执导的电影《大滚友与小老千》（*Nickelodeon*，1976）中担任伯特的替身，他是我在片场中见过的最傲慢且目中无人的导演。片中的一场戏是这样的：热气球升空后向远离摄影机的方向前进约 100 米，然后右转。热气球是实现人类飞天梦想的第一项工具，自它诞生的那天起，除了大自然母亲的呼吸，没有任何方法能控制它的方向。热气球只能顺着风向漂浮。因此使用热气球时总要配一辆跟踪车。

我将无法控制热气球漂浮方向的问题告诉了彼得。他回答我说伯特告诉过他，我是世界上最优秀的特技演员兼特技统筹，无所不能。"既然这样，你就想想办法让热气球能转弯吧。"撂下这句话后他转身就走了。

　　说到底其实这是特效组的工作，结果伯特在无意间将这个烫手的山芋抛到我手上了。我觉得再怎么强力的风扇都吹不动 50 米外的热气球，于是我决定另辟蹊径。首先，我将一条坚韧的缆绳绑到热气球上，缆绳的另一头绑到离摄影机 150 米远的绞车上，旁边配一名带着对讲机的操控员。然后，我将绑在热气球上的另一条缆绳固定在 100 米开外的另一台绞车上，旁边同样配有一名带着对讲机的操控员。当热气球升空后，我将指示第一名操控员开动绞车，将热气球往远离摄影机的方向拉去。当彼得示意我热气球右转时，我就让第一名操控员关掉绞车，然后让第二名操控员启动绞盘，将热气球往右拉。

　　摄影机开机后，热气球缓缓上升，并在缆绳的拖动下往前飘去。过了一会儿，彼得说"就是现在"。一声令下，热气球马上朝右转去。这个镜头的拍摄完成了，但彼得完全没有向我致谢。几天后，我们要拍一场在妓院场景外面的戏：特技演员将从窗户或门穿过，从阳台上摔下来。彼得对大家说，谁能用最搞笑的方法从妓院里出来，他将奖励 1000 块。

　　于是我就开始行动了。我将一根长达两三米的缆绳固定在二层的房间内，然后将缆绳穿过裤腿，固定在我的红色法兰绒内裤下的安全带上，同时也绑在了背带裤的背带上。当我背朝下破窗而出时，缆绳一拉，裤子滑到脚踝处，而被缆绳拽着的背带看起来就像是拽着防止我往下掉的救命稻草一样。当我以露出红色长内裤，外裤堆在脚踝处的形象倒挂着出现时，全场的工作人员爆笑。大家都觉得很有趣，我心想这 1000 块是稳赚了。彼得问这是谁的主意，我一边倒挂着一边想象着即将到手的钱，回答说："我的。"他听到后吩咐工作人员重新置景，让我退下来，按原脚本拍了这场戏。显而易见，他没觉得我的方法好笑。

还有一场戏是写伯特饰演的角色站在 10 米高的岩礁上，岩礁下方 3 米处是一棵茂密的橡树的树冠。这场戏将由我代替伯特出演，彼得要求我从岩礁上对着树冠往下跳，然后再从树上爬下来。我听后问："你开玩笑吧？这样做树枝很可能插到我的眼睛里，或是刺进我的胸腔，反正受伤的可能性极大。"他全然没觉得自己在开玩笑。剧本是这样写的，而这场戏的前情都已经拍好了，所以必须这样拍。我反复考虑了一下，回答说："好吧，我演。但你让华纳兄弟的人把支票本准备好。"我打定主意一定要从侧面撞上树枝，因为正面撞上树枝的话，我极有可能严重受伤。这个镜头有惊无险地通过了，但彼得从来没有说过"干得好"。对了，我对这次表演的要价是平时的 10 倍，但华纳兄弟的人还是把钱付清了。

所以我在《卖命生涯》里以波格丹诺维奇为原型，塑造了一个自大狂的导演形象，还根据他的口吻编写了台词，如"电影是时光的碎片，而我们是捕捉它们的人"等。然后，我让饰演导演一角的罗伯特·克莱因（Robert Klein）尽可能地模仿波格丹诺维奇的言行举止。每次开始拍摄前，我都会对罗伯特说："你看，波格丹诺维奇是这样做的。"波格丹诺维奇的工作信条是"我不要任何借口，按我说的去做"。这个要求对演员来说是再正常不过的，但却极有可能让特技演员冒险。所以在与他合作时，你必须清楚自己的能力，并对风险有准确的评判。

当《卖命生涯》剪辑完后，我发现有很多特技镜头没有被放进成片里，这实在是太浪费了。由此，我的一个点子引领了一种新的潮流。这个潮流，也就是后来大家所称的"花絮"。当时我找到了一位作曲家，请他给我的这些花絮配上一段音乐，这首曲子是关于好莱坞特技演员的，很是动听。我们将花絮按着节奏剪辑，让动作和旋律相匹配。这种处理方式非常好，自我们的花絮播出后，两三部正在拍摄的电视剧也效仿制作了各自的花絮。我是首位在影片结束后加上花絮的导演，自打第一次那样做后，我再也不在影片结束后直接打出"完"字。黑场几秒，花絮将与演职人员名单一同播放。

　　往后的几年里，不断有工作人员告诉我他们很喜欢观看花絮，因为这可以帮他们回想起拍摄时的各种乐趣。我去电影院看电影时经常会观察到，银幕一黑有人就起身准备离开了，知道底细的观众就会叫道："快坐下，还有呢！"看到这样的情景我总是很高兴。

17

超音速行驶：
时速1190.38公里！

未竟的事情总让我很在意。自我驾驶火箭动力汽车挑战超音速行驶失败，三年过去了，这个代号为SOS的计划一直在我心里挥之不去。我决定买下这辆车，自己筹钱实现这个目标。我找到比尔·弗雷德里克，问他是否还愿意再改装一辆超音速战车。他的回答是肯定的，唯一的问题是资金不足。我问到底需要多少钱，他估计得50万。于是我让他等着我。

我向劳拉·利兹说明了这个想法。她完全不感兴趣，她觉得购买房地产才是明智的投资方式，但还是同意拨出100万。然后我们商量找一个赞助商，并且讨论了完成整个计划的具体措施。

上次我挑战超音速行驶的费用是由哥伦比亚广播公司负责的，我的最终成绩是每小时997.79公里。我猜他们应该也会对这次挑战感兴趣的，于是我约了哥伦比亚广播公司的负责人面谈，并开出了让他们无法拒绝的条件。我的条件是他们一分钱不用出，只要保证进行至少一个小时的报道就可以，如果能获批播放更长时间则更好。我之所以会将播报权交给哥伦比亚广播公司，是因为这样做之后我就能利用长达一个小时的有线网络电视广播时间（这是发生在只有有线网络电视时期的事情）来吸引其他公司的赞助。

通过关系我联系到百威啤酒公司的负责人，与他们在圣路易斯市进行面谈。我向他们讲解了自己的方案，并向他们保证有线电视广播时间至少有一个小时，而且说明了实际上时间延长到两小时或以上的可能性极大。然后我向他们介绍车身长达 12 米的火箭动力汽车，提出他们可以将其命名为"百威火箭"号，并将其做成一个色彩缤纷的移动广告牌。商谈了几个小时后，我们达成共识：在能保证一个小时有线电视网络广播的前提下，百威啤酒公司将支付给我 25 万美元，获得这辆火箭汽车的冠名权；如果我们能打破之前每小时 1001.01 公里的陆地汽车最高速度纪录，他们将再支付给我 25 万；如果我们成功实现超音速行驶，那他们将额外支付给我 50 万。成交。

我觉得这次要打破纪录轻而易举。如果比尔制造汽车时不超预算，我起码还能收支平衡——如果我们能突破音速，那我还能额外赚到 50 万。但有一个小问题：谁来开车呢？我需要找一位下定目标就能迎难而上、不畏艰险的人，亲身体验告诉我，这次挑战并不容易。我在合适的司机名单中寻寻觅觅。然而就像饮料上漂浮的奶油泡沫一样，有一个人的名字频频出现在首位，那就是斯坦·巴雷特。我深知斯坦热爱驾驶，并愿意为之付出一切，就像他作为一位虔诚的教徒，对上帝有着坚定的信仰。于是我问斯坦是否对这件事情感兴趣，他只回答了四个字："什么时候？"

我重新与百威啤酒公司接洽，他们和我将分别付给斯坦 5 万美元。自我上次驾驶火箭动力汽车后，我深知斯坦拿到的酬劳过低了。但我又分析了一下，这次挑战之后斯坦将获得很多代言机会，并为他带来更多的工作和收入。当我告诉他这一点时，他又简单地用四个字回答了我："准备好了。"

我们将车运到犹他州的博纳维尔盐滩进行超音速驾驶的尝试。博纳维尔盐滩是一个宽广的平原，其中有 1.8 万多亩的路面尤为平整。斯坦先驾着火箭动力汽车转了几圈试试手感，看起来一切正常。随着信心渐长，他逐渐提高了速度，很快就达到了时速 1027.79 公里。好极了！我们刚刚超过了现存的最高陆地驾驶速度纪录，并从百威啤酒公司获得了50万进账。但我们还面临一个大问题：这已经是汽车在盐滩上行驶的最高速度了。由于冬季雨水少，盐滩表层很薄，6厘米厚的金属轮胎很容易将盐层表面压碎，这就导致汽车行驶时一轮悬空，变成了三轮车。当在某次两侧后轮都将盐层表面压碎后，汽车行驶中有30米左右的距离是后轮全部悬空的。

斯坦能活下来实在是太幸运了，车外的人们看得心惊胆战。我不知道当时斯坦在车里是什么感觉，但有一点肯定的是，我们需要找一处更坚固的地面。干枯的湖床是非常理想的选择，但去哪里找一个足够大的呢？

幸运的是，当我为美国空军拍摄撤退逃生影片时认识了查克·叶格将军。他是战斗机中队上校，并且是驾驶飞机实现超音速飞行的第一人。当时他驾驶的是一架贝尔XS-1试验机，并以他的太太命名为"迷人葛兰妮"号。我们自认识后就成了朋友，且一直保持着联系。当哥伦比亚广播公司同意播报SOS计划后，他们还让我找一位具备专业知识并能讲解得绘声绘色的评论员。我邀请叶格将军参与，他同意了。他坚信我们的计划能够成功，并且为我们找到了合适的驾驶地点。多亏了他在空军中的关系，查克帮我们拿到了使用位于加利福尼亚州莫哈维沙漠的爱德华兹空军基地，一处干枯湖床的批准。平时，那里是作为太空穿梭机的紧急降落跑道的。跑道有35公里长，光滑如镜，既是太空穿梭机的理想降落地，也是我们的火箭动力汽车完美的驾驶处。于是我们一行人就前往爱德华兹空军基地了。

为了避免影响空军基地的日常运作，我们只能在周末试驾。空军基地专门派来一位安全官员来监管媒体、游客以及我们一行50人。

我们每周进行两次试驾来挑战超音速驾驶，周六周日各一次。由于长途运输、住宿、餐饮以及时间上的延误，成本日增。在一次试驾中，排气管突然爆裂，汽车推进力瞬间偏离中心，当时斯坦的安危再次让我们的心悬了起来。我们花了好一阵子来修理排气管。尽管浪费了很多时间，开销也越来越大，但我们还是对超音速驾驶非常抱有希望。

维修完毕后，斯坦的驾驶速度已经可以达到时速1110.45公里。当时唯一的问题在于，那已经是4.8万马力的火箭全速推进的最高速度了。如果我们要继续提高速度，只能再使用一个1.2万马力或以上的火箭，但这样的话我们就要重新配置汽车，而我们的资金已经不足了。就在这时，查克·叶格又一次对我们伸出了援手。凭着在自己驾驶的战斗机上发射过多枚"响尾蛇"导弹的经验，他建议我们在火箭动力汽车上也装上一枚，等前进到一半路程时发射导弹，让其提供超音速驾驶的动力。将军找到了监管导弹的上级部门，帮我们申请到六枚拆除了弹头的导弹。"响尾蛇"导弹是由固体燃料推进的，而我们的火箭动力汽车是由液体燃料提供动力的。也就是说，在前进过程当中，如果斯坦想将液体燃料推进火箭关掉，只要将自己的脚从油门踏板上移开即可。但"响尾蛇"导弹不同，一旦发射就无法关闭。

我们将一枚"响尾蛇"导弹装到车上，测试其效果。斯坦坐进驾驶室，在汽车静止状态下按下火箭发射按钮，除了叶格将军以外所有人都被吓到了。叶格深知当火箭发射时，斯坦将瞬间承受6800千克的推进力。斯坦自己也难以描述测试时的感受：火箭发射后，他的头一下子就被狠狠地向后甩到靠枕上去，导致他头痛不已。他担心万一在行驶过程中开启火箭而又出了什么差错，他完全没有办法将车停下来。叶格将军解释说，在汽车速度达到时速900公里时发射导弹，冲击力将大大降低。但不管在什么情况下，导弹一旦发射就没办法停下来。正如我所料，斯坦听后说："再装一个导弹上来，我们试试看。"

在接下来的试驾中，我们没有使用火箭动力汽车的全部马力，但尝试了在行进半程时发射导弹。这次之后，斯坦绝对是世界上驾驶速度最快的人了，试驾速度达到时速 1149.07 公里。检查了所有遥感测速装置的读数后，我们非常肯定，这辆火箭动力汽车加导弹推进如我们预期般发挥实力了。

我们决定第二天再测试一次。这次我们计划将火箭马力全开，再加上导弹推进，但愿斯坦能够实现超音速驾驶。斯坦的驾驶时速几乎已经比我上回快了 160 公里每小时，我无法想象他得在驾驶室里承受多大的冲击力。但根据上回的经验，我非常为他担心，冲击突破音速的目标并不值得斯坦去冒生命危险。当天晚上我找到斯坦，告诉他如果自己想放弃的话，我将告诉媒体那全是我的主意，与他无关。斯坦瞪大眼睛看着我，仿佛我疯了一样。过了一会儿，他说："我们距离成功只有一步之遥了。我签约时就已经决定不管结果成功还是失败，都要坚持到最后。"我不知道当天晚上斯坦是否睡得好，反正我在喝了六杯威士忌苏打后仍一夜无眠。

第二天早晨 5 点我们就集合了。当时是 20 摄氏度，这个气温对我们有利。因为气温越低，空气密度越大，而音速也随之减小，我们实现超音速驾驶的难度就相应降低，当天早晨斯坦只要驾车达到时速 1176.43 公里便能突破声速。太阳从地平线上慢慢升起，我们一行人聚集在"百威火箭"号旁边，在斯坦的带领下低下头，为即将到来的挑战祈祷。结束后我们将斯坦送进驾驶室，绑好安全带，关上驾驶舱舱门。

为了提升火箭引擎温度，我们需要在里面添加点燃料，而这将导致引擎喷出白烟。阳光将车身勾勒出金色的轮廓，白烟慢慢掩盖住车身，此情此景真是让人提心吊胆，我很好奇下一刻将见到什么状况。过不了多久，点火倒计时开始。那是我人生中经历过的最漫长的 10 秒钟。三，二，一，点火！

斯坦踩下加速器，4.8 万马力的火箭全速运转，将他以人类陆上行驶有史以来最快速度从湖床上向前推进。第一秒内时速就提升到了225公里。当汽车以时速885公里来到2.5公里的标记点时,斯坦发射1.2万马力的"响尾蛇"导弹。几秒钟后,突破声障引起的气流流过车身,导致后轮离地30厘米通过车速监视区。斯坦成了驾驶汽车突破声障的第一人,美国空军测得的官方时速为1190.38公里。

在完成目标的过程中,斯坦创立了多个速度纪录,包括从静止加速行驶3公里的最短时间,这个纪录至今无人打破。空军以战斗机低空飞行的方式,向新诞生的音速突破者致敬。

"庆祝"一词已经不足以形容我们当天晚上的狂欢。尽管不是我来驾驶那辆火箭动力汽车,但斯坦·巴雷特实现了魂牵梦萦的超音速驾驶的梦想,他完成了我几年前就开始的未竟事业。利兹为这个计划拨出100万的举措非常正确,整个计划最终结算花了110万,所以我需要再支付10万块。但这又如何,我们创造了历史。哥伦比亚广播公司为此播放了两集时长均为一小时的特别节目,百威啤酒公司也因此获得了广泛的宣传。

当这一切完结后,我租了一个仓库来存放这辆创造历史的汽车,按月交租。这有意义吗?我觉得没有。我不是感情用事的人。很多汽车爱好者和汽车收藏家都向我提出购买这辆车的想法,但利兹想到了一个更好的点子。"把它捐给史密森尼博物馆[①]吧,这样能扣减税额。"她补充道:"而且所有人都能在展览上看到它。"我同意了。

不管捐献任何东西给史密森尼博物馆,所有环节都要获得相关证明,因为他们只接受经过验证的原件。利兹将收集到的收藏家们的竞标价格单以及美国空军提供的证明文件交给了博物馆方,他们对这辆

---

① 史密森尼博物馆(Smithsonian):世界最大的博物馆体系。它所属的十六所博物馆中保管着一亿四千多万件艺术珍品和珍贵的标本。同时,它也是一个研究中心,从事公共教育、国民服务以及艺术、科学和历史各方面的研究。

汽车的估价为250万，也就是说我获得了三年的税额减免，到最后"百威火箭"号还是让我小赚了一笔。时至今日，"百威火箭"号和叶格将军的贝尔XS-1试验机"迷人葛兰妮"号仍在位于华盛顿特区的史密森尼博物馆国家航空航天展馆进行巡回展览。它们二者都代表了历史上突破声障的第一人：驾驶飞机的叶格将军，以及驾驶陆上汽车的斯坦·巴雷特。

— 18 —
真实的炮弹飞车

时至1980年，伯特·雷诺兹已经拍了大量的动作电影，包括汽车追逐片如《白色闪电》《短吻鳄》《警察与卡车强盗》的一二集以及《卖命生涯》等。批评家们对这一事实的议论，让伯特想要选择另一种电影类型。实际上，伯特宣布他再也不会在电影中开车速度超过每小时55公里了。下面我要讲的，是让他改变决定的一件事。

我在进行超音速驾驶计划的时候，认识了一位哥伦比亚广播公司的评论员布罗克·耶茨，速度和赛车是我们的共同爱好。上回之后，我们经常在纳斯卡①比赛中碰到对方，一起观看比赛。

赛后，我们经常会一起穿过位于纽约的瓦特金·葛兰国际赛道上酒吧去。有一天晚上，几杯酒下肚后，布罗克告诉我他在怎样的机缘下开始参加越野炮弹飞车比赛。这项比赛的起点设于康涅狄格州达连湾的万象餐厅（Lock, Stock and Barrel）门口，终点设于加利福尼亚州雷东多海滩的波多菲诺旅馆门口。

这项比赛已经举行过多届了。司机们会将给自己以及座驾加上各种伪装，以免引人怀疑，并尽量将这段海岸沿线路途平均时速保持在160公里以上。以最短时间完成比赛全程的队伍将获得冠军，奖品是一个纪念杯以及持续到下次比赛之前的耀武扬威的机会。整个比赛唯一的规则就是没有规则。

---

① 纳斯卡（NASCAR）：National Association of Stock Car Auto Racing 的首字母缩写，美国全国运动汽车竞赛协会。

听布罗克讲完参赛选手们各种疯狂的事迹后，我想出了一个点子。"这些听起来像一部很有趣的电影。"我说，"要不下回我们一起参赛吧？我们给每一对参赛选手都发上一个录音机和纸笔，让他们把比赛途中各种激动人心的事情记录下来。等比赛结束后，我们把他们记下来的事情整合成一个剧本，再找个认为这个剧本新奇、有趣且刺激的制片公司来投拍。"布罗克听后跃跃欲试。

比赛时间已经定下来了。我和布罗克煞费苦心，好不容易想到使用救护车作为参赛车辆。我们计划将车辆的外观改造得尽可能像真正的救护车，然后再在引擎盖下装上一个440楔形引擎，安上霍利化油器，最后装上一个宝华韦健牌半导体收音机，这样汽车的转矩就得到了控制。我们还找来两套救护车司机的制服，并且决定再找一位队员来扮演我们运输的病人，布罗克美丽的妻子帕姆提出由她来扮演。既然有了病人，再配一名医生应该可以更好地应对被警察查车的情况，起码警察在将我们收监前会多考虑考虑。

在日落大道上的萨拉托加酒吧里，我把自己和布罗克的取胜计划告诉了在座的常客们，当时万事俱备，只欠一名医生了。突然我听到一个声音说："算我一个。"我循声一看，发现那是莱尔·罗耶，一个年轻又富有冒险精神的小伙子。他对自己请缨的事情一无所知，但无所谓，因为他就是一名医生。

我买来一辆道奇厢式货车，将内饰拆掉，然后把它里里外外都按救护车的样子改造。车顶上安装了一盏红色紧急指示灯，车身两侧都印上"跨州医疗运输车"的字样。除了440楔形引擎外，我们还额外安装了两个容量为340升的油箱。三个油箱上都装了加注口滤网，以提高加油速度。我们队伍一切都准备好了。

这场横跨全国比赛的头车在晚上9点出发，随后每15分钟出发一辆。我们在深夜 1 点 45 分离开康涅狄格州,由布罗克驾驶这辆车奔往西部。出城时交通非常拥挤,我对布罗克说按这样的情况,我们绝对赢不了。于是我打着了红色紧急指示灯并鸣笛示意,当时我一下就体会到了耶稣(还是摩西来着)分开红海①时的感觉了。前面的车听到救护车的声响后纷纷向路侧移去,我们就这样驶出了纽约市。

大概到深夜 3 点时,我换下了布罗克,并且狠踩油门,将时速提高到 220 到 250 公里之间。由于车速过快,当我看到绕道而行的标志为时已晚,要是它再早个 200 米出现就好了。绕道标志显示向左侧慢行,来不及降低车速,我只好按着指示急转,让卡车向左漂移。当我重新控制好方向盘时,绕道标志又转向了右边,我只好将方向盘往右转,向右漂移。再转一个弯我们就可以重新开回高速公路上了。车里非常安静,所有的人都陷入了沉默。过了 1 分钟后,布罗克开始若无其事地和我说话,告诉我怎么上下一个高速路口。

深夜 4 点左右时,我们正快速驶过新泽西州,以破纪录的速度前进。我看了一眼后视镜,发现远远的后方传来车头灯的亮光。布罗克让我将速度降到 130 公里每小时,看他们能不能跟上来。很快,那辆车开着红灯追了上来。我们只好靠边停下。

身着救护车司机制服的我和布罗克下车朝警察走去。其中一名警官问道:"你们这是要去哪里?这里离医院可远着呢。"

布罗克漫不经心地回答说:"加利福尼亚州。"

"为什么?"警官追问道。

"病人得去那儿。"我回答说。

---

① 据《圣经·出埃及记》记载,神的仆人摩西带领在埃及为奴的以色列人逃离埃及到达红海边时,眼见要被埃及追兵赶上。在情况万分危急的关头,摩西用耶和华的手杖指向滔滔红海,使海水分开,显露出一条海底大道助以色列人逃生。当埃及追兵赶到时,海水又复合起来,将埃及军队淹没。

警官听后显得很不解，问："为什么非要去加利福尼亚州呢？"

"那你们去问随车医生好了，我俩只负责开车。"布罗克回答。

我和布罗克把警察领到车后，打开车门。帕姆当时被固定在担架上，带着氧气面罩，手臂上还插着静脉注射针管。穿着白大褂的医生将一个夹着加州大学洛杉矶医学中心诊断书的文件夹板交给了警官。警官看了好一会儿，诊断书上面的医学术语让他更困惑了。医生适时地解释："她得了肺病。"

警官听后怀疑地问道："那你们怎么不用飞机运送病人？"

"病人无法承受低气压。"医生不耐烦地回答，"这也是我们不能走北边道路的原因。那边海拔太高了，只能走南边。"

警察们对这两难的情况仔细考量：要是他们延误了我们将病人送院，万一病人有什么三长两短他们就要负责了。这也是我和布罗克期盼达到的效果。过了好一会儿，其中一名警察说："好吧，你们走吧。但记得把速度慢下来，不管情况有多紧急，你们都开得太快了。你们的行为已经威胁到半个州人民的人身安全了。"

他们一离开我们就赶紧回到车上。布罗克转身对莱尔说："干得好，医生。"我踩下油门，全速前进。

后面的事情就很顺利了。我们的平均时速达到了145公里，这多亏我们选择了正确的加油站。在路上，我快速开进一个铺着碎石路的小加油站，猛踩刹车，导致扬起的尘土掩盖了整个车身。当尘土消散后，布罗克、帕姆（穿着病号服）和医生都下车上洗手间去了。我在三个油箱上都插上加油管，站在一旁看着加油的情况。这时一位年轻的工作人员从加油站商店里出来，向卡车走来，走到半路时他停了下来，先看了看我，又看了看洗手间。等布罗克回来后，他替下我来盯着加油的情况，我上洗手间去了。

等我回来后，加油泵一停我们就可以结账走人了。出门前我特意换了5000块面额20的钞票，这样我们就不需要等服务员把三个油泵的读数加起来，算钱找钱。如果油泵上读数是25块，我就当是30，其他两个油泵也是如此，这样工作人员也不用担心我们会骗他。我一张一张数着20块的钞票交到工作人员的手上，直到他露出满意的笑容。结完账后我们跳上车快速开走，留下被烟尘掩盖的工作人员。整个加油停车时间为5分20秒。

我们全程都收听着民用波段无线电广播，以获知前方路况信息。当我们到达密苏里州时，我们从广播的对话中得知，有一项牛仔竞技刚刚结束，前方的高速公路上挤满了看完比赛返程的车辆。我们通过对讲机加入了聊天，告诉大家我们正在朝他们的方向驶去，请留意一辆救护车。广播里一下子传来了大家纷纷抗议的声音，过了一会儿，一个声音说道："我是某某警官，刚收到你们的消息。我将为你们开路。"当我们开到拥堵路段时，我们车道前头的车都被截停了下来，旁边反向车道的车都被指引驶上路肩，我们从腾出来的反向车道上逆行着快速通过。开到竞赛场门口时，我们发现一名交警正在将准备驶上高速的车辆拦下，并示意我们先行。我们在广播上感谢了那名交警和路上的其他司机，然后猛踩油门朝前奔去。

我们开到亚利桑那州时已经是午夜了。车流很少，高速公路如尺子画就般笔直。开了一阵子，我们又发现前面的道路被一列载重卡车队占据了。我们通过民用波段与他们取得联系，告诉他们我们马上就要追上去了。我们表明自己是救护车，并问他们车队总共有多少辆车。他们回答共有10辆卡车，并告诉我们他们将加大车距，好让我们从反向车道超车，并在必要时插进车队中以躲避来车。我告诉对方，等下我将亮一会儿红色紧急信号灯，然后再关掉，好证明我们不是警车。开灯关灯后，我问他们能否看见。对方回答："把救护车开上来吧。"

当我们距离尾车只有 100 米时，我问头车司机前方路况如何。他回答说能见度为 8 公里，前方路况如空气一样干净。于是布罗克将车转向逆行车道，以时速 225 公里往前冲去。不一会儿我们就超过了整个卡车车队。头车司机对我们说："小伙计，你们肯定在赶时间吧。小心点，不然我得帮你们叫救护车了。"我感谢了他们的帮助和关心，退出了通话。

布罗克的听力比我的好，而且当时他正在开车，所以是他听到变速箱传来了摩擦的声音。我们在一处加油站停下，检查箱内机油的情况。难怪变速箱会打滑，原来机油已经用完了。我们补充了机油，又买上几罐备着就重新上路了。再开了一个小时后，变速箱又传来摩擦的声音，而且听起来情况不妙。于是我们又开进一个加油站去补充机油，同时买上一箱以防万一。当时我们已经进入加利福尼亚州境内了。剩下的 300 多公里再怎么漏，一箱机油总该够了吧。我们每行驶 30 公里就补充一次机油，到最后一次时，机油漏出来的速度几乎已经赶上我灌进去的速度了。

我们刚到棕榈泉市跟前时，这辆跨州医疗运输车摇摇晃晃、咯咯作响，突然停了下来。我们试了每一个挡位，包括倒挡，汽车还是一动不动。看来我们的参赛历程到此结束了。这时，一个年轻人开着一辆后面拉着空的大平板的十八轮大卡车从我们身边经过。我们拦下他，和他做了个交易，他用平板拉着我们冲过了终点线，全场欢呼。尽管我们没有赢得比赛，但收集到了炮弹飞车比赛中各个参赛选手的录音和笔记。多亏了布罗克聪明的头脑，我们将这些素材整合成一个刺激有趣的剧本。布罗克写完后将剧本交给我，说："轮到你了。去找钱和演员，准备拍片吧。"

回到好莱坞后，我接到了人称"阿尔"的知名制片人艾伯特·拉迪（Albert Ruddy）的电话，他曾任《教父》（*The Godfather*，1972）的制片人。当时我已经出演过 310 部长片和 4500 集电视剧，接到过数千次电影、电视节目以及广告的拍摄任务，但我从没迟到过，我总会提前把交通堵塞、车胎爆胎或者轻微车祸等影响因素考虑在内。

我第一次与担任我的两部影片《炮弹飞车》（*Cannonball*，1981）及《雷电神兵》（*Megaforce*，1982）的制片人阿尔·拉迪约见的地点，是位于贝弗利山的耐特和阿尔餐厅（Nate & Al's）。阿尔打电话说想和我讨论《炮弹飞车》的剧本、预算以及其余筹备细节。我让他定好时间，到时候去找他。他约了我早晨 8 点边吃早餐边聊，我没问题。于是我们就约好了。

第二天早晨 7 点 45 分我就来到了餐厅。服务员领我就座后，我一边喝着咖啡抽着烟一边等阿尔（当时餐厅还未禁烟）。等到 8 点 10 分时，我估摸拉迪先生肯定觉得自己的时间比我的更宝贵，于是站起来决定走人了。结完账后我往出走，结果在门口碰到了身材高大的阿尔·拉迪正微笑着站在那里。他对我说："您是尼达姆吗？"我回答说："是的。"他自我介绍道："你好，我是阿尔·拉迪。"并向我伸出了右手。我握住了拉迪的手，转过手腕让他能看到我的手表，告诉他现在已经 8 点 15 分了，我们下次再约吧。我让他再打电话与我约时间碰面，然后就走了。

拉迪的性格并不像其他那些典型的好莱坞制片人，他是个风度翩翩、温和有礼、风趣幽默，但经常迟到的人。当然，和我见面时例外。上次之后，每次约会他见到我后总要指着自己的手表，告诉我自己又提前多少分钟到了。而且他还创造了一句经典口头禅："时间有两种，一种是实际上的，另一种是哈尔·尼达姆的。"

我们第二次约到耐特和阿尔餐厅时，拉迪准时到了，于是我们开始讨论电影的筹备工作。他知道我拥有《炮弹飞车》剧本的版权，而他希望自己能将其制作成电影。我觉得这很公平，这样对我也是有好处的，但我们得先找到投资。拉迪说这点不是问题，他认识一位叫邹文怀的香港制片人，负责成龙所有电影的制作，这个制片人一直在寻求进入美国电影市场的契机。拉迪说，邹文怀手上资金不少，而且打算投拍一部大制作电影作为他进入美国市场的处女作。邹文怀已经了解过故事大纲，希望伯特·雷诺兹能够出演。

我告诉拉迪，伯特曾经发誓再也不在电影里开车时速超过 55 公里。拉迪知道我拍摄时效率很高，因此我们可以安排好拍摄计划，将伯特的戏份集中在 12 到 14 天内完成，不会耽误伯特的时间。我认为在这部片子里，时速 55 公里绝对不是合格的车速。拉迪对这个问题一点都不担心，他说如果我们能在 14 天内完成伯特的戏份，付给他 500 万的片酬，并让他参与票房分成，伯特很有可能会动心的。在当时，还没有任何演员单片片酬达到 500 万，因此我觉得拉迪的这个主意不错。

我很喜欢拉迪。他既是一位优秀的制片人，又是一个值得交往的朋友，再怎么疑心重的人都放心让他去筹钱拍电影。我们经常碰面，偶尔也一起喝喝酒。有一天离开制片公司后，我们一起来到我的办公室，分享一瓶五号皇家礼炮苏格兰威士忌。除了冰块之外，我们不想用任何东西来稀释这种纯酿。我打开瓶盖，倒了两杯酒，和拉迪一起一边慢慢品着酒，一边讨论《炮弹飞车》的分镜设计。这时奇怪的事情发生了：我们喝得越多，想出来的点子就越好。等一瓶酒喝完，我们讨论得也差不多了，该回家了。尽管拉迪非常高大，但他还是成功挤进了我那辆法拉利的副驾上。

我在万特乐大道上超速行驶，周围看起来一切正常——直到我留意到后面跟上来了一辆闪着红灯的车。我靠边停下，下车，走到车后与那位警官打了声招呼。他让我出示驾照，并问我是否喝过酒。我从来不会对警察说谎，于是我向他坦白自己喝了半瓶皇家礼炮。他说我看起来并不像喝醉的人,但也问了我为什么不让坐在副驾上的乘客开车。我回答说也许他留意到那位乘客并没有下车,因为另外半瓶皇家礼炮就是他喝的。那位警官听后笑了笑,然后问我:"如果我放你走,你会不会去下个街角的咖啡店喝杯咖啡提提神?"我向他保证自己会去喝咖啡,而且会乖乖地在咖啡店里安营扎寨过上一晚。他把驾照交还给我,然后叮嘱我说:"慢慢开,晚安。"当我回到车上时,拉迪问为什么我没有被捕。我回答说今天肯定是我的幸运日。

我和拉迪列出了一个拍摄时间表,让伯特的戏份在尽可能短的时间内完成。尽管我们有信心在12天内拍完伯特的戏份,但为了安全起见,我们还是将时间延长到了14天。带着剧本、为期14天的拍摄计划表以及500万片酬的报价,我回家去找伯特了。我们的对话大概是这样的:我告诉伯特,阿尔·拉迪将出任《炮弹飞车》的制片人,单是这一点就已经保证了片子的档次。而且我能在14天内完成他的戏份拍摄。

伯特打断了我,说:"亲爱的室友,我说过我不会再接飞车电影了。"我告诉伯特自己很理解他的决定,但拉迪还有一个实在是太有说服力的条件:"片酬是500万再加1%的票房提成。"

伯特停了一下,继续说道:"我早就听说你和疯子布罗克·耶茨参加了那次疯狂的跨州赛车。我一直跟别人说——现在我也要告诉你——它肯定是绝好的电影素材。"

紧接着,拉迪开始在圈内宣传自己即将制作一部大片,这部片子充满了有趣的竞赛场面及动作戏。我将出任导演,而伯特则是领衔主演。拉迪的宣传很快就见效,我们几个的电话马上被打爆了。我、拉迪和伯特三个人聚在一起讨论,该找哪些演员来扮演飞车比赛中的参赛选手。我们先研读之前参赛选手们的笔记,理出了和真实情况类似的参赛队伍名单。我们先敲定由多姆·德路易斯饰演伯特的同伙,伯特提议由法拉·福塞特出演救护车上的病人。我能猜到为什么，因为当时伯特正在与福塞特谈恋爱。

我在多部影片中担任过迪安·马丁的替身，并因工作关系与他成了好朋友。拉迪听后说，自己将亲自打电话问问他的意向。如果迪安同意出演，那我们应该还能找上小萨米·戴维斯来饰演他的队友。他们将饰演乔装成天主教神父的队伍，在片中驾驶法拉利跑车。

我们还找来杰克·伊拉姆饰演车队里医生一角。我和伯特都与伊拉姆合作过几次，他是个很喜欢打牌的人。当时华纳兄弟公司找他拍戏，但不允许他在片场打牌，于是他就罢演抗议，直到对方撤销了禁令。而我们开出的条件是，杰克可以随时随地在我们现场打牌。

伯特提出："要不我们找罗杰·穆尔来演他自己？"于是我们找他谈了合作细节，让他在片中驾驶阿斯顿·马丁，并专门给他写了一些邦德①风格的台词，这些设计让罗杰·穆尔身上的英国味更浓。我们的设计也达到了预期效果。

邹文怀注资后，成龙也参演了电影。对于这点我完全没有异议，我们请了一位英文教师来帮助他熟悉台词。成龙是一位风趣且身手极其敏捷的演员，当时我就认定他终有一天会成为国际巨星。

彼得·方达（Peter Fonda）也帮了我们一把，客串了一场沙漠打斗戏。特里·布拉德肖和梅尔·蒂利斯两人将饰演驾驶运畜货车的车队。不久后，我们又成功邀请到杰米·法尔（Jamie Farr）饰演酋长，希腊裔演员吉米·斯奈德（Jimmy Snyder）饰演拉斯维加斯的赌徒，伯特·康维（Bert Convy）饰演游戏竞技节目主持人，瓦莱丽·佩莱恩（Valerie Perrine）饰演女警。我们甚至还找来比安卡·贾格尔（Biarca Jagger）饰演酋长的妹妹。此外，我们还需要找几位貌美的女演员来饰

---

① 詹姆斯·邦德（James Bond），小说及系列电影中主角的名字，为英国情报机构军情六处的特工。

演驾驶兰博基尼的车队。阿德里安娜·巴尔博（Adrienne Barbeau）如何？我还提议了塔拉·比克曼（Tara Buckman）。没错，因为当时她是我女朋友。

《炮弹飞车》在 32 天内完成了拍摄，共花了 1500 万。考虑到我们所请到的演员和拍摄计划表，这笔钱花得物超所值。为了集中赶拍伯特的戏份，这意味着我们要先跳过其他场景的拍摄，前往亚特兰大，然后转场到拉斯维加斯拍摄西部及沙漠场景，最后到洛杉矶拍摄剩余戏份。等拍完伯特的戏后，我们将再次回到亚特兰大，拍摄除伯特以外的其余场次。尽管这样的安排提高了成本，但只要是工作必需我们就去做。

开始拍摄几天后，我们就遇到了一个大事故。当天拍摄的是比赛开始时的场景。我们在下榻的宾馆外进行拍摄，由于是夜戏，所以摄影师在现场架设了一个 20 吨重的卡车起重机，将照明用的好几串灯吊到了停车场的上空，停车场里停满了这个场景中会用到的道具车以及一些作为背景的外来车辆。当时我们正准备拍晚上的第一场戏，工作人员操控起重机，抬起挂着灯的吊臂，将其转到停车场侧面的上空。由于重心的改变，支撑臂（用于平衡吊臂的支架）陷进了泥地里，整个起重机失去平衡倒了下来，吊臂正好砸到了一辆法拉利上——不是我的那辆——将跑车压成只有 1 米高的铁饼。价值 1.2 万的灯碎了一地，吊臂落在一侧。不幸中的万幸是没有人员受伤。

导演助理问我该如何是好。我让他先去再找一辆起重机来，把现在躺在地面上的这一辆扶起来。然后再订一些灯来换下损毁了的灯，并且让那个刚才在楼上酒吧喝酒，听到声响后跑了出来的法拉利车主尽快冷静下来。打点好一切后，我让大家今晚先收工。助理说我们大概在半夜时就可以把现场清理好，做好开拍的准备，那时候开拍的话还能争取到四个小时的拍摄时间。然而我觉得安全比赶进度更重要，在预算允许的前提下，我请到了最优秀的工作人员，我必须保证他们的人身安全。尽管我深知自己提出要求的话，他们也会全力以赴地赶进度，但他们不仅仅是我的员工，还是我的朋友。和其他导演不同，我和他们同吃同住，打成一片。

第二天晚上，我们在新起重机上安装上了新的一批灯，准备开拍。在正式开始之前，我将大家聚集起来，动员了一番。我告诉他们，尽管这场戏的拍摄计划安排了两个晚上的时间，但只要起重机不会再侧翻，我就有信心在天亮前把两个晚上的工作都完成。大家信心满满，都回答道："来吧，开工吧。"我们在晚上11点时休息了一会儿吃晚饭，为了节约时间，我们把晚餐时间从平时的一个小时缩短为半个小时。我看了看拍摄进度以及将要完成的场次，确信计划能如期完成。晚饭后，大家又开足马力投入到拍摄中来。工作人员小跑着去移动灯架及摄影机；演员们精神抖擞，从不走神。

我看了看表，已经深夜零点45分了，我们还剩最后两个镜头。宾馆楼上有一个挺大的酒吧，打烊时间是深夜两点。我让秘书凯西·谢伊到酒吧去跟他们说延长营业时间。我们马不停蹄，到酒吧原定打烊的时间顺利收工。我让大伙慢慢收拾，不用着急，楼上酒吧还开着，当天晚上我请客。

结果当天大伙的收拾时间创下了最快纪录，每个工作人员——总数70个左右——都接受了我的邀请。现场气氛欢快热烈，迪安和小萨米为大家高歌几曲；多姆上台，一如往常用笑话把大家逗得哈哈大笑；法拉光彩照人；伯特上台，盛赞工作人员的敬业。我成功在一个晚上完成了两天的拍摄计划，赶上了进度，感到安心了。当太阳升起时，庆祝还在进行。

工作人员信任我的另一个原因是我永远身先士卒。我从来不抢他们的功劳，相反，我总是及时奖励他们。每个工作人员手里都有拍摄计划表，所以他们都清楚进度是超前了还是落后了。有一天我们在中午 11 点，还不到午饭时间就完成了当天的拍摄，我让导演助理准备放饭，并通知大家当天可以收工了。我们优秀的制片人拉迪问我怎么那么早就收工了，我们还有半天时间可以拍摄。我告诉他工作人员并不傻，他们都清楚当天的拍摄计划已经完成，如果我们开始拍摄明天的戏份，他们肯定会问："为什么我们辛勤工作却换来了加班的后果？"所以还是收工为妙。

收工后我就去下一个场景视察。大概下午 2 点时回到宾馆，工作人员和当地的一些女士们或聚在泳池边休息，或在水中畅游，空的饮料瓶和啤酒瓶散落在周围。当我走过去时，其中一名工作人员对我说："谢谢你老板，要不我们明天争取早晨 10 点收工吧？"另一个人说道："要不我们连着赶工一个星期，提前两三天完成拍摄计划，这样我们就能有时间举行个大派对了。"

在一般情况下，导演只会允许摄影师、摄影机操机员以及剧本责编参加样片试映。但我就不会，我总是邀请全体演员和工作人员一同观影，并在放映厅给他们准备酒水点心，通过各种形式与大伙分享。拍电影并没有什么秘密，为什么不让大家都看看他们辛勤劳动的成果呢？多亏了我的工作人员的帮助，我总能在预算里按期完成拍摄。

《炮弹飞车》剪辑完成后的一个周日晚上，拉迪在贝弗利山酒店举行了一次私人放映会，并邀请我参加。我说："不去，我得去参加纳斯卡比赛。"当时我已经成立了自己的参赛队伍，队员们正准备去加利福尼亚州的河滨市参加赛季的最后一场比赛。我们赛队的司机哈里·甘特（Harry Gant）在积分榜中排名第二，与第一名的特里·勒邦特的成绩只差几分，也就是说最终鹿死谁手还是未知之数。我急切地期盼着决赛开场，要是能赢得纳斯卡比赛冠军那实在是太好了。

出发的绿旗一挥，我就觉得幸运女神站到了我们这边，哈里肯定能赢的。当时哈里和特里齐头并进，我一字不落地听着工作人员的无线电里传来的哈里对车况的反馈，直到我听到了最不愿听到的两个字："糟了"。引擎爆炸了，我对哈里的惋惜之情更甚于对自己的，哈里只能在冠军赛积分榜上排名第二了。

赛后回家的路上，我经过了贝弗利山酒店。看了看表，我刚好赶上了放映，于是我赶紧调头停到酒店门口。在向服务台走去时，我才意识到自己穿去赛车场的衣服不太适合出席放映仪式，也与贝弗利酒店的环境不太相符。不管怎样，我还是大步向前走去，询问服务员放映地点。服务员看了看我，问我是否得到了邀请。我回答说是的。

在服务员的带领下，我走进了放映厅。当我打开门时，里面的门童问我是否需要帮助。我决定开个玩笑，于是告诉他是拉迪先生邀请我来看电影。他让我稍候片刻，然后走到坐在拉迪旁边的一位女士处，对她耳语了几句。那位女士转头看了看我，然后起身向我走来，想看看这个意图闯进放映厅的家伙到底是谁。她客气地问能帮我做点什么，我回答想和阿尔·拉迪谈一谈。好吧，又有一个人让我稍等一会儿。她回去后在拉迪耳边说了几句，拉迪回头来看到底是谁。看清楚是我后，拉迪站起来大声喊道："尼达姆，快给我坐过来。"我走到他身边时，拉迪先是熊抱了我，然后将我介绍给那位女士认识。她是酒店的老板，对没有认出我来感到非常抱歉，拉迪打趣说我不戴着大金链时他也认不出我来。

坐在拉迪身后的是小萨米·戴维斯，萨米旁边是一位穿着及地长裙的美丽的金发女郎。大家叫她达妮·钻石是有原因的，当时她的耳朵、脖子和两只手腕上都戴了钻石首饰。小萨米热情洋溢地与我打招呼，说很高兴我能赶来参加放映会。我想他肯定注意到我的眼睛一直盯着那位金发女郎了，于是他帮我介绍道："这位是哈尔·尼达姆。这位是达妮·詹森（Dani Janssen）。"我对詹森这个姓氏有点印象，我曾经在一部片子里担任演员大卫·詹森（David Janssen）的替身，他在几年前就去世了。当介绍完毕后，影片也开始放映了。

影片放完后，我们移步宴会厅参加鸡尾酒会。同往常一样，大家都恭维这部片子多么好。我下定决心，尽量不引人注意地将那位金发女郎拦到角落里，和她说了几句悄悄话，并用乡村男孩的方式问她要了电话号码。第二天，我打电话问她星期五晚上是否有安排，有没有兴趣一起参加一个鸡尾酒会。她问了我具体时间和地点。我说是在肖恩·康纳利的公寓，并将详细地址告诉了她。她回答那儿跟她家正好是同一栋楼，"好的，我们一起去吧。"

我和达妮·詹森很快就变成了形影不离的一对。一位专栏作家评论我们是"淑女与牛仔"。我们的爱情开花结果，很快婚期就定下来了。婚礼是西部牛仔风格的，在环球公司的西部街道举行。整条街道都按照西部片的场景进行布置：桌上铺了格子桌布，杯子用玻璃罐代替，餐食是好莱坞里最好的得克萨斯烤肉。伯特担任了我的伴郎，我们骑着配有银饰马鞍的黑马入场，身着燕尾服的车夫赶着四轮马车带达妮入场。我们只邀请了一些关系紧密的朋友，大概600人左右。

这还没完。乡村西部音乐及电影明星梅尔·蒂利斯上前对我说："哈尔，我没准备别的贺礼，但带来了我的乐队来为你助兴。"他们一行的大巴就停在街角处，就地搭了舞台，整晚为宾客演唱。梅尔唱了好几首他的名曲，几乎全场都参与了合唱。除了梅尔他们的乐队外，伯特、迈克·康纳斯、格伦·坎贝尔以及塔尼娅·塔克都纷纷上台献唱。罗德·斯图尔特和阿兰娜一起出席，但我忘了他有没有上台唱一曲了。唱得好的人都上台露了一手，唱得不好的就在台下放声和着。

夜渐渐深了，在酒精的作用下，将近一半的宾客都跑上舞台合唱。

结婚后，我从伯特家搬了出来，住进了达妮位于世纪城的顶层公寓。尽管每个月要还巨额房贷，但能与一个比伯特好看那么多的人同住，一切都是值得的。生活是多么美好，有新婚妻子的陪伴，有新的电影待我执导，还有一支成绩斐然的赛车队。当我把达妮带到纳斯卡赛场上时，她瞬间吸引了全场的目光。有一天，当她从另一个车队的工作人员身旁经过时，对方说："女士，当你走进大门时，旗杆上的蚂蚁也为你沉醉，一不小心从上面掉下来摔死了。"达妮很欣赏这些性格随和的南方人的幽默感。

在我认识达妮之前，我很少出席好莱坞圈内人举行的宴会，而达妮正相反。住进世纪城后，我们每周参加两到三次这样的聚会。开始时还挺好的，但慢慢地我就觉得乏味了——同一帮人把我已经听烂了的"轶闻趣事"翻来覆去地讲。但有一次是个例外。在早期那段不断赴宴的日子里，我们参加了史威夫蒂·拉扎尔（Swifty Lazar）举办的奥斯卡金像奖庆功宴。达妮将我介绍给了著名导演比利·怀尔德，怀尔德问我是怎么开始当特技演员的，我说当时自己在一个剧组里工作，那位导演亲自上阵做了一次特技表演，为的就是证明特技演员们都要价太高了（当然，那部电影就是他执导的《林白征空记》）。他听后笑了，像当时站在机翼上一样朝我眨了眨眼睛。我跟他说如果以后想找我拍戏，他可要先把当时欠我的五六千块补回来。怀尔德说当初自己并不是真想替制片公司省钱，只是觉得很有意思才那样做了。

再次与怀尔德见面是在几年后的夏纳电影节上了，当时我正在电影节上宣传《炮弹飞车》的续集。有一天晚上我一个人去酒店里的酒吧，比利走了进来。看见我后，他就过来与我同桌共饮。当天我们一直聊到那家酒吧打烊，然后又转战了几家酒吧。我本以为自己是个有很多故事点子的人，但和他一比就显得逊色多了。

很显然比利看过几部我执导的电影，他问为什么我的片子时长总是少于100分钟。我告诉他，在员工数量不变的前提下，那样的时长可以方便影院每天多排一场，这就意味着有多一拨观众购买爆米花和饮料。他听后说道，对于一个专长是爬爬树，在机翼上走走的乡村男孩而言，能想到这点实在挺聪明的。

回到好莱坞参加各种宴会时，我总要拉上我的酒友比利·怀尔德。他和我一样也不喜欢这种场合，我们会聚在吧台的角落，一边喝酒一边分享故事。每次我一到场，我就跟达妮说等会儿我就和比利在角落那里待着，要走的时候过来叫我一声就好了。慢慢地，我就不怎么去参加宴会了，达妮对我的南方老好人式的幽默也慢慢失去了新鲜感。她越来越不喜欢我们每周五出门，花上两天去看赛车，周日晚上才回到家里的紧密行程安排。我想，她应该是意识到牛仔和贝弗利山的淑女并没有原本设想中那么登对吧。结婚五年后我们就分居了，最终以离婚收场。不过我们仍是彼此的朋友，每隔一段时间也会一起聊聊天。

《炮弹飞车》票房大卖，续集的推出就成了自然而然的事情。在续集里，伯特再次担任主演，很多在第一集出演过的演员也都再次加入，包括多姆·德路易斯、成龙、迪安·马丁以及小萨米·戴维斯等。电影《瘦皮猴外传》(*The Rat Pack*，1998) 主人公的原型弗兰克·西纳特拉也加盟演出。再加上原本就出演的迪安和小萨米，瘦皮猴组织①里最后一名等待我们招募的演员就剩雪莉·麦克雷恩（Shirley MacLaine）了。《炮弹飞车 II》(*Cannonball II*，1984) 将是他们最后一次银幕集体亮相。除了上述这些优秀的演员外，我们还请来了席德·西泽（Sid Caesar）、查尔斯·纳尔逊·赖利（Charles Nelson

---

① 最初为以汉弗莱·博加特（Humphrey Bogart）为中心的演员组织，在20世纪60年代中期得名，成员经常一起出演同一部电影。

Reilly）、苏珊·安东（Susan Anton）、凯瑟琳·巴赫（Catherine Bach）、特利·萨瓦拉斯（Telly Savalas）、杰克·伊拉姆等其他明星。众星云集，这肯定会是一部好戏。

伯特、多姆、雪莉和玛丽露·亨纳尔（Marilu Henner）将在片中驾驶一辆伪装成军车的豪华轿车。迪安和小萨米这次将他们的宗教服装换下，穿上了警察制服，驾驶一辆普通的警车参赛——这是有意而为之的，因为他们在上一集《炮弹飞车》里驾驶的我的那辆法拉利，就在我眼皮子底下被偷走了。从我办公室的巨型落地玻璃那里可以俯瞰我的停车位。在前期准备期间，有一天中午我下楼准备开车去参加一个工作午餐会议。来到停车场后，我盯着自己早晨停车的位置，怎么回事？我是走到自己的车位了，但我的车呢？

我马上报了警，向他们提供了自己那辆法拉利的所有细节。考虑到我停车的位置，警察对有人能偷走我的车同样感到非常惊讶。

第二天我接到警察的电话，他们给我带来了一个好消息和一个坏消息。好消息是我的车找着了，坏消息是它已经彻底报废了。一架洛杉矶警用直升机在空中进行日常巡逻时，发现有人开着一辆红色法拉利在泥地停车场上做转圈、八字环形以及其他会损伤汽车的动作。仔细观察后他们发现车牌号码是"1-4-HAL"，于是立刻用无线电通知地面警员。警察们料到我听到这个消息后会难过的，而我的保险公司也非常难过，因为他们需要对我全款赔付。

在拍摄炮弹飞车参赛者们跨州驾驶的时候，一路上各种特技表演和笑料不断。当我们在拉斯维加斯拍摄时，当地气温很高。一名工作人员在井盖上煎了个鸡蛋，然后把它夹进面包里做了个三明治，还说尝起来比我们伙食车上供应的好吃多了。

刚在《永不低头》（Every Which Way But Loose，1978）与克林特·伊斯特伍德（Clint Eastwood）合作过的博比·波洛西尼的猩猩，将饰演参赛选手梅尔·蒂利斯和托尼·丹扎乘坐的豪华轿车的司机。实际上，我们总共用了三只猩猩，每一只都各有所长，我们会根据场景需求选择一只猩猩上场。这些小动物们对温度的敏感让我感到非常惊讶，它们无法承受地面的高温，所以只能由专人推着轮椅将它们送到片场。当它们要站到地面上时，工作人员必须先为它们铺上地毯。如果候场时间超过20分钟，波洛西尼就要用轮椅把它们送回像灰狗巴士[1]那么豪华的大巴车上。然后它们就会在车上大吃大喝，跑来跑去，玩尽兴了才会继续拍摄。这辆豪华大巴还负责每天接送它们往返现场。猩猩们知道自己是明星，对这些待遇也感到心安理得。

在离拉斯维加斯大道仅隔两个街区的城市街道上，我们拍摄了一场惊心动魄的特技戏。飞行员唐·李金斯将驾驶CASA-212涡轮螺旋桨运输机，以145公里的时速从空中往街道下降，最惊险时几乎就要擦到电线。这个场景是这样设计的：飞机轮胎触到路面时，机身后方的翻盖门处展开一个减速伞。减速伞把一辆三菱牌高科技轿车从飞机里拉出来，车上坐着两个担任成龙和理查德·基尔（Richard Kiel）替身的特技演员。随着飞机卸掉了1400千克重的负载，李金斯加足马力，将飞机提升，刚好从前方街道架设的电线上方掠过。三菱轿车落地后松开减速伞，180度急转加速向高速公路驶去，逃离正在接近的警车。不过，要是和取得拉斯维加斯市参议院以及联邦航空局的拍摄批准比起来，这个镜头的难度就不算什么了。

在《炮弹飞车II》中，黑手党竭尽全力要绑架由杰米·法尔饰演的阿卜杜勒·本·法拉费王子，以获得高额赎金。法拉费驾驶劳斯莱斯轿车参赛，黑帮的计谋多次落败后，这帮愚蠢的罪犯想到将一块巨

---

[1] 美国跨城市的长途商营巴士，因上面绘着一条奔驰着的灰狗而得名。车厢内部座位宽敞，能让乘客舒服地躺下歇息。车内有空调设备，每个座位旁有调节角度和亮度的小灯，车身尾部还设有厕所。

型磁铁固定在一架迷你直升机上。等磁铁吸上高速行驶中的劳斯莱斯后，飞机起飞，将法拉费王子连人带车一同掳走。

唐·李金斯还负责驾驶这架直升机。飞机飞近行驶中汽车的镜头我们总共拍了八条，包括飞机倾斜着下降，保持支架在侧飞行，吸到车身上沿着公路往前飞，以及从路旁的灌木丛上弹开等，最后一条是飞机在劳斯莱斯上方5厘米处，以110公里的时速飞行。汽车行驶时产生的上升气流让直升机难以保持平衡，但李金斯凭借高超的操控能力完成了拍摄。在后期制作中，我们将加上演员阿贝·维高达（Abe Vigoda）和阿历克斯·罗克（Alex Rocco）的特写镜头，将这些片段剪辑成是他们二人驾驶飞机，并加上杰米·法尔听到磁铁贴上车顶发出咚咚声响时反应的特写。

数月前，我们在好莱坞筹备时就为这个镜头做好了万全的准备。我们把一辆载重0.75吨的皮卡车斗拆除，在车身处装上一个能架起直升机的防滚架。然后将一辆由玻璃纤维制成的劳斯莱斯复制品焊接到车上，最后再将直升机固定到防滚架上。影片当中，镜头最后将切换到劳斯莱斯的复制品以及焊接在它上方的直升机进入一条隧道。隧道的出口处将架设一台摄影机，一声碰撞的巨响之后，杰米驾驶着劳斯莱斯从隧道里冲出来，而直升机则消失在镜头中。

我们能够说动弗兰克·西纳特拉来出演一个小配角，关键在于找一位聪明且善于谈判的制片人，阿尔·拉迪正是这样的人。在招纳到迪安和小萨米后，他就以"为瘦皮猴组织提供一次同台出演的机会"为卖点说服了弗兰克。说动他后，一天的片酬怎么算才合适呢？弗兰克提出，由剧组代他将10万块捐献给他选定的慈善组织，作为片酬。我们答应了他的条件，一切都谈拢了。弗兰克对这次演出非常上心，甚至还开着私人飞机来到片场。

我开始担心和弗兰克只签订了一天的合同，他要是迟到怎么办，会不会很难相处呢？结果他是当天第一个到场的人。当我来到片场时，弗兰克已经化好妆喝着咖啡在候场了。他随和地与其他演员以及工作人员开着玩笑，当天的拍摄氛围非常愉快。

我知道弗兰克喜欢收集火车模型，于是让美术指导布置场景时，在墙边铺设一条小轨道，放上一辆稀有的火车模型，让它保持行驶。弗兰克在这个场景中将坐着演戏，他坐的椅子就放在墙跟前。弗兰克一到场就直奔墙边，仔细地观察那辆火车模型。我走上前去，问他觉得那辆小火车如何。他回答说相当独特。我问他不知这辆火车模型是否与他的其他藏品风格相符，但愿答案是肯定的，因为我们将在拍摄结束后将这辆小火车送到他家去。弗兰克笑着向我致谢。后来，《炮弹飞车II》成了他的收山之作。

— 19 —
纳斯卡大赛及开创潮流

缺乏经验从来不是让我却步的理由，所以当我决定创立一支参加纳斯卡大赛温斯顿杯（Winston Cup）①的赛车队时，我特意去到北卡罗来纳州夏洛特市的纳斯卡中心考察。尽管在南加州时就参加过运畜货车比赛，但我并不清楚这些都是怎么运作的。此行中，我认识了管理夏洛特赛车场的霍姆皮·惠勒。我告诉他，自己将邀请创下世界最高驾驶速度纪录的斯坦·巴雷特出任车队的车手。霍姆皮仔细听了我创办车队的计划，提醒我找一位新手来带领新车队将困难重重，我可能在开头的几年里参加任何比赛都颗粒无收，所以最好还是找一位有经验的车手。他还补充说，用新车手一般拉不到赞助。我说，如果我跳出其他车队争抢的赞助商圈子，另辟蹊径应该就没问题了。而且伯特·雷诺兹将和我合伙，由伯特和我担任老板，再加上斯坦"陆上超音速驾驶第一人"的称号，我们车队的曝光度应该能大大提高，这正是赞助商们所看中的。

我真正急需的是一名经验丰富的队长来负责车队运营，霍姆皮向我推荐了特拉维斯·卡特。当时他正在为曾经的传奇车手，现为车队老板的小约翰逊工作。和特拉维斯碰面后，我们很快就谈妥了。他马上着手帮我招募车队成员，并且非常迫切地想建立起一个大车间。为了节约资金，劳拉·利兹建议我们先接手一家现有的车间来试水。特

---

① 纳斯卡分赛中的首要赛事，也是当今世界上最具竞争性的赛车项目。

拉维斯领着手下来到我们买下的二手车间工作，他觉得空间太狭窄，车间甚至容不下所有的工作人员。尽管如此，他还是造了几辆车出来。新车落地后我们就立刻前往代托纳国际赛道进行测试了。开始时情况一切正常，直到第四圈时汽车失控撞上了跑道的防护墙。这不算什么，"赛车之王"理查德·佩蒂（Richard Petty）也无数次撞到了墙上，把车修一修我们再继续好了。

投入的资金如蒸发般快速消耗，我开始着手寻找赞助商了。我的一位相识鲍勃·卡斯勒之前帮我介绍过几个在我的电影里进行商品植入的公司，我找到了他，让他帮我的车队找一位合适的赞助商。过了几周后他打来电话，让我做好准备，美国烟草公司对此很感兴趣，计划和我面谈关于赞助的可行性等事宜。我让鲍勃把我们的计划书带上一起参加面谈，鲍勃说他手头上已经完成的计划书只有给艾比餐厅（Arby's）写的那份。我回答说那就把它带上吧，然后告诉美国烟草公司我们不卖烤牛肉三明治，只卖"干杯"（Skoal）①。

当美国烟草公司的飞机降落在洛杉矶国际机场时，我和鲍勃已经带着五辆豪华轿车恭候着了。我首先见到的是美国烟草公司的董事长兼首席执行官卢·班特尔，他是一位身材矮小、眼睛有神且雷厉风行的人。随后我见到了公司的营销副总裁格尼斯·哈根，他是一位穿着得体、面带友好笑容的高大的得克萨斯人，这次的会议就是他负责安排的。美国烟草公司一行共来了八位高层行政人员，我把酒店钥匙交到他们手上，然后将他们一一送上车。

我们来到一家很有名的牛排餐厅共进晚餐。餐厅位于大厦高层，可以将整个城市的夜景尽收眼底。鲍勃坐在卢旁边的位置上，向他解释由于时间紧迫，他手头上已经写完的计划书只有给艾比餐厅的那份。

---

① 美国香烟品牌。

我坐在卢另一侧的位置上，告诉他有了伯特·雷诺兹作为我的合伙人，以及世界上驾驶速度最快的人担任车队司机这两个噱头，我们车队的曝光率肯定有所保证。我还提出额外的优惠条件，美国烟草公司的产品将出现在我以后执导的电影当中。在晚餐结束时，我和鲍勃成功推销出了一堆赞助方案。借着《警察与卡车强盗》大卖的势头，我们的车队将命名为"干杯-强盗"队。在我们之前还没有赛车获得过冠名，后来，其他车队纷纷效仿。

我们在即将举行比赛的赛道上进行测试。特拉维斯建议我们再请一位有经验的车手，协助斯坦设置赛车，适应比赛。毕竟斯坦是个新手，从来没有见过真正的赛道，更不用说在赛道上开车了。特拉维斯向我们推荐了自己的朋友哈里·甘特，觉得他能帮上忙。尽管哈里没有和顶尖车手比赛过，但他在布施系列赛（Busch series）①中表现出来的精湛技巧让人印象深刻，特拉维斯很欣赏他。哈里加入后，我们花了六个月的时间进行测试，并参加了多次比赛。正如我们向美国烟草公司承诺的那样，车队的曝光率节节上升。

斯坦的成绩不错，几场比赛下来跻身到积分榜的 10 到 12 位之间。但我更希望我们车队能和积分榜前几位的顶尖车手过招，于是向特拉维斯提出了车队派两辆车参赛，由哈里·甘特担任第二位车手的想法。特拉维斯觉得主意不错，于是我和哈里签订了合同。尽管其他车队老板都说有两辆参赛车的车队不会成功，但我们还是顶住压力，成了双赛车车队。时至今日，很多车队都会派出四到五辆赛车参加比赛，如此看来我们成了第一个吃螃蟹的人。

在宣传方面，我也敢为人先。我向卢·班特尔提议效仿橄榄球队找啦啦队呐喊助威的做法，我们也聘请一支啦啦队，并将其命名为

---

① 纳斯卡 12 个分站比赛之一。

"女大盗"。班特尔觉得这个做法不太妥当。看到这里，你也该知道我不是个唯命是从的人。我从亚特兰大老鹰篮球队的啦啦队里请来一些人，然后找好莱坞的戏服设计师给他们设计了一些性感修身的队服。准备就绪，我就领着啦啦队来到在夏洛特赛车场举行的"可口可乐600"（Coca-Cola 600）[①]大赛现场。每次赛前，霍姆皮·惠勒都会安排一个盛大的表演。我问这次能否让我的"女大盗"上台表演，惠勒觉得我的主意不错，就同意了。他做了个正确的决定。当天，在全场10万名纳斯卡粉丝的欢呼声和尖叫声中，"女大盗"一炮而红。卢·班特尔受了我的启发，从此每次比赛时，他都会聘请穿着清凉的模特在现场派发"干杯"香烟样品来做宣传。

　　比赛期间，赛车是由卡车运输，穿梭于全国各个赛场间。而我在这些运输卡车车身上作画的创新做法，后来也成了纳斯卡大赛的传统。有一天，当我看到所有卡车排成一列停靠在车库前时，我发现它们除了颜色不同，外观毫无特色。我心生一计：如果我在卡车身上刷上赞助商的品牌名称，那我将多了一块每年行驶距离高达数千公里的移动广告牌。于是我在卡车车斗的两侧画上了停靠在赛道上的"干杯–强盗"号赛车；在车斗的后门画上了赛车的后视图，并且加上一个写着"你正在跟随'干杯–强盗'赛车队"的指示牌。我们装饰过的卡车在赛场上甫一出现，理查德·佩蒂就走过来对我说："我不知道你们的赛车表现如何，但你们卡车上的图案就在风头上领先其他车队两圈了。"不到一年，这种在卡车上印刷广告的做法就传遍了各个车队。

　　当我刚成立车队时，后勤维修人员并没有统一服装，他们一般穿着牛仔裤和T恤上班。为了让我的队伍更引人注目，我登记了每一个维修人员的身材尺码，找裁缝为他们定制合身的制服，人均花费750

[①] 纳斯卡冲刺赛中的其中一场，每年举行一次，赛道全长600英里（约965公里），是纳斯卡比赛中赛程最长的一场比赛。

块，这样至少保证每个工作人员有四套制服替换。制服选择了和赛车相配的绿白两色，裤腿及上衣背面印有"干杯－强盗"的字样。我还为员工们制作了印有他们各自名字及二级赞助商商标的贴纸，供他们贴到衣服上。当身着制服的维修人员出现在赛场上时，各个媒体的长枪短炮将他们团团围住，一顿猛拍，坐在正面看台企业包厢里的观众也能轻易辨认出我们车队的维修人员。这个小点子得到了广泛的报道，卢·班特尔也认为它是个给人以启迪的好想法。现在再看纳斯卡比赛时，你会发现开幕式上各自维修站前列队的工作人员都开始身着定制制服了。

为了保证后勤维修人员们身形不走样，制服能保持合身，也为了哈里·甘特开着"干杯－强盗"号进入维修站时他们能行动迅速，我在车间里建了健身房，并以上班时间也可以去做运动为条件鼓励他们多运动。维修站是比赛中非常关键的一环，维修速度的快慢很有可能决定了比赛的胜负。假如说哈里在排位第五时进入了维修站，并且距离比赛结束只差几圈了，这个时候，如果后勤维修人员能快速处理，赶在其他进入维修站的车手出发前将他送回跑道，那就意味哈里能凭借微弱优势获得比赛的胜利，工作人员也将得到丰厚的奖金。

当美国烟草公司留意到我在车间里建了健身房后，他们雇了一家运动医学公司的专业人士来评估后勤人员的工作效率。这些专家先在车间里架设了四台摄影机，拍摄每一位工作人员进行维修的工作状态。然后公司的研发人员仔细研究了这些片段，调整每个工作人员的站位和动作，以帮助他们缩短维修时间。在为期两个月的研究后，我们成功节约了宝贵的几秒钟时间，我们是首支采用这种方法的车队。在我的纳斯卡大赛生涯中，维修时间在 16 到 16.5 秒之间浮动，现在时间区间已经变成了 13 到 14 秒了，新技术带来了新的突破。

在参赛过程中，我和纳斯卡大赛的董事长兼首席执行官小比尔·弗兰斯成了好朋友。有一天，我打电话问他能否在自己的赛车上安装一套遥感勘测系统。尽管他不知道我究竟想做什么，但还是同意了。以前，我的"百威火箭"号就是一辆装了遥感勘测系统的超高科技汽车。车辆行驶时，系统能提供23个工程师需要的数据，包括偏航角度、节距、升力、下压力、排气温度及车轮转速等。大本营里停靠的半挂车上装有接收器和打印机，等车上的发射器将数据传来，我们就能接收数据，观看屏幕读数并实时测量车况，以后还能将数据打印出来仔细研究。

当赛车装上这套系统后，我们就可以测量引擎、传动轴和轮胎的转速；也可随时反映各个轮胎任意时刻的胎压；还能获知车外、引擎盖下以及化油器喉管处的温度。任何能够最优化赛车性能以及提高其操控性的数据，只要我们想要就能得到，这绝对是我们的优势。

当我告诉特拉维斯，纳斯卡大赛负责人同意我们使用遥感勘测系统后，他震惊了。但当大赛调查员在亚拉巴马州塔拉迪加市的比赛中发现这套系统时，他们比特拉维斯更震惊。赛前检查时，他们问我那到底是什么东西，居然占据了驾驶员座位后的所有空间。我向他们解释了系统的功能，并告诉他们我是得到了小比尔·弗兰斯的批准的。讲解了好几个小时后，我们终于通过了检查。

比赛开始后，哈里通过无线电随时向特拉维斯报告车辆的操控情况。而特拉维斯则结合遥感勘测系统传来的数据进行分析，在哈里驶入维修站前做好调整计划。负责对比赛进行电视转播的哥伦比亚广播公司记者，留意到赛场起了新的变化，于是将摄影机对准了我们的维修人员，而且对特拉维斯进行了不下六次采访，询问遥感勘测系统的工作情况。

系统一直运行正常，直到有一天引擎突然爆炸了。纳斯卡方的工作人员通知我们将"那个家伙"留在车间里，不许在以后的比赛中使用。后来碰到弗兰斯时,他警告我说自己再也不会同意我将任何官方没有事先批准的东西装到车上。好吧,那我们就不在比赛时使用遥感勘测系统了。但在平时的测试中,这套系统起了奇效。现在很多车队在测试时都会用到这种系统,经验证,它对改善汽车在赛场上的表现是很有效的。

一支赛车队伍人员众多,冲突总是在所难免。有一回,斯坦·巴雷特和团队的一名关键成员因性格冲突和意见分歧闹了矛盾。斯坦因这件事情很不愉快,他坚持自己的观点不肯改变。我因此陷入了两难的局面:我是选择支持斯坦然后让投资的所有钱打了水漂,还是选择哈里·甘特作为我的首席车手呢?卢很看好哈里,愿意由他来担任"干杯-强盗"号的驾驶人。特拉维斯提出我们需要一间更大的车间,我同意了。他选了个合适的地址,我买下那块地后修建了一间更先进的车间,投产了新的赛车,并招聘了一大批新员工。

哈里有好几个外号——"英俊哈里"及"神速哈里"等——最后大家都统一叫他"干杯强盗"了。他获得了好几次第二名,也越来越受粉丝们欢迎。唯一一名比哈里受欢迎的车手就只有"赛车之王"理查德·佩蒂了。"干杯"香烟也获益良多,它已经从香烟品牌认知度排行榜的第10位上升到第3位。卢,你看,我说过我们能做到的!卢·班特尔是我们车队的热心支持者,他和很多高层行政人员多次去现场观看比赛。我甚至觉得就算没有飞行员驾驶,他们公司的飞机也认得去任一赛场的航线了。

特拉维斯在工作中总是严于律己,但从不居功。霍姆皮·惠勒对他的评价一点没错,特拉维斯的确是一个德才兼备的人。没有一支队伍是生来就强大的,大家总需要经过长时间的磨合才能建立起紧密的关系。我们车队撑过了第一年,取得了还不错的成绩。在第二年里,甘特有如神助,在四五场比赛中都排到了积分榜的第二位。不久后,另外一支车队就想将特拉维斯从我这里挖走。当时我付给特拉维斯的年薪是 6 万，对方开出了年薪 7.5 万的条件，这已经是当时车队队长能拿到的最高年薪了。为了把特拉维斯留住，我决定把他的年薪提高到 10 万。在短短的两年时间里，特拉维斯就实现了两个目标：从一个车队员工升级为车队队长，并成为纳斯卡大赛同级别员工里薪酬最高的人。

在那段时间里，我经常从洛杉矶出发飞往各个比赛地点，每个赛季至少要来回 30 次。不管在洛杉矶的哪个剧组里忙着，只要一到周五晚上我就直奔机场。我最常去的是亚特兰大，一般在早晨七八点钟时到达。作为一个常旅客，登机口的地勤人员后来都认得我了。转机时我一般会找个长凳躺下打个盹儿，所以我会提前和他们打好招呼，让他们及时叫我起来，免得误了下一班飞机——一般是飞到离比赛场最近的机场。过了一段时间，工作人员都会直接去找候机室最舒服的长凳，一般我就躺在那里。

我们车队里有一个叫约翰尼·布鲁斯的员工，特拉维斯每次都会派他去机场把我接到赛场去，他总会在车上备着皇家芝华士和苏打水，让我的乘车时间过得更愉快。约翰尼每次都会开一辆车队的厢式货车来接我，车身上印满了"伯特和哈尔的'干杯－强盗'号"的标识。约翰尼的样子和伯特有一点像，而且留了和伯特一样的胡子。所以开去赛场的一路上，总有人以为我们是结伴同去观看比赛的伯特和哈尔，夸张的时候甚至会有 10 到 12 辆车跟着我们。同为单身汉的约翰尼和我很快就玩到一起去了，我们在巡回赛期间很少错过任何酒吧或派对，要知道这些饮酒作乐的地方可遍地都是。纳斯卡大赛的粉丝们是我见过的最热衷于聚会喝酒的人群，天啊，他们吐出来的酒都比大部分人喝进去的要多。

到 1984 年时，"干杯－强盗"队已经成为赫赫有名的车队。哈里一路过关斩将,在多个积分榜上都排到了前10名。当时他将在冠军杯赛中与两位头号竞争对手——戴尔·恩哈德和特里·拉邦特争夺第一名,我由此策划了一个提高车队曝光度的宣传方式。我在赛场帐篷里召开了一次记者招待会,并在桌上放上了两辆外形分别像戴尔和特里赛车的模型。桌子底下焚着香,烟雾袅袅上升,营造出特殊的气氛。我走上台,将大头针扎到汽车模型上。第二天,所有的赛车杂志和报纸都报道了这件事情。因为在记者招待会结束后的那场比赛中,恩哈德的引擎爆炸了。就我个人而言,我不相信自己的巫毒诅咒行为和引擎爆炸有任何关系。

这次的宣传效果非常理想,于是我又想出了一个新的巫毒诅咒计划。我从亚特兰大请来一位演员,让他坐飞机赶到夏洛特市,并让他换上大礼帽和燕尾服。他不是一个普通的演员,而是一个黑人莎士比亚戏剧演员。我让他跟着我走过停车场,保持在我身后两米处。当我停到戴尔的赛车前面时,他就上前盯着那辆车,等到我们走到特里的车前时重复同样的动作。他按我的吩咐一一照做了。当我们走到理查德·佩蒂的车前时,他们车队的队长戴尔·英曼正准备滑进车底进行维修,就在这时他瞥到了我的"巫毒医师",赶紧站起来盯着他。

当我们走到停车场的另一头时,广播传来了一阵巨响:"哈尔·尼达姆,立即到赛场拖车处报到!"拖车里的纳斯卡大赛官方工作人员仿佛看疯子一般看着我。过了一会儿,其中一个工作人员指着"巫毒医师"对我说:"如果你不把这个人请走,等下估计要发生暴动了。"于是我向这位演员致谢,然后迅速用豪华轿车把他送到机场,让他搭乘下一班航班回到亚特兰大。尽管我的人身安全差点受到了威胁,但这次事件的宣传效果却前所未有得好。

在那个周末,我们车队的卡车就停在恩哈德车队的旁边。他看到我后让我等一下,然后迅速跑回车里拿了两个避震器回来。他把避震器放在胸前摆成十字架，对我说："尼达姆，你被制服了！"说完哈哈大笑起来。

每年有 12 场比赛的赛场，是我能从夏洛特国际机场转直升机到达的。我的秘书帮我找到了一位拥有私人直升机的机师克勒斯·霍恩，他同意接我去赛场，在那里待一夜，和我一起看完比赛后再送我回夏洛特国际机场。这样的安排持续了七八年，期间发生了数不尽的趣事。克勒斯将直升机设成了双控模式，好让我学习怎么驾驶直升机，慢慢我就学会了。有一次比赛后，我碰见了之前在哥伦比亚广播公司报道火箭动力汽车的解说员肯·斯夸尔，他问我能否顺路把他和编导一起带到夏洛特市。克勒斯将直升机升空，随后我来控制飞机，他则去机舱处和那两位乘客聊天。顺利起飞后，克勒斯摘下耳机，到后面去和肯闲聊去了。过了几秒钟，肯声音颤抖着问现在是谁在开飞机，克勒斯回答说是尼达姆。肯赶紧挪到克勒斯身边，说如果是克勒斯来掌机的话他会放心得多。

有一次，我的秘书安排我们在预订宾馆的停车场处降落。宾馆的工作人员告诉我的秘书，他们会在停车场的角落处用黄色胶带给我们圈出一个空间来。当我们在傍晚 6 点左右到达宾馆时，发现那个用黄色胶带标示出来的地方一侧种着树，另一侧是一栋楼房，中间的间隙只有 3 米宽。看到这种情况后克勒斯说不成问题，随后我们就降落了。

我们还没关掉引擎，一辆警车就开了过来。克勒斯说："这次糟了。"我下了飞机，向那位警官走去。我还没开口，警官就对我说："尼达姆先生，我们将会帮您照看这架直升机，防止有人过来捣乱。"我向他表达了感谢，然后做手势让克勒斯熄掉引擎。我和克勒斯吃完晚饭，正准备去酒吧喝睡前酒。这时，宾馆的经理走过来，问我们能否将飞机移到宾馆正面的停车场去。因为停在宾馆后面的停车场，他们很难赶走那些过来看热闹的人；如果停在前面的停车场，也能方便警察看守。我回答说："对不起了朋友，但我的机师在完全清醒的情况下也就只能勉强挤进那个停机位。让他喝醉了之后去挪飞机未免有点太挑战极限了。"经理认同了我的说法。

第二天早晨，围观的群众已经将直升机和头天晚上我们碰到的那位友好的警官团团围住。我问他是否还要再值一个夜班，他回答说是的。比赛期间，他们都是按 12 小时一班轮值的。我偷偷将 100 块塞给他，告诉他我们将在傍晚时回去。你猜怎么着，傍晚我们回去时他还在那里，等我们周日早晨起飞时还是他在当值。

位于南卡罗来纳州的达灵顿赛车场，是车手们公认难以攻克的——对于直升机而言，那里的停机位也是如此。当地的停机坪是由泥土铺成的，由于地面干燥，飞机降落时气流都会吹起一阵尘土。每次都要过上 5 分钟，尘埃消散后我们才能下飞机。当我们第二次去那里时，克勒斯抱怨尘土把空气滤嘴都堵住了，而且还挡住了仪表盘上的读数，于是我提议找一处更理想的着陆点。当我们飞近赛道上空时，我让他再盘旋一圈，好好找一找。穿过从赛场通出来的公路后，我发现有一个大小刚好合适的后院。院子中间站着一个穿着背带裤的家伙，他正抬头看着我们。我指着那个庭院问克勒斯觉得怎么样，克勒斯问我认不认识屋主。我说不认识，但只要你将飞机降下去，我会向屋主好好做自我介绍的。于是克勒斯盘旋了一下，朝那处庭院降落。当我们飞近时，那个穿着背带裤的人退后几步，腾出空间让我们着陆。我让克勒斯等我手势再将引擎关掉。

我们着陆后，我下了飞机向院子里的人走去，边走边向他打招呼："朋友您好。"他还在震惊当中，没有回应。于是我继续说："未来几天我能不能把飞机停在您家院子里？"他回答说自己不是屋主，房子是他母亲的。我问他母亲是否在附近，他指了指院旁的房子，一位 70 多岁的老太太朝我们走来。我赶紧说："太太您好。我正在询问您儿子是否同意我们今明两天将直升机停在您家院子里。"老太太说自己的保险里并没有包括直升机。我让她放心，我们的保险非常齐全。她停下来想了想，回答说："好吧，那就没有问题了。"

我示意克勒斯可以关掉引擎了，我们总算找到了合适的停机坪。那个穿背带裤的男人仔细打量了我一番，问："你不就是哈里·甘特车队，强盗车队的老板吗？"他上前来和我握了握手，表示见到我非常荣幸。我向他致谢，然后拿着一张100美元的钞票向老太太走去。老太太赶紧说："不，不用交费。"我将钞票塞进她的围裙口袋里，然后就出发前往赛场了。赛后我特意到运输赛车和其他物资的卡车上拿了六件印有"干杯－强盗"字样的T恤和六顶队帽。回到停机后院时，我将它们送给了那位身穿背带裤的粉丝。他向我说了谢谢，我们和他约好第二天早晨再见，然后就起飞离开了。第二天早晨我们又将飞机停在他们家后院。在我当车队老板的那几年里，我们一直维持着这样的关系。每次我们飞近后院时，他和老太太都会提前站在院子里，挥手为我们指引方位。

在某一次比赛时，我们预订了一家从没住过的宾馆，地址显示宾馆位于高速公路旁边。克勒斯打算开着飞机沿公路行驶，找到后再顺便降落。过了好一会儿我们终于找到那家宾馆了，它掩映在山下的绿树丛中，周围没有适合直升机降落的位置。我们环山盘旋一周，发现山顶另一家在建的宾馆前有宽阔的空间可供停机，周围一个人也没有。这看起来是个理想的临时停机坪，但我们需要从山顶上拖着行李步行500米才能到下榻的酒店，离开时又要拖着行李爬上山坡回到停机坪。我和克勒斯讨论了一会，还是决定将飞机停到那里。当我们降落后坐在飞机上等引擎降温好将它关掉时，我放眼山下，看到了出乎意料的一幕：一辆出租车开了过来。车停下来后，司机探出头来问道："坐车吗？"我说："怎么就这么巧呢。"他说在山脚时看到我们降落了，料定我们不会待在工地，所以就推测我们要用车了。在去宾馆的路上我揣度该给他多少钱，按路程算车费大概也就三四块吧。我想了想，拿出一张50块的钞票，将它撕成两半。我先把其中一半交给他，让他第二天早晨7点来宾馆门口接我们，到时再给他另一半。这个机灵的家伙现在大概已经自己开公司了吧。

每次的直升机旅途上都会发生一件有意思的事情，但我就只讲到这了。我不仅雇了克勒斯接送我往返赛场和民航机场，当我的电影里需要航拍时也会请他帮忙，后来他成了东南部电影拍摄的专用直升机飞行员。现在，他已经成立了美国直升机公司，为全国的新闻电视台提供快速运输服务。

当我刚成立自己的车队时，纳斯卡还只是一项流行于南部的赛事。它起源于早期烈酒走私商将装载私酒的卡车改装，提高马力，以逃脱联邦探员的追捕。后来，速度最快的车就成了大家炫耀的资本。而为了平息争论，他们想出了通过比赛的方法决胜出最快的改装车。也许初期时规模较小，但现在这场比赛已经成了空前的盛事。纳斯卡赛场分布全国各地，有些赛场甚至能同时容纳20万名观众。除此之外，还有数百个贯穿全国的小型露天环形赛场。在我刚成立车队时，用于运作车队的赞助资金为100万到150万之间。而现在我听说费用已经提高到1200万到1500万左右了。今天，车手赚到的钱已经远超当年我们整个车队的成本了。

电视会对每场赛事进行全程直播，并在比赛结束后的那个星期里重播数次。纳斯卡比赛已经成了全美最受观众欢迎的体育赛事。比赛时，43辆车以300公里的时速在赛道上疾驰，车与车之间的距离只有十几厘米之差。每场赛事都会发生翻车事故，而且一旦发生可能会波及赛场上半数车辆，让它们无法继续比赛。

我很喜欢去现场观看哈里·甘特驾驶着"干杯－强盗"号在赛道上飞驰，以及赛场看台上激动紧张的粉丝们。我肯定不是唯一一个纳斯卡比赛的狂热爱好者，那何不拍一部关于这项比赛的电影呢，至少已经有了一批固定的观众群。于是，《王牌赛手》（*Stroker Ace*，1983）的拍摄排上了日程。这部电影由伯特·雷诺兹和罗尼·安德森领衔主演，讲述的是一个逍遥自在的纳斯卡车手的故事。由于我本身就拥有一支纳斯卡车队，所以这个故事非常吸引我。环球公司注资后，我就前往南部——纳斯卡比赛的核心地带——开始拍摄了。我们大部分的场景拍摄都是在夏洛特赛车场完成的，但为了展现纳斯卡巡回赛事的风格，我们还在佐治亚州的亚特兰大赛车场、弗洛里达州的代托纳赛车场、亚拉巴马州的塔拉迪加赛车场以及南卡罗来纳州的达灵顿赛车场进行了拍摄。

在阅读剧本的时候，我就在当中找到了很多商品植入的机会。如果推销策略得当的话，我将能借此省下一大笔预算。上回超音速驾驶挑战时，将哥伦比亚广播公司和百威啤酒公司结合到一起的策略非常成功，我决定再试一次。熬了大半晚上，我终于想出了一个计策。去到赛场后，我挨个造访看台处的企业包厢，里面坐着的各个车队赞助公司的董事长和首席执行官我几乎都认识。我提出，让他们免费提供一架自己车队赛车的复制品、一辆将赛车运输往各个赛场的卡车、一名在电影里驾驶赛车的司机以及一位身着制服的后勤维修人员。作为回报，我保证这些车队在电影里的亮相时间绝对不会比我车队的时间短。

总共有22支车队加入到电影的拍摄当中，每个赞助商因此投入的资金大概为5万美元左右。我还找来固特异轮胎公司赞助片中使用的所有轮胎，并让他们安排两名工作人员在片场协助轮胎更换，并在转场时负责将多余的轮胎运送到各个车队的运输卡车上。最后，借着联合石油公司的董事长和我住在同一栋公寓楼的契机，我和他在一次晚饭时谈拢，联合石油为拍摄提供价值10万的汽油赞助，而我则保证他们公司的招牌在全片中都出现在显眼的位置上。

　　拍摄电影和争夺纳斯卡比赛的冠军已经占据了我所有的时间。在哈里·甘特和特拉维斯·卡特的合作下，车队赢得了多次比赛的胜利，在冠军赛积分榜上不断攀升。哈里的粉丝数量惊人，"干杯"香烟的销量不断提高，我还是会在亚特兰大机场候机时抓紧时间在长凳上小憩。

　　有一次比赛时，我和往常一样乘搭晚上10点在洛杉矶国际机场起飞的航班，第二天早晨6点抵达亚特兰大机场。在长凳上睡上几个小时，然后约翰尼就会开车来接我。我们先开车到赛场观看哈里为温斯顿杯进行的练习以及资格赛，然后再观看紧随其后的布施系列赛。等到周六晚上的大赛前夕，我和约翰尼就去酒吧寻欢作乐。哈里在周日的比赛中排进了前五名，其他车队和粉丝们都在赛后打道回府了，但我们车队租下了赛道准备在第二天进行练习。周日晚上，当我们一行人回到酒店时，酒吧里就剩下酒保和一位女士了。那位女士长得非常漂亮，我忍不住过去加入他们的谈话。几杯酒下肚，我和那位女士决定到我房间去，于是拿上几杯酒我们就上楼了。

　　在赛场上忙活了一天，我决定先洗个冷水澡提提神。当我在浴室里时，房间突然传来玻璃打碎的声音。我探出头，问她是否还好。那位女士回答说没什么，只是把托盘碰倒了，酒杯打碎在地上而已。我让她叫服务员再送几杯酒过来。当我洗完澡走出浴室时，她正端着仅存的一个酒杯，提议我在等服务员把酒送来之前，先把杯里剩下的三分之一喝完。交过酒杯后，她就走进浴室了。我靠着床头板把剩下的酒一饮而尽，之后把杯子放在床头柜上，仰坐着等美人出浴。

第二天，我被一阵电话铃声吵醒，摸索着够到了听筒。好吧，看来是宿醉未醒，但我的头从来没有这么晕过。特拉维斯·卡特在电话里问我发生什么事情了，我已经迟到了半个小时，所有人都在赛车场上等着我，而他知道我是个从不迟到的人。

我也感到非常困惑，挣扎着爬起来穿好衣服出门。沿着走廊我跌跌撞撞地走着，完全无法控制好自己的动作。我甚至觉得当天过来接我的司机车技严重下降，让我坐得异常难受。我努力地回想昨天晚上发生了什么事情，但完全想不起来那位女士是什么时候从浴室里出来的了。我干吗要把自己弄得像个傻瓜似的呢，那个酒保肯定给我倒了非常烈的酒，我从没觉得区区四杯酒有这么大的后劲。

赛场上哈里不断绕圈行驶，特拉维斯在一旁计时。但我完全心不在焉，太阳穴上的血管突突跳动，双手不停颤抖，我唯一的想法是这个漫长的白天什么时候才能熬过去。我低头想看看时间，结果发现自己手腕上平时佩戴的劳力士总统表不见了。我肯定是把它落在酒店房间里了——不对，等一下！我的戒指也不见了。不管头脑多么糊涂，我是从来不会把那些戒指摘下来的。接下来我发现自己的钱包也不见了。脑子里电光一闪，我明白了，原来昨晚那位"淑女"其实是个小偷啊，她肯定在给我的那三分之一杯酒里放了迷药了。这会儿她一定已经逃之夭夭，我的那些戒指可比那块 1.8 万的劳力士贵重多了。想到这里，我把约翰尼拉到一旁，让他赶紧载我到某个地方去。上了车后，他问我去哪儿，我说去警察局。

在路上，我把昨天晚上发生的一切告诉了约翰尼。去到警察局后，我又将在车上说过的事情向两位探员复述了一次。他们告诉我说有一帮绰号是"劳力士皇后"的女性专门在盛大的体育赛事期间作案，而且非常擅长挑选受害者。她们稍微扫一眼手表的秒针，就知道那块劳力士的真伪。真表的秒针是平滑地在表盘上扫过的，而赝品的秒针则是一秒一秒跳动的。那两位探员还让我不要期望能把失物找回来了。这帮犯罪分子通常是流窜犯案，一旦得手就赶紧搭飞机离开，转眼就消失在茫茫人海里。填好了报案表，我向他们致谢后就离开了。

回到赛场后，我把昨晚的事情告诉了所有员工。他们听后感到非常震惊，但很快就从中挖掘出了各种笑点。到当天晚上我们聚在一起喝酒时，这件事情已经沦为笑谈。回到好莱坞后，我和制片人阿尔·拉迪聚在一起讨论某部电影，顺便提到了我失窃的事情。拉迪除了觉得我愚蠢之极外，还认为这件事情甚为有趣。第二天，他送给我一块摩凡陀手表，说希望我还是能一如既往地准时。那可是我戴过的最大且最贵的金表。在这块摩凡陀表的帮助下，我又能准时去到片场，而且也能按时赶上前往赛场的航班了。

当时，同一个赛场每年一般会举行两次纳斯卡比赛。当我们第二次来到上回"劳力士皇后"顺走我珠宝的赛场时，我们住进了同一家酒店。每一个车队的工作人员都开玩笑说要在晚上陪着我，免得我又被小偷看上了。周六晚上时，酒吧里面挤满了各个车队的工作人员和粉丝们，我也混在其中。不久后我碰见了一个遇到困难的女士，由于航班取消，她无法按原计划离开，需要在当地等第二天的头班飞机。尽管她在酒店订了房间，但第二天无法按时赶到机场。我告诉她酒店有提供去往机场的穿梭大巴，但她说航班时间太早，等穿梭大巴运营就来不及了。我估摸了一下，从酒店到机场的出租车车费应该是30块，但为了保险起见，我拿出一张50元的钞票交到她手里。她非常感激，问了我住址以便日后还我钱，我告诉她不用麻烦了。

几杯酒后，我向那位女士说了声抱歉，起身上洗手间去了。回来后，我把杯里剩下的酒喝完。女士提议我们到她的房间去，这次我可学精了，我没有提出说要带酒上楼，而且下定决心去她房间后不喝任何东西，就算是水也一滴不沾，在同一条阴沟里翻两次船只能证明我智商有问题。

到她房间后，那位女士先打开电视，调到一个播放当天赛事精彩片段集锦以及周日赛程安排的频道，然后让我先找个地方坐下稍等她片刻，转身进了浴室。之后的事情我就全然不知了。第二天早晨6点醒来时，我发现房间就剩我一个了。摩凡陀表不见了，太阳穴再次传来一跳一跳的胀痛。我马上反应过来发生什么事情了。昨晚在酒吧里时，她趁着我上洗手间的空当把迷药放进我的杯子里，然后及时提议到她房间去，刚好让我在她房间里陷入梦乡。她的时间掐得可真够准的。

我再次挣扎着起床，搭上出租车前往警察局。当我问司机车费多少时才意识到自己没有钱了，于是我让司机先停在警察局外面，等我办完事后再将我送回酒店。在警察局里，我让警察们帮我找来大概四个月前接待我报案的那两位探员。由于事后他们还与我联系过几次，问过我一些新增的问题，所以我知道他们的名字。其中一位探员走了过来，向我打了招呼。他说虽然和我提过让我下次到城里时顺便到警察局一趟，但没想到我一大清早就赶来了。我问他手头上还有没有几个月前我填的那份报案表。他说有的，怎么了？我提议他将那份报案表复印一份，然后改成今天的日期，好节约时间，因为我又遇上同样的犯罪手法了。

他在自己的办公室里接待了我，我将事情的始末完整地告诉了他。听完后他说我还算幸运，这帮女性犯罪分子是非常危险的人群，如果她们下迷药的对象本身有健康问题，那受害者很可能因此而身亡。仅仅在这个城市他就接到了十多起这类犯罪的报案，万幸的是迄今没有受害者死亡。他叮嘱我下次要更加小心谨慎，然后我就离开了。回到酒店后，我问约翰尼借钱付了车费，接着就去赛场了。当天大家的娱乐就是问我几点了。

接下来就直接跳到赛季结束，我为车队成员举行盛大派对的事情吧。当时我和哈里坐在一块，一位漂亮的女士从我们身边经过。我回头对哈里说自己打算邀请她跳舞，哈里只回了一句："我帮你看着手表吧。"

后来，我将车队出售，我长达10年的纳斯卡生涯也随之结束。当时，我的摄影车生意和摄影机平台国际公司（镜头及灯具制造公司）需要我在未来的几年里投入更多精力，所以我不得不忍痛割爱了。但我对赛车的热爱从未消退，每当纳斯卡比赛开始，我就会坐到电视机前的拉兹男孩[①]沙发上专心观看直播。和大家的一样，我的沙发就这样被坐出来一处凹陷。我会在沙发周围放上自己喜欢的东西，营造出一个舒适的空间，如放上自己执导的电影海报、我的马鞍和马刺、有纪念意义的奖杯以及朋友们的签名照等（其中一些我还收录到这本书里了）。

对于能在人生的每个阶段都从事自己喜爱的职业，我深感幸运。当我在修剪树枝的时候，我热爱爬树剪枝；当我入伍成为空降兵时，我享受从飞机上跳伞降落。而教约翰·韦恩如何出拳的那段日子，更是非常难忘。

只要是和手头上工作有关的，我都会用心学习，然后竭尽全力完成工作。回顾过去，我的电影生涯和纳斯卡生涯相同的一点是，除了机会，我一无所有。但我总是努力做好一切准备，勇于尝试，并在做事时享受当下。孩童时期在农场上的经历培养了我的想象力、专注力以及良好的工作习惯，让我在工作时获益良多。一旦我有了新点子时，就算要冒着撞车或受伤的风险，我也要尽力尝试，从没担心过可能无

---

① 美国功能沙发品牌。

法实现。每次跌得更远、摔得更狠时，回报也总是远远超出自己付出的辛劳。

当我顺利完成了一次惊人的特技表演后，所有的演员和工作人员都为我鼓掌欢呼，而这件事也会成为当天大家的热议话题；或者是当我向导演、演员提出建议，他们采纳后发现效果正中下怀，每当此时，我的心情总是难以言表。在我开始当导演后，我总会去电影院观看自己的作品：坐在最后一排的椅子上，观察观众们的反应，听取他们的评价。每每想到"我成功了"时，我都会激动得起一身鸡皮疙瘩。

2001年，世界特技奖（World Stunt Award）成立，用金牛奖杯（Taurus Award）认证及嘉奖那些在电影特技表演中取得杰出成就的演员。阿诺德·施瓦辛格凭自己对动作电影做出的贡献获得了金牛荣誉奖（Taurus Honorary Award），吴宇森获得了动作电影导演奖（Action Movie Director Award），而我则获得了世界终身成就奖（World Lifetime Achievement Award）。美国广播公司将颁奖典礼制作成了时长为两个小时的特别节目，进行广播。

自1956年起到我导演《警察与卡车强盗》为止，我一直在特技表演这一行中工作。我已经记不起来自己多少次被抛起、碾过或撞倒了。回想起来，我和电影行业的缘分很深，什么也比不上花上数周、数月甚至是数年的时间为之奋斗并取得硕果的成就感。一分耕耘，一分收获，这在银幕上是显而易见的。尽管现在新科技已经应用到电影制作及特技镜头的拍摄中，但我们还是离不开有血有肉的人去完成撞车、高台坠落等特技表演，并借着电影人共有的、贯穿我整个职业生涯甚至是一生的肾上腺素的冲击，来完成一部非凡的作品。

要做就做好

我母亲在1959年的时候车祸受伤，从那以后她的左腿就跛了。虽然行动还算自如，但她总要忍着脚踝的疼痛。那时她在一家餐厅当厨师，每天都需要长时间站着工作，但她从来没有怨言。回头想想，在我们搬到圣路易斯时，母亲打着两份工，每天工作16个小时来赚钱养活我的妹妹格温和弟弟吉姆，从来不说泄气的话。虽然那时靠着修剪树枝的工作，我一周能赚到45块，还把其中的20块上交帮补家计，但不得不承认多亏母亲的勤恳和辛劳，我们全家才得以活下去。而再往前回想，我们在阿肯色州时的日子更为艰苦。那时，母亲每天天没亮就要下到地里采摘棉花，天黑后还不能休息。她用房子里唯一的炉子做食物罐头，或是靠着煤油灯微弱的亮光，给我们缝补衣服，总是一直劳作到夜深。

1961年，我和艾琳结了婚，收养了她的三个孩子。当时我工作尚且顺利，还房贷、养两辆车和支付日常吃喝用度都不成问题。我对自己的生活还算满足，但心里总是记挂着母亲。于是我和艾琳商量了一下，达成共识：节约一点，拿省下来的钱把我们房子隔壁的三亩地买下来，建一间房子给母亲居住。我把这个计划告诉了母亲，如我所料，她否决了。但我们还是将土地买了下来，建了房子。我们又劝说了母亲一下，她也终于搬进这栋新房子里。而我养家糊口的负担就变得更重了，除了三个小孩、两辆车、一间房屋和两匹特技马的开销外，我还要赡养母亲，还她新房的贷款。

几个月后，母亲就待不住了。除了偶尔在我和艾琳都出门的时候帮着看看孩子，她就没有其他事情做了。作为一名来自南方的虔诚的浸信会教徒，她每天大部分时间都待在教堂里，但其实心底里还是想找个机会继续工作。虽然我深知她唯一能做的就是当厨师，也就意味着站着工作，要对受过伤的脚踝施加压力，但我还是问母亲，如果兼职的话想做点什么。母亲说教会里有几位女士一直想找手艺好又可靠的管家，她觉得自己可以去试一下。我提议说，如果那份工作她能胜任，又能从中获得乐趣，那试一下也无妨。于是从那时开始，母亲就开始当兼职管家，一周上两天班。

随着自己职业的发展，我也逐渐能有足够的经济实力满足母亲的一切需求。而劳拉·利兹则帮我妥善理财，确保我的银行账户不缺钱。后来，母亲的兼职时间增加到一周四或五天，主要是打扫房屋卫生。她将赚来的一分一毫都捐给了教会，这让她无比满足。

我给母亲办了好几张信用卡，在这之前她从来没有用过信用卡。我告诉她放心刷，怎么刷也不会把卡刷爆的。于是她就放心地使用信用卡了。我从来没有后悔这样鼓励母亲消费，因为她总能量入为出。

有一年圣诞节，我买了一辆凯迪拉克塞维利亚轿车给母亲当作圣诞礼物。趁着格温带她去吃早餐的时候，新车送达了。我将车停到母亲家的停车道上，然后绕着车身绑了一圈蓝色丝带。当她们回来的时候，我一见到母亲就大声喊："圣诞快乐！"母亲绕着车仔细端详了一番，说："我一直希望买一辆雪佛兰。"我心里暗笑，看来凯迪拉克的广告费白花了。

从那年开始，每次圣诞节我都会为母亲安排一趟旅游，目的地由她自己选，妹妹格温陪伴。母亲年岁已长，又从来没有出过国，所以我会事先将她们到达目的地后的行程都安排好。跨国的飞行时间一般都比较长，为了让母亲在航程中更舒适，我都会为她订协和式飞机的航班。记得有一次，她和格温参观捷克斯洛伐克的一家高端水晶工厂时，母亲看上了那里的水晶。她告诉格温如果价格低一点，也许自己也就能买上一块了。格温帮她做了决定，说："买一套吧，你高兴就好，哈尔不会心疼钱的。"于是母亲如愿以偿。母亲那些年的经历丰富多彩：她乘着贡多拉小舟游览过威尼斯；骑着骆驼观赏埃及的狮身人面像和金字塔；为了能戴上自己在阿姆斯特丹购买的钻石耳钉，她还在74岁时打了耳洞；在瑞士买了一块劳力士手表；参观过圣彼得大教堂；古罗马的斗兽场上也留下了足迹。此外，她还登上了埃菲尔铁塔俯瞰巴黎；乘车穿过奥地利的阿尔卑斯山脉；在伦敦驻足观看卫兵换班。其中她最喜欢的要数以色列，尤其是圣城耶路撒冷。她想去的地方几乎都去过了。

2004年的时候，母亲以97岁高龄去世。在生命中的最后两年里，她的健康状况急速恶化，但意识仍清醒。在我最后一次见到母亲时，她告诉我自己已经做好准备，等候上帝随时召唤她回天堂。两天后，她去世了。在母亲生命的后42年里，我努力工作，保障她衣食无忧，愿望都得到满足。在母亲的前半生中，她每天都需要兼顾两三份工作来赚钱养家，从来没有享受过任何福利或失业保障，含辛茹苦地把我们兄妹几人拉扯大。能用这样的方式来回报母亲的辛劳和对我们的爱护，我感到很幸福。

我从母亲身上学到了高标准的职业道德。在我早期的电视、电影职业生涯中，每当看到身边的成功人士，我都很能理解他们是怎么到达那样的地位的。而这也恰好为一个我经常被问到的问题提供了答案，"你最喜欢和哪位演员合作？"不用犹豫，答案是绰号"公爵"的约翰·韦恩。他工作时兢兢业业，从来任何事都亲力亲为，而且非常照顾同事，对待大伙都很有礼貌。如果工作任务困难，他很体谅工作人员，但如果你被发现没有全力以赴的话，他也会不留情面地直接指出。

说实话，"公爵"的为人处事常常让我想起我的继父科比特，虽然他在1959年的时候便因心脏病离世了。科比特也是一名当之无愧的脚踏实地的人：在大萧条时期他娶了我母亲，同时肩负起养育母亲与前夫所生三个孩子的重担。当我们还在阿肯色州干农活的时候，有一天科比特交给我一个任务。他让我到田里播种玉米：先在土地上挖一个小坑，然后将玉米种子逐粒放进坑里，最后再拿土把种子掩埋起来。完成了大概三分之二的任务后，我决定先休息一下。躺在树下，头靠着树干，不一会儿我就睡着了。当我醒来的时候，太阳已经快落山了。天黑之前我肯定不能把剩下的三分之一的地种完，于是我挖了一个大坑，把剩下的玉米种子都倒了进去，拿土马马虎虎掩埋上，匆忙回家去了。

过了两个星期，科比特让我陪他到玉米地里去走一趟。他指给我看，一部分地里的玉米正长势良好，而另一部分地里却完全没有玉米苗。他把我领到那天我掩埋剩下的玉米种子的地方。显而易见，坑里的所有玉米都发芽了。我内心惶恐不已，但科比特没有打我，他从来没有。

"哈尔，你过来。"科比特把我叫到跟前，"坐下吧。下面我说的话，我希望你这一辈子都牢牢记住。"

他是这样说的：

当你决定拿起，
就不要轻易放弃。
不管这件事有多么重要，
或是多么微不足道。
要做就做好，
不然何必费心操劳。

出版后记

演员中有一群特殊的幕后英雄——特技演员。他们创造了一系列险象环生的动作，却极少在大银幕上留下自己的面孔，而对于他们的工作方式与生存境遇，我们也往往知之甚少。

为了让更多人关注这一群体，了解他们为电影工业所做的贡献，我们引进了本书。尼达姆的职业生涯富有传奇色彩，但这不仅仅是一本精彩好读的自传，读者可以从中了解到好莱坞的体系、制度，尤其是行业组织对会员权益、人生安全的保障，对电影品质产生的影响。例如囊括了从空中到水中、从打斗到追车、从置身火海到与动物同台等细分工种的"世界电影特技奖"（参见官网：www.taurusworldstuntawards.com）。电影工业若要升级与发展，需要让每一个不起眼的"搏命特技人"有尊严地去放心工作，因此书中述说的故事非常值得我们参考借鉴。成龙曾在一篇采访中说，他立志于成立一个中国的特技奖项，希望让更多人知道特技演员的辛勤付出。

在编辑过程中，我们为每一个出场的特技演员附上了英文名，如果读者想更进一步了解他们的个人经历，可以依照自己的兴趣进行搜索。在此，还要特别感谢陈晓云老师为我们引介译者，推动了本书的出版。

服务热线：133-6631-2326　188-11142-1266

服务信箱：reader@hinabook.com

"电影学院"编辑部
拍电影网（www.pmovie.com）
后浪出版公司
2018 年 6 月

图书在版编目（CIP）数据

搏命特技人 /（美）哈尔·尼达姆著；陈望扬译
.——北京：北京联合出版公司，2018.5
 ISBN 978-7-5596-1906-8

Ⅰ.①搏… Ⅱ.①哈…②陈… Ⅲ.①哈尔·尼达姆
—自传 Ⅳ.① K837.125.78

中国版本图书馆 CIP 数据核字 (2018) 第 061114 号

STUNTMAN! MY CAR-CRASHING, PLANE-JUMPING, BONE-BREAKING, DEATH-DEFYING HOLLYWOOD LIFE by Hal Needham
Copyright ©2011 by Hal Needham
This edition published by arrangement with Little，Brown，and Company，New York，New York，USA. All rights reserved.
本书简体中文版版权归属于银杏树下（北京）图书有限责任公司。

搏命特技人

著　　者：［美］哈尔·尼达姆
翻译策划：陈晓云
译　　者：陈望扬
选题策划：后浪出版公司
出版统筹：吴兴元
编辑统筹：陈草心
特约编辑：江润琪　赵丽娜
责任编辑：孙志文
营销推广：ONEBOOK
装帧制造：墨白空间·韩凝

北京联合出版公司出版
（北京市西城区德外大街 83 号楼 9 层　100088）
天津翔远印刷有限公司印刷　新华书店经销
字数 255 千字　690×960 毫米　1/16　21.5 印张　插页 20
2018 年 8 月第 1 版　2018 年 8 月第 1 次印刷
ISBN 978-7-5596-1906-8
定价：60.00 元

后浪出版咨询（北京）有限责任公司常年法律顾问：北京大成律师事务所　周天晖 copyright@hinabook.com
未经许可，不得以任何方式复制或抄袭本书部分或全部内容
版权所有，侵权必究
本书若有质量问题，请与本公司图书销售中心联系调换。电话：010-64010019